贵州省高校人文社会科学研究项目资助（2023GZGXRW142）
贵州高校毕业生就业创业问题研究

大学生就业
指导与实践

张坤 著

中国纺织出版社有限公司

图书在版编目（CIP）数据

大学生就业指导与实践 / 张坤著 . -- 北京 ： 中国纺织出版社有限公司， 2023.10
ISBN 978-7-5229-0946-2

Ⅰ . ① 大… Ⅱ . ①张… Ⅲ . ①大学生一职业选择 Ⅳ . ① G647.38

中国国家版本馆 CIP 数据核字（2023）第 167916 号

责任编辑：范红梅　　责任校对：王花妮　　责任印制：王艳丽

中国纺织出版社有限公司出版发行
地址：北京市朝阳区百子湾东里 A407 号楼　邮政编码：100124
销售电话：010—67004422　传真：010—87155801
http://www.c-textilep. com
中国纺织出版社天猫旗舰店
官方微博 http://weibo.com/2119887771
三河市宏盛印务有限公司印刷　各地新华书店经销
2023 年 10 月第 1 版第 1 次印刷
开本：710×1000　1/16　印张：13.5
字数：315 千字　定价：58.00 元

前言

要推动更高质量的就业，就要提升劳动者的就业创业能力，增强就业的稳定性。随着经济社会和科学技术的迅猛发展，社会对人才素质的要求也越来越高；作为新时代的大学生，只有全面提高自身综合素质和能力，才能更好地适应社会的需求。事实证明，大学生职业生涯规划与创新创业教育能够有效提高大学生综合素质，提升未来职场的核心竞争力，是解决当前严峻形势下促进就业、提高就业质量的重要途径。在经济形势新常态下，就业压力依然很大，鼓励大学生自主创新创业是符合当前我国国情的重要举措；创新创业教育是大学生职业发展能力培养内涵的提升、拓展和延伸。国内高校职业生涯规划与创新创业教育还存在教育理念不能与时俱进、师资水平不高、课程体系不健全和实训平台不足的问题。“校企协同”理念下，引入企业资金，实施“三项工程”，以“项目化”运作模式，推动大学生职业生涯规划与创新创业能力的全面提升。

我国职业生涯规划教育起步较晚，尽管各高校在探索尝试中取得了一定成绩，但仍然存在一些突出问题急需解决。本书共九章，首先对大学生职业生涯规划及大学生创业进行了概述，然后分析研究了我国大学生职业规划教育的现状及对策。在新形势下，大学生要树立正确的自我认知，做好职业准备，同时高校要做好大学生职业生涯规划及大学生创业教育，探索大学生职业规划与创业教育的新路径。

本书由贵州师范学院张坤撰写。受作者视野局限，书中偏颇之处在所难免，不当之处敬请各位同仁不吝赐教。

张坤

2023 年 5 月

目 录

第一章

职业生涯与职业规划

当代大学生身处多元信息与多元文化构筑的时代，他们的视野与行动拥有前所未有的广阔空间，可以在更多层次上实现自我抱负与人生价值。但正如一句古老的谚语所言："人最苦恼的不是没有选择，而是面对众多选择时不知如何选择。"无论在怎样的境地，多元都会意味着抉择，每一种抉择往往都意味着未来的差别。而有了抉择之后，不同的思想与不同的实践也会带来不同的结局。因此，准确地把握抉择的方法以及抉择后的思想与实践，应作为安身立命的一项治本之策。对于每一位大学生而言，职业是未来成就自我的必备平台。选择一个好的平台并走上这个平台，在这个平台上最大限度地展现自我价值，意识到这点的大学生，其实已经开始迈入职业生涯规划与发展的大门。本书所要实现的，就是引领大学生们以科学的方法沿着这条道路向前迈进，帮助大学生建立一个充实而有意义的大学时代，并将这套方法运用到将来的职业中，在职业生涯里能够不断提升自我。

第一节　生涯与人生发展

一、理解"生涯"

（一）"生涯"的汉语词义

"生涯"在汉语里本身就包含了丰富的含义，并不仅指"从事某种活动或职业的生活"。从词源上考究，"生涯"一词最早可追溯到《庄子・养生主》："吾生也有涯，而知也无涯。"可见，"生涯"最初被用来说明生命是有边际、有限度的，人生的范畴不禁跃然纸上。然而，当"生涯"作为"生活"的替代词时才真正被广泛认知和使用。如北周的庾信在《谢赵王赉丝布等启》所言："望外之恩，实符大赉；非常之锡，乃溢生涯。"之后，这个词的用法日趋狭义，含义逐渐被限定在与谋生方法或者职业有关的生活。但这个词也有其他用法，如唐代名相牛僧孺在《玄怪录・杜子春》里写道："吾落拓邪游，生涯罄尽，亲戚豪族，无相顾者。"此处的"生涯"，则代表了与生活有关的财产。

由此可见，“生涯”的词义，既有看不见的光阴荏苒，也有实实在在的日常之物；既借助对人生思考而将含义抽象化，也借助谋生方式而将含义具体化。所以，“生涯”可以说是综合化的人生的意象，代表的是一种与生命或生活有关的过程以及与这个过程有关的一切事物。理解了这一点，我们才能更深刻地领悟为什么生涯规划会对人生的发展有重要意义。

（二）“生涯”的学术定义

“生涯”的英文是“career”，学者们从不同的角度，对“生涯”的学术含义进行厘清界定，得出了形态各异的定义。无涉道德化的观念，也无法用精确的数理化语言来评价，因而这些定义本身并无对错之分。我们探究“生涯”的含义，是要为研究和寻找职业生涯规划和生涯发展的方法厘定前提，所以，一个好的定义，应该是有利于为该研究找出落脚、圈定范围，以及最大化地发挥效用，并在逻辑上得以圆满的解释。

1. 顺序说

该说被较早提出，同时也是被最多学者在定义时所运用的一种视角。此种定义方法侧重于人生经历中的外在显现，所隐含的前提是人的身份、行为、思想必然能以某种具体的形式客观地展现，而所谓“生涯”，实际上就是这种展现的轮候过程或者相互之间的关联性。但该学说也存在两种不同的定义取材，一种取材是可以脱离主体存在的“职位”来定义。比如，学者Shartle早在1952年便提出，“生涯指一个人工作中所经历的职业、工作、职位关联顺序。”著名学者Super早期的思想也把“生涯”看作一种顺序，他在1957年曾说过：“生涯是一个人在其生命幅度曾经历的所有职位的顺序。”另一种取材则依附于主体存在的行为或思想，比如学者Hall和Goodale认为：“生涯是一个人在一生当中，所知觉到与工作及活动有关的态度或行为的先后顺序。”然而，不论怎样的取材，“顺序说”始终不能克服两大缺陷：第一，它没有意识到人的经历是多样和复杂的，不可能所有的经历都能以外在的客观来显现；第二，用事物之间的顺序来表示的只是一种静态描述，这种对“生涯”的理解就意味着只能以线性或者机械的方法来设计和规划生涯，凸显不出生涯规划的复杂性和多变性。

2. 过程说

自20世纪60年代起，有人开始从过程角度诠释“生涯”。虽然无法考证“过程说”是否就是针对“顺序说”而提出，但其的确实实在在地填补了“顺序说”的两大缺陷。根据现有的资料显示，最早以“过程说”做定义的是学者Wilensky，他的定义非常简单：“生涯是一种相关工作之程序，并非只是一种工作。”之后，学者们在此基础上进行了扩充。如Arthur和Lawrence指出：“生涯是指个人一连串职位变换的过程，此种过程能带给个人进步、成长、工作及生活的意义。”但是，工作与生活不可脱离，工作的历程里不可能没有生活，不仅工作的历程可以影响生活，生活的历程也同样可以影响工作。应该说，工作的过程确实是“生涯”的重心，但是，如果不把许多生活上的因素包含进“生涯”，那么对生涯规划的研究有时很难着手，或者研究出的成果不能最大化地发挥效用。更何况工作最终还是要服务于生活，工作的过程只能是“生涯”的重心，而不应成为核心。然而，不是所有生活上的因素都可以纳入“生涯”，比如日常的起居、饮食，大部分时候都无法与“生涯”相联系。所以要想弥补“过程说”的缺陷，并不能简单地把“过程”扩展到工作和生活的所有过程。

3. 对象说

这种定义方法的特点是将“生涯”归结为某种能够客观化的具体对象。Hall 在 1976 年指出：“生涯乃是涵盖人一生中，所认知到工作有关的经验和活动之连续态度与行为。”此种定义方法不仅含有“顺序说”里的第一个缺陷，更是错误地把定义的立足点建立在某些单纯的事物上。这样不但使生涯规划和发展的研究领域大大缩减，并且会导致生涯规划和发展的研究方向局限于主体本身。

4. 其他学说

除以上定义的方法外，学者们还从不同角度尝试定义。具有代表性的有：Dahrendorf 从变化性的角度定义，“生涯是中产阶级之个人与社会中上高级职位的一种直接联结”；Arvee 和 Leong 从价值观角度定义，“生涯是一种工作相关的价值观，反映了个人对于工作形态、绩效标准、工作内容认可等方面的偏好”；Van Maanen 和 Schein 将生涯分为内在和外在的二分法定义。总而言之，这些定义方式林林总总、各不相同，并且不易找到他们之间的共通之处，或者说，这些定义相比前三种定义方式来说大多仅具个别意义，尚不足以成为有影响力的学说。同时，它们的缺陷也较前三种方式更为明显。

通过以上对各种关于“生涯”定义方法的比较，很容易能看出“过程说”的定义方法是其中相对最合理的。舒伯在 1976 年也大胆地放弃了原有的观点，转向对“过程说”的改进，得出了迄今为止被认为最科学的“生涯”学术定义：“生涯是生活中各种事件的演进方向与历程，统合了个人一生中各种职业与生活的角色，由此表现出个人独特的自我发展形态。”这一定义巧妙地安排了生活与工作的关系，既强调了生活才是“生涯”的核心，又表明了工作在生活中的位置以及对生活的影响，并正确地指出这种抽象过程的终极特色在于个人发展形态的独特展现。

可见，对“生涯”一词的学术定义尽管艰涩抽象，但本质上是与汉语里的意蕴相通的。在学术研究上，我们追求概念在逻辑上的严谨，但如果我们所要做的只是准确认清自己的职业发展和掌握科学的职业发展方法，那么对于“生涯”的理解，仅需一个笼统、模糊但不失深度的意识，即认识到“生涯”是一个与生活有关，并且生活在其中占核心地位的过程，该过程由影响人的发展方向和发展方式的不同人、物、事以复杂的形态组成，其整体就代表了一个人的发展。也就是说，“生涯”是在探讨我们人生发展中的一种标记性符号，是无论如何都必须涉及的一个范畴。

二、把握“人生发展”

（一）一种个体角度的阐述

社会由千千万万的个体组成。在一定的物理环境和社会环境下，每一个体都有属于自己的，并且贯穿生命始终的独特经历，这就是我们常说的人生。人生的发展，也就是每一个体的独特经历的发展。所以，从哲学上来看，人生发展是一种站在个体角度的叙述，而与之相对的是一种站在全体角度的叙述，即人的发展，也就是人类的发展。如果没有这个基本的意识，就很可能在某一群体内部，并以该群体为参照，将群体整体性的发展特色归结为人生发展，也就无法正确把握人生，更不能有效地促进人生发展。如在一个生活水平不断提高、人改造世界的能动性不断提高的社会里，我们可以说在这个社会里，人得到了发展；但我们却不能以此来评价人生发展，得出的结论必然是这个社会里所有的人都处在比较完满的状态之中，任何人都没有必要通过改变思想和行为来提升自我的状态。

（二）把握人生发展的三个层面

正是从这种个体视角，我们可以将人生发展分为三个层面来把握。

第一个层面是从人生命的自然延续把握。人生既然是一种过程，那么就必须有一定的时间和空间，从呱呱坠地开始，生命的延续就在于为人生提供了得以存在的时间，提供了人生存在的前提。而且生命的延续本身也代表了一种不断的革新。在这个意义上，我们可以称为人生发展。

第二个层面是从人长期性知觉的积极变化把握。人的一生里，感官不停地将外在的条件和信息转入人的内部，变成感官刺激、身体素质、心理情感、智力认知等各式各样的知觉。人生的历程，实际上就是这些知觉变化的集合。而知觉分为瞬间的、短期的和长期的。瞬间的知觉变化发生最为频繁，几乎只要任何外部条件或者信息产生变化，都会使瞬间的知觉有反应，并且旧有的瞬间知觉也很快会因新的瞬间知觉的发生而消失；短期的知觉变化则需要等到外部条件或信息的改变达到一定程度才会产生，产生之后也会等新的短期知觉发生才能被替代；而长期性知觉具有很强的稳定性，能在较长的时间里保持不变，其变化也必须在多种因素都达到相当深度的积累下才能发生。如当手碰到冰块时会有冻的感觉，这就是瞬间性知觉的变化；当经过激烈的比赛后取得冠军所产生的喜悦感和兴奋感，这就是短期知觉的变化；当经过长时间的学习和研究后能够熟练地掌握某个学科的知识，这就是长期知觉的变化。长期知觉的变化，会对人产生系统性和根本性的影响。当这种变化属于积极的时候，说明将来很可能会产生比之前更优质的人生轨迹，此时我们可以说人生得到了发展。

第三个层面是从人的价值的实现把握。“价值”是一个表明主客体关系的概念，即表示客体对主体需要的满足以及满足的程度。“人的价值”则是从物品的价值中引申而来的，意指作为客体的人对于作为主体的人的意义。作为主体的人也分为两种：第一种是与作为客体的人相同的人，即自我；第二种是作为客体的人以外的人，即他人和社会。由此人的价值也就分为个人价值和社会价值。在人生的某个时段里，人的思想、行为乃至单纯的存在能对自己产生积极的影响，给自己带来有形或者无形的利益，就表明了个人价值在实现；而如果人的思想、行为乃至单纯的存在能对他人或社会带来积极的影响，给他人或社会带来利益时，则表明社会价值在实现。价值的实现就意味着人潜能的释放，集中体现了人的社会性，并且最能突出体现不同个体的差异，所以，这是从最高层次认识的人生发展。研究和讨论人生发展也只有触及这一层面时才具有终极意义。

值得一提的是，要谓之价值实现，那么带来利益的意义就必须大于带来损害的意义。如盗窃、诈骗等行为，虽然给自己带来了不菲的利益，但也给自己的品德和社会秩序带来极大的危害，这种情况下危害的意义已经彻底否定了利益的意义，所以不能称为实现了个人的价值。因此，与前两个层面不同，第三个把握人生发展的层面不仅是客观的描述，更是主观的评价，需要运用一定的认识并结合具体的环境才能得出是否属于人生发展的范畴。

（三）人生发展的“质”与“量”

所谓人生发展的“质”，就是指人生发展的品质；人生发展的“量”，就是指人生发展的品质达到何种程度，两者共同构成对人生发展的描述与评价。

人生发展必然意味着生命的延续，所以生命的延续也就成了一切人生发展的基本共性。然而品质的体现却要以差异的存在为前提，没有差异也就无法体现出品质。比如说一个人的生活品质很好，言外之意就是说明存在比这种品质差的生活。既然生命的延续在大多数情况下对于人生发展仅具有共性方面的意义，并且对其的把握往往只需客观感知就够了，而不用也没必要运用来自主观的评价，所以一般不能将其归入人生发展的“质”。但是生命延续的实质是时间在人生中的具体表现形式，而时间是一种最基本的“量”，因此一切对人生发展的“质”的反映都离不开生命延续这个“量”。

但是，生命的延续并非永远都体现为“量”的意义。当一个人年老体衰或身患重病时，生命的延续具有了同其他年老体衰或身患重病的人进行比较的意义，每前进一步，都意味着不同寻常的开始，意味着人生发展达到新的高度。此时，生命的延续在人生发展中也就具有了“质”的意义。

良好的长期性知觉则代表了人的能力，掌握一门技术、懂得调控情绪、调整出合理的性格，这些知觉上的积极变化，都代表着人某方面能力的提高。能力越多、能力越高，原则上就越有可能取得成功，越有可能享受高品质的生活，做的贡献也会越高。而成功、生活水平、贡献等都是衡量生活品质的重要标准，因此人不同方面的能力就是不同的“质”，能力的大小则代表了“质”的量度。

人的价值实现是人生发展的最终体现，我们完全可以这样说，只有实现了自我价值，人生之路才真正得到了发展。提到人生发展，反映在多数人脑海里的，往往是住房、薪水、社会地位、荣誉等事物，这些其实都是人生价值实现的具体表现。我们通过努力，买了房子、汽车，或者我们向灾区捐赠物品，这些是物质上的价值实现，但不能仅把价值局限在物质范围，而忽视精神上的价值实现，有时候精神上的价值实现会具有更加重要的意义。比如，有的人从事着收入不高，但劳动强度不大且符合自己兴趣的工作，他能在这份工作中找到生活的乐趣，培养了良好的身心；有的人生活拮据，但喜欢经常帮助别人，这些价值实现的方式对个体本身以及对社会的影响往往更大。人的价值实现是人的社会属性最根本的反映。

最理想的人生发展就是“质”与“量”都达到最高的状态，人的发展水平达到最优的水平，人在一生的各个发展阶段都能有健康的心理、体质以及和谐的社会关系，人的自我价值能得到全面的体现。但在现实中，不可能所有的“质”与“量”都能达到最优的状态，只要在某些方面的“质”与“量”有较高的水平，这样的人生发展就是成功的。所以我们今后在人生旅途中不必为自己在某些方面的缺憾而苦恼，只要目标明确、方法得当、持之以恒，每个人都能找到并实现属于自己人生的“质”与“量”。

第二节　生涯发展理论

生涯发展理论是以心理学理论为基础，建立在社会实践指导以及经济产业分析活动之上的理论。在这个百家争鸣的领域里，学者们都各自以独特的视角来研究并尝试解决与生涯发展有关问题。经过上百年的发展，生涯发展理论已积累了相当丰厚的研究成果，全面了解这些理论，有助于帮助大家建立起对生涯发展的科学认识，为系统掌握正确的职业规划方法打下良好基础，也有助于帮助大家准确地定位自我，从而找到适合自己的职业发展道路。

一、生涯发展理论的体系

同其他领域的理论相比，生涯发展理论呈现出“各自为政”的特点，学者们基本是从某个局部提出理论，鲜有独立、系统的生涯发展理论。所以，如果不对生涯发展的各种理论做系统归纳，初始接触生涯规划和职业发展的人比较容易产生“只见树木不见森林”的倾向，不利于达到学习了解生涯发展理论的目的。以下是几种常用的系统化归纳方法。

（一）从生涯发展影响因素的角度归纳

任何影响生涯发展的因素都可归为内因或外因。内因是生涯发展主体产生的因素，通常包括兴趣、能力、性格、思想等；外因是生涯发展环境产生的因素，包括家庭环境、教育程度、社会状况等。从生涯发展影响因素的角度归纳就是以内因和外因为基本分界，按照研究重点，将各种生涯发展理论划分为偏重主体因素的、偏重环境因素的，综合主体因素和环境因素的。以“个体取向—社会取向—综合取向”这一脉络来安排各种理论在理论体系中的位置。其中个体取向理论认为，个体在生涯发展中具有高度的自主性，个体的心理、体质、智力等因素会对其选择产生根本性的作用，环境因素只能起到次要和间接的作用，主要有特质因素论、人格类型论、心理动力论、素质匹配论、职业错理论等；社会取向论认为，虽然对生涯发展起直接作用的是个体特质，但主控生涯发展的关键却是个人选择和个人发展的社会环境，主要由社会学习论和经济论构成；综合取向理论则认为，无论是个体因素还是社会因素，都不应简单地将任何一种归结为生涯发展的决定性因素，两者应是互相作用的，主要有认知决策论、生命周期论。

（二）从规划生涯发展所需的活动角度归纳

任何一个有意而做的行为都必须先对行为本身以及行为的对象、环境等有一定的认识，然后基于这种认识，决策选择是否要进行该行为以及行为的方式，在这个过程里，认识和决策就是这个行为所需的活动。如果将生涯发展理解为一个行为的集合体，那其中的内容就可以分为认识和决策两大部分。侧重生涯发展认识的理论被称为匹配理论，强调对个人、职业以及环境因素的认知，诸如罗伊的人格类型论、鲍丁的心理理论，还有鼎鼎大名的霍兰德个人和职业类型化理论等，都可以归为此类；而侧重生涯发展决策的理论则被称作决策理论，偏向对决策历程和决策障碍的研究。另外，如果以长跨度、宽领域、多主体的视野来观察行为，会发现很多情况下，行为会因发生时间、发生地点、主体的角色地位等原因而具有大量共性。或者说，人会因某些相同的外在因素而使认识和决策产生某种规律。在生涯发展理论里，对认识和决策规律的理论，叫作发展理论，该类理论有很明显的整合特质，综合了心理学、社会学、哲学等学科的有关原理，以发展的观念来探讨生涯的阶段、生涯发展的选择，以及发展的成熟度等在生涯发展的历程里具有共通性的问题。这样，此种归纳方法就形成了“匹配＋决策＋发展”的理论体系，其中“匹配”和“决策”又合称结构取向理论，“发展”又被称为过程取向理论。

（三）从个体与职业的关系角度归纳

如前所述，职业是生涯的重点，个体生涯的彻底发展，离不开职业这一平台。我们在选择职业时，一般都会从两个方面做准备工作：一是认识个体（也就是认识自我），二是认识职业。这形成两个基本的思考模式：一是什么样的职业适合我；二是我该怎样适应职业。因此这种归纳法认为，不同的生涯发展理论采取了不同的思考模式，产生了不同的研究重心，因此将生涯发展理论分为前职业生涯理论、后职业生涯理论，以及整合的生涯理论。值得一提的是，我们不能望文生义地认为，前职业生涯理论就是研究从事职业前的理论，后职业生涯理论就是研究从事职业后的理论，整合的职业生涯理论就是贯穿从事职业前后的理论。应该说，这几个理论大多贯穿了从事职业前后，他们的区别在于研究思路的不同。前职业生涯理论以个体特征基本决定其所适应的职业为假设，分析什么样的个体适应什么样的职业。后职业生涯理论以个体可以并且应当适应职业为假设，探讨什么样的个人该怎样适应什么样的职业。而整合的生涯理论则兼有前后两者的思路，强调个体与职业的互动关系。

我们在具体的职业生涯规划中，往往是在分析了自我、环境、职业等因素后，根据自我对环境和职业的适应性来选择职业，或者遇到心仪的职业后，根据环境和职业的特点来调整自我。在这个意义上，从个体与职业的关系角度归纳出的理论体系更容易在实践中把握，更方便大家利用具体的理论来结合实际，做好自己的职业生涯规划。所以，笔者将按照“前职业生涯—后职业生涯—整合的职业生涯”的体系，介绍一些经典的、实用的生涯发展理论。

二、前职业生涯理论

（一）特质因素论

特质因素论的核心要旨是个人特质与职业因素相匹配。其中对个人特质的分析主要建立在心理学基础上，认为人的特质可以通过心理测量方法来衡量，主要包括兴趣、价值观、性格、能力倾向等。该理论的代表人物有帕森斯和威廉姆森。

帕森斯是职业辅导的开山鼻祖，被誉为“职业辅导之父”。他在其著作《选择一个职业》里最早提出职业选择应当按照三大原则进行：①对自身的兴趣、理想、各方面的能力水平、局限等有充分且准确的认识。②对不同职业对人员素质的要求及成功所要求的条件，不同行业的优劣势、机会、前景也要有充分且准确的了解。③对前两个原则之间的关系进行深入分析，实现人职相匹配。第一个原则的实现依赖于心理测量工具的运用，第二个原则的实现依赖于职业信息的搜集方法和搜集途径。因此，以后特质因素论的每一次发展，基本得益于心理学研究和职业研究的进步。比如，达维斯和洛夫奎斯特在20世纪60年代将对个体特质的评定因素从以往的人格、兴趣、价值观、能力等扩展到工作的调适，即个体天然对工作环境的协调程度，主要通过个体对职业的满意度以及雇主认为员工的工作适合度这两个指标来评价。

威廉姆森的贡献是将帕森斯的散见系统整合为所谓的“帕森斯特质因素论”，并提出了根据特质因素论分析出的职业选择结果的运用方法，进一步提升了该理论的实践价值。他强调，特质因素论最重要的意义在于帮助职业选择，而这就需要个体接受特质因素论的分析结果。他认为，这其中包括三种方法：①直接建议，由职业指导人员直接告诉个体最恰当的选择结果。②说服，职业指导人员以恰当的方式向个体提供他对各项心理测验结果以及职业信息所做的评析，让个体根据评析推断出自己应做的选择。③解释，职业指导人员向个体说明各项资料的意义，让个体可以就每一项选择作系统化的分析，从而推断出各种选择实现成功的可能性，此种方法也是威廉姆森所建议选择的方法。

特质因素论最大的缺陷在于将不断变化的人的特质以及工作所含的因素看成固定的，同时也忽视了社会因素对生涯发展的影响。另外，特质因素论是根据具体职业的因素来运用测量结果的，也就是说，其所实现的预测是具体的职业。但对于生涯规划而言，职业目标过于具体往往缩小了个人的发展范围，反而不利于生涯发展。所以后来的生涯发展理论更多的是达到确定职业选择和未来发展的可能范围。但特质因素论的影响仍然是巨大的，其所强调的对心理测量工具的运用和职业资料的收集，至今仍是职业辅导和职业选择工作的主要活动。威廉姆森提出的分析结果的应用方法也是使个体接受生涯发展规划结果的基本方法。

（二）人格类型论

美国心理学教授约翰·霍兰德在特质因素论的基础上发展出这一理论，当中汲取了人格心理学的重要概念，将特质因素论中职业因素转变为职业类型，避免了对个体的过分限制。该套理论比较完整，也便于操作，是当前得到广泛应用的生涯发展理论。

霍兰德的基本观点是，生涯选择是个人人格在工作世界中的表现和延展，即工作选择和经验是人对自我兴趣和价值的表达，职业能满足个人需求和兴趣是职业具有吸引力的原因。在此基础上，霍兰德认为职业满意度、职业稳定性与职业成就的基础在于个人人格和工作环境之间的适宜与对应。

为达到这种适宜与对应，他根据“典型个人风格”，即个人对自我的要求和职业倾向，将个人划分为 6 种类型，每种人格类型对应不同的职业类型。职业类型的差异主要体现在工作环境、技能要求、情感偏向等方面。

1. 现实型

该类型的人具有顺从、坦率、谦虚、自然、坚毅、实际、害羞、稳健、节俭等特征，喜欢有规则的具体劳动和需要基本操作技能的工作，但对抽象概念或理论学科的容忍程度较低，且不注重社交能力，不适应具有社会性质的职业。该类型人格的人对应的典型的职业包括技能性职业和技术性职业，前者如一般技工、修理工、农林牧副渔从业人员，后者如制图员、机械装配工、飞行员、测量师等。

2. 研究型

该类型的人具有好学、理性、好奇、严谨、精确、喜欢发现问题等人格特征，但缺乏领导才能。喜欢运用知识接受挑战和解决问题，并对此充满自信；喜欢学习，并善于系统化、抽象化分析；不喜欢督导其他人或直接去处理与人有关的问题。此人格类型对应的典型职业包括数学家、科学家、自然科学研究人员、各种学科的理论研究者、工程师、医学技术人员等含有科学技术和科学研究的职业等。

3. 艺术型

该类型的人具有复杂、想象、冲动、独立、直觉、创意、理想化、情绪化、感情丰富、不重秩序、不服权威、不重实际等特征，喜欢以自由和非结构性的方式来表现自己，富有情感表达能力、创造能力，重视审美价值与美感经验，不善于事务性工作。此类型典型对应的职业包括各种与艺术表达和艺术创作的工作，前者如音乐指挥、歌手、钢琴师、艺术教师、导演、演员等，后者如作曲家、画家、诗人、作家、导演、雕刻师、美术设计人员等。

4. 社会型

该类型的人具有热情、灵活合作、友善、慷慨、负责、善沟通、善解人意、富洞察力、有耐心等特征。他们对于教导人们、协助人们解决问题，或提供人群服务比较感兴趣，倾向以社交方面的能力解决工作或其他方面的问题；一般具有较好的口语能力和社会技巧，但较缺乏机械与科学能力；重视社会规范与伦理价值，避免过分理性解决问题。此类型对应的典型职业有教育工作者、社会工作者、演说家等，具体包括教师、心理咨询师、护理人员、社区工作人员等。

5. 企业型

该类型的人具有冒险、雄心、抱负、乐观、自信、外向、有冲动、精力充沛、善于社交和管理等特征。他们喜欢和人相处，多充满自信、果敢，倾向以企业方面的能力解决工作或其他方面的问题；具有语言沟通、说服、社交、管理、组织、领导方面的能力，较缺乏科学能力；重视政治与经济上的成就。此类型对应的典型职业有推销员、企业管理者、公关人员、政府人员、律师、法官、媒体工作者、中介代理人员等。

6. 常规型

该类型的人具有顺从、谨慎、保守、细心、规律、实际、稳重、重秩序、有效率等特征。其偏好在井然有序的情境中工作，不愿接受模糊不明的要求；具有文书作业和数字计算方面的能力；有一定组织能力，但多限于为完成工作上的任务而开展；对规则和知识较为尊重。此类型典型职业有财会人员、银行职员、行政助理、编辑、金融分析师、信息处理人员、图书馆工作人员等。

然而在现实生活中，上述的人格类型不可能与职业关系绝对地一一对应。霍兰德认为，尽管大多数人的人格类型可以划分为某一类型，但个人又有着广泛的适应能力，如果其人格类型在某种程度上与另外两种人格类型相似，那也能适应另外两种职业类型。也就是说，部分类型之间存在着较多的关联。据此，霍兰德以一个六边形描述了六大类型之间的关系，这个六边形被称为霍兰德生涯类型图。

根据霍兰德的人格类型理论，在职业决策中最理想的是个体能够找到与其人格类型吻合的职业环境，这样才最有可能充分发挥自身才能。所以在职业选择与职业辅导中，首先要通过一定的测评方法来确定人格类型，然后寻找到与之相匹配的职业种类。为了确定个体的人格类型，就需要大量运用测评的方法和合理的职业分类，霍兰德本人也编制了一套职业适应性测验（SDS）和职业索引来配合其理论的应用，本书将在后面的章节做详细介绍。

三、后职业生涯理论

（一）生涯发展阶段理论

此种理论秉持这样一种理念：生涯发展不能解构为单一事件的组合，而是一个过程，职业选择也是一样。将人们生命周期里生涯发展划分为不同的但又相互联系的阶段，并假定每一个阶段都有需要解决的独特问题和任务，个人要通过解决这些问题以及完成这些任务来调整自我，以期最大限度地符合各个阶段的要求。

同时该理论认为，如果前一阶段的职业发展任务尚未很好地完成，就会影响后一阶段的职业意识与行为的成熟。最后导致生涯发展障碍。这类理论包含的学说较多，具有代表性的是金斯伯格的学说和格林豪斯的学说。

1. 金斯伯格的学说

金斯伯格认为职业选择经历是从模糊的空想走向现实，他的理论表明了首次就业前人的生涯意识和职业追求的变化发展过程，强调个人通过这种过程达到符合职业需求的一般状态。他将这一逐渐成熟的心理过程分为 3 个阶段。

（1）幻想期（11 岁以前），也称为空想阶段。在这个阶段里，个体对所看到或接触到的职业没有理性的认识，充满好奇。常常把部分职业当成引人注目、令人激动的理想化职业并为之憧憬。这时候职业需求的情感色彩浓厚，极富冲动性和盲目性，不考虑实际因素，并且非常不稳定。

（2）尝试期（11~17 岁）。这个阶段一般伴随着青春期的到来。随着身心的逐渐成熟，个体开始具有独立的思考能力。这个阶段又包括由兴趣、能力、价值观起主导作用的三个时期。十一二岁是兴趣主导期，在考量未来职业时，以兴趣为主；十三四岁为能力主导期，随着成熟，即对认识到自己独立完成工作的能力与职业的关系之认识在职业需求中占优势；其后是价值主导期，个人开始理解到职业的社会意义，并试图将兴趣与能力统一到初步建立的价值体系中。这是职业意识形成的关键阶段。

（3）现实期（17 岁至成人）。如果说上一阶段还是主观因素占主导地位，那么这一阶段个体将职业需求的因素从主观转向客观，力求两者的协调。此时个体已具有清晰具体的职业目标。这个阶段也分为三个时期。第一是探索期，即个体试将自己的选择与社会的需要相联系；第二是具体化时期，这时职业目标已基本确定，个体开始为之奋斗；最后是特定化时期，为了实现特定的职业选择，个体在教育、实践等方面做具体准备，迎接就业。

2. 格林豪斯的学说

金斯伯格的学说侧重不同生涯阶段对职业的需求与态度，对个人调适自我以适应职业的阶段的要求不高，而格林豪斯的研究则侧重不同年龄段职业生涯所面临的任务，并把职业生涯的阶段从进入职业前扩张到个人生涯的全部。他把生涯划分为 5 个阶段，强调个体必须完成好每一阶段的任务。

（1）职业准备阶段（0~18 岁），主要任务是发展职业想象力，对职业进行评估和选择，接受必要的职业教育。一个人在此阶段所做的职业选择，是最初的选择而不是最后的选择，主要目的是建立起个人职业的最初方向。

（2）进入组织阶段（18~25 岁），主要任务是在一个理想的组织中获得一份工作，在获取足量信息的基础上，尽量选择一种合适的、较为满意的职业。在这个阶段，个人所获得信息的数量和质量将影响个人的组织选择。

（3）职业生涯初期（25~40岁），主要任务是学习职业技术，提高工作能力；了解和学习组织纪律、规范，逐步适应职业工作，适应和融入组织；为未来职业成功做好准备，是该期的主要任务。

（4）职业生涯中期（40~55岁）是职业生涯中期阶段。主要任务是对早期职业生涯重新评估，强化或转变自己的职业理想；选定职业，努力工作，有所成就。

（5）职业生涯后期（从55岁直至退休）为职业生涯后期。继续保持已有的职业成就，维持自尊，准备隐退，是这一阶段的主要任务。

（二）职业转变理论

职业转变理论源于对生涯发展阶段理论的怀疑。持这种理论的人认为，生涯的过程难以找到支持其有序发展的证据，反而有更多的证据表明职业生涯是在某种随机性下展开的。但面对无序的职业发展，职业转变过程确实是有序的，对此研究应当成为回避无序性的出路。当然，也有部分学者认为生涯发展的有序和无序两种模式在个体中并存，这就意味着在某些人身上表现出有序特征，另外一些人更显机会主义特征。尽管后者难以通过阶段划分进行规划，但可以用足够的洞察力和控制力来对不久的职业变化做出适时决策。

职业转变理论将分析的单元定位于工作历程中每一次职务、职位、组织的转变。施恩（Schein）的员工职业发展圆锥模型可以集中体现了这种职业发展模式。该模型将雇员职业在组织内的发展看成在圆锥体内的运动。员工的发展路线分为三种：垂直运动代表升迁，圆周运动代表改行，辐射运动代表接近组织的核心层。圆锥体表面是企业所提供的职业升迁上限。脱离圆锥体代表离职。实验数据表明，简单的切向运动和垂直运动（连续、有序特征）不足10%，90%是垂直和切向同时变化，其中又有近半数是组织间流动（雇主变化）。

然而上述观点未能突显决定职业生涯命运的关键事件。因为大量的职业转变不具有决定性意义。国内有人曾经根据职业危机把职业关键的转变归纳为4个时段：

（1）第一时段：定位危机。发生在刚毕业的大学生中。发生定位危机的毕业生可能会走向两个极端：一是过于自卑，二是自视甚高。

（2）第二时段：升职危机。这种危机可能出现在30岁左右。这一时段里除少数人升职外，大部分人并不如意。如果不能正确地处理这时的危机，就可能会用不正确的方法来发泄自己的失意。

（3）第三时段：方向危机。过了 40 岁的人往往会为方向不明而感到困惑。

（4）第四时段：饭碗危机。50 岁以上的人可能最担忧自己的饭碗，以及“后浪推前浪”的压力。

总而言之，此种理论要求个人应当对与职业生涯转变有关的事件给予充分的关注，并根据自身特点采取适当的应对方式，从而顺利实现职业生涯的发展。

四、整合的职业生涯理论

（一）生涯发展论

美国著名职业管理学家舒伯是该理论的标志性人物。研究职业生涯发展的很多资料常常片面地介绍舒伯关于生涯发展阶段的理论，甚至将其理论归为前述“生涯发展阶段理论”中的一种。其实不然，舒伯的理论体系与前述的“生涯发展阶段理论”的根本不同点是，该体系是建立在一种生涯整合观念之上的，强调的是主客观的互相作用，这种互相作用实际上系统地阐述了一种生涯发展的应然模式，正因如此，舒伯的理论才被冠以“生涯发展论”，并被视为一种独立的理论流派。所以，要深刻理解舒伯的生涯发展论，就必须了解该理论所依赖的整合性观念。主要包括以下 3 个要点。

（1）人是有差异的。人的才能、兴趣和人格各不相同，基于这种特性上的差异，人们各自适应于若干种职业。尽管各种职业均具有对于人的才能、兴趣和人格要求的一套特定模式，但是职业与人都有一定的改变余地。所以职业生涯模式的不同性质，是由不同的家庭地位与经济状况、个人智力水平与人格特征，以及个人的机遇综合决定的。

（2）职业选择与适应是一个连续过程。人们对于职业的偏爱和所具资格、人们的生活与工作情境，以及人们的自我概念，都会随时间和经验而改变，这使得职业的选择与适应成为一种连续的过程。这个过程可以概括为探索阶段和固定阶段两大阶段。在探索阶段，又分为空想、尝试和现实 3 个时期；在固定阶段中，又分为尝试、固定两个时期。从更大的范围看，人的职业生活的成长、探索、固定、维持、衰退各阶段的总和，即构成一连串的人生阶段。

（3）职业发展过程具有可塑性。首先，职业性发展的过程，从根本上说是一种完成自我概念的过程，这种自我概念的建立过程，也是一种折中调和的过程。“自我”是个人自身条件与外界各种条件、各种反响相互作用的产物。其次，个人与社会、自我概念与现实之间的折中调和，是人们把自身放入社会的职业角色的过程。再次，一个人工作的满意（进而是生活的满意）程度，视个人的才能、兴趣、人格和价值观能否找到对应的归宿，或者说视上述各方面宣泄的适应程度而定。最后，职业性发展的各个阶段可以通过指导而加以改善。这里既包括培养人的职业才能与职业兴趣，使人达到成熟，也包括帮助人在职业选择上的试行选择和帮助人的自我概念的发展。

舒伯以这一整合性观念为指导，在理论上的贡献主要有他的生涯发展阶段理论和生涯层面理论（又称生涯角色理论）。

1. 生涯发展阶段理论

与金斯伯格和格林豪斯的理论不同，舒伯的生涯发展阶段理论包含了人一生的完整发展过程，他将生涯发展分为 5 个阶段。

（1）成长期（出生至 14 岁）。这个阶段的特征是，人开始考虑自己的将来，逐渐具备一定的生活控制能力，获得胜任工作的基础，并且在该阶段末期，越来越意识和关心长远的未来。个人所要做的，是通过学校学习、社会活动来认识自我，理解世界以及工作的意义，初步建立起良好的人生态度。

（2）探索期（15~24 岁）。这个阶段是职业认同阶段，个人在这一时期里有了初步的职业选择范围，并且为之准备教育或者实践。该阶段的任务是深化对职业和工作的人事，将学习成果和实践经验沉淀结晶，具体化自己的职业偏向并初步实施。

（3）建立期（25~44 岁）。个体在这个阶段开始确定自己在整个生涯中应有的位置，并开始增加作为家庭照顾者的角色。这个阶段的任务主要是在不断的挑战中稳定工作，并学会在家庭和事业之间合理均衡。

（4）维持期（45~65 岁）。个体已经找到了适合的领域，并努力保持在这个领域的成就。与前一阶段相比，这个阶段发生的变化主要是职位、工作和单位的变化，而不是职业的变化。个人主要应巩固已有的地位并力争有所提升。

（5）衰退期（65 岁以后）。该阶段的重心逐步由工作向家庭和休闲转移。该阶段的主要任务是安排退休和开始退休生活，精神上寻求新的满足点。

不仅如此，舒伯在后期的研究中，又进一步深化了生涯发展阶段理论，将每个发展阶段同样分为成长、探索、建立、维持、衰退 5 个阶段，提出人生发展按照的是螺旋循环发展模式。但在所有的发展阶段理论里，舒伯都强调个人重视生涯发展的规律，根据发展阶段安排自己的任务，也要合理塑造生涯发展的过程，使得各个阶段能够如期而至，并符合他们应有的意义。

2. 生涯层面理论

舒伯认为，人的一生是一个角色扮演和角色变换的过程，而角色的扮演和变化主要受生涯发展阶段的影响。我们可以发现舒伯把人生分为 3 个层面：第一是时间层面，就是一个人的生命历程；第二是广度层面，就是一个人终其一生所扮演的各种不同角色；第三是深度层面，就是扮演每个角色时所投入的程度。这三者的结合，就是舒伯所理解的生涯。

（二）职业锚理论

学者施恩是这一理论的创造者。所谓职业锚，又称职业系留点。职业锚指人们选择和发展自己的职业时所围绕的中心。职业锚强调个人能力、动机和价值观三方面的相互作用与整合。职业锚是个人同工作环境互动作用的产物，在实际工作中是不断调整的。理解职业锚理论要注意 4 个方面：

（1）职业锚以员工所得的工作经验为基础。职业锚发生于早期职业阶段，新员工已经工作若干年，获得工作经验后，才能够选定自己稳定的长期贡献区域。个人在面临各种各样的实际工作生活情境之前，不可能真切地了解自己的能力、动机和价值观，以及在多大程度上适应可行的职业选择。因此，新员工的工作经验产生、演变和发展了职业锚。换言之，职业锚在某种程度上由员工实际工作所决定，而不只是取决于潜在的才干和动机。

（2）职业锚不是员工根据各种测试出来的能力、才干或者工作动机、价值观，而是在工作实践中，依据自省和已被证明的才干、动机、需要和价值观，现实地选择和准确地进行职业定位。

（3）职业锚是员工自我发展过程中的动机、需要、价值观、能力相互作用和逐步整合的结果。

（4）员工个人及其职业不是固定不变的。职业锚，是个人稳定的职业贡献区和成长区。但是，这并不是意味着个人将停止变化和发展。员工以职业锚为其稳定源，可以获得该职业工作的进一步发展，以及个人社会生命周期和家庭生命周期的成长、变化。此外，职业锚本身也可能变化，员工在职业生涯的中后期可能会根据变化了的情况，重新选定自己的职业锚。

施恩教授将不同类型的职业锚归纳为 8 种，以下是对各种职业锚的简单介绍：

（1）技术或职能型。这种类型的人追求在技术或职能领域的不断提高，并竭力寻找应用技术或职能的机遇。他们对自己的认可来自他们的专业水平，他们喜欢面对来自专业领域的挑战。他们一般不喜欢从事一般的管理工作，因为这将意味着他们放弃在技术或职能领域的成就。

（2）管理型。管理型的人追求并致力于工作晋升，倾心于全面管理，独自负责一个部分，可以跨部门整合其他人的努力成果。他们想去承担整个部分的责任，并将公司的成功与否看成自己的工作。具体的技术或功能工作仅仅被看作是通向更高、更全面管理层的必经之路。

（3）自主或独立型。这种类型的人希望随心所欲安排自己的工作方式、工作习惯和生活方式。追求能施展个人能力的工作环境，最大限度地摆脱组织的限制和制约。他们愿意放弃提升或工作扩展机会，也不愿意放弃自由与独立。

（4）安全或稳定型。这种类型的人追求工作中的安全与稳定感。他们可以预测将来的成功从而感到放松。他们关心自身的财力安全，如退休金和福利。稳定感包括诚信、忠诚，以及完成老板交代的工作。尽管有时他们可以达到一个高的职位，但他们并不关心具体的职位和具体的工作内容。

（5）创业型。创业型的人希望使用自己能力去创建属于自己的公司或创建完全属于自己的产品（服务），而且愿意去冒风险，并克服面临的障碍。他们想向他人证明公司是他们靠自己的努力创建的。他们可能正在别人的公司工作，但同时他们在学习并评估将来的机会。一旦他们感觉时机到了，他们便会自己走出去创建自己的事业。

（6）服务型。服务型的人指那些一直追求他们认可的核心价值，如帮助他人，改善人们的安全，通过新的产品消除疾病。他们一直追寻这种机会，即使这意味着变换公司，他们也不会接受不允许他们实现这种价值的工作变换或工作提升。

（7）挑战型。挑战型的人喜欢解决看上去无法解决的问题，战胜强大的对手，克服艰难险阻等。对他们而言，从事职业的原因是职业给予了他们战胜各种不可能的机会。寻求新奇、变化和有阻力是他们的终极目标。如果事情非常容易，它马上变得非常令人厌烦。

（8）生活型。生活型的人喜欢能够平衡并结合个人的需要、家庭的需要和职业的需要的工作环境。他们希望将生活的各个主要方面整合为一个整体。正因为如此，他们需要一个能够提供足够的弹性让他们实现这一目标的职业环境。甚至可以牺牲他们职业的一些方面，如提升带来的职业转换，他们对成功定义不限于职业成功。

我们可以用自己作为参照，看看自己属于哪种职业锚，这会在很大程度上能帮助我们选到一条适合自己的职业道路。

第三节 职业生涯规划

一、职业生涯规划的概念及意义

（一）职业生涯规划的概念

职业生涯规划又称为职业生涯设计，著名管理学家诺斯威尔首先提出了这个概念。他认为，职业生涯设计就是个人结合自身情况以及眼前制约因素，为自己实现职业目标而确定行动方向、行动时间和行动方案。尽管之后其他学者对职业生涯规划的概念有不同的理解，但各种理解上的差异并不能掩盖职业生涯规划在人们观念中的共识。应该说，诺斯威尔的定义从一开始就为职业生涯规划定下了基调，具有典型意义。我们对职业生涯规划概念的认识，应着重把握以下三点：

（1）职业生涯规划分为认知、设计、行动三大部分。职业生涯规划是一种复合化的行为过程。认知包括对人生理想、职业价值观、兴趣爱好、个性特征、能力状况等主体方面的认知，也包括对家庭条件、社会环境、职业分类、工作性质的认知，还包括对职业生涯规划理论和方法的认知。设计是指个体根据认知，为自己有针对性地树立职业目标、制订实施方案、确定阶段任务。行动则是将设计的内容付诸实施。三者环环相扣，井然一体。

（2）职业生涯规划以职业实现和职业维持为中心，但同时包含对性情培养、家庭角色扮演、生活方式和状态等非职业因素的规划。对于大多数人而言，职业是物质生活来源的基础，也是心理塑造的重要因素，正因如此，职业生涯规划才会成为一个独立的研究主题，甚至在某种意义上，职业生涯规划可以等同于生涯规划。所以，职业生涯规划的核心是找到适合自己的理想职业，并得以维持。但是职业的实现和职业的维持不是孤立的，它们需要生涯的其他方面作为支撑。如家庭的建立往往有助于职业因素更大地发挥作用，并且家庭的建立形态等也会影响着职业的选择，另外，家庭的建立也影响着职业结束后个体的归属。所以，职业生涯规划是关于个人生涯较全面的规划过程。

（3）职业生涯规划深受客观条件的影响，具有框架性。首先，职业生涯规划属于一种社会科学，本身无法做到像自然科学那样严谨精确。其次，职业生涯规划调整的是主体与客观因素的适应关系，但客观上的因素是无法完全预料的。职业生涯规划所能做到的，一是根据既有的因素去安排路线和行动；二是在客观因素变化时，运用合理的方法去应对。但是，如果没有这些准备，我们将漫无方向，在面对新情况时，也难以找到合理的方法解决。所以职业生涯规划为个体的发展提供的并非如建筑图纸那样的细致无缺，它提供的是框架，让我们合理有序发展的框架。

（二）职业生涯规划对大学生的意义

我们周围的人在性格、能力、心理、价值观念、身体素质、物质条件、生活状态等各方面都没有完全相同的，这就是人生发展中“质”与“量”的差异所造成的。人生发展的“质”与“量”可以说是人与人之间的区别标签。因此，在发展的起步时，只有找准自己当前的“质”与“量”，才能知道自己所处的位置、所具备的条件；只有找准了自己未来的“质”与“量”，才能知道自己所努力的方向和所要达到的境界，这需要一种衡量工具。在发展的过程中，只有运用恰当的方法，科学系统地去构造发展的轨迹，才能找到理想的“质”与“量”，这就需要一种勾画手段。我们都知道，标尺的作用就是衡量与勾画，而职业生涯规划正是人生发展的标尺，这点对于站在生涯发展十字路口的大学生而言，更是如此。

1. 职业生涯规划的衡量作用

（1）指导大学生制订恰当的人生目标。目标是人生之路的灯塔，它指引着奋斗的方向，也给予奋斗的动力。但是，制订一个恰当的人生目标绝非易事。目标制订得过于宏大，就会找不到实现目标的入手之处，对个人成长起不到促进作用；目标制订得过于狭隘，会使个人的成长受到过多的拘泥，最终限制了发展的空间。而职业生涯规划所包含的各种理论、方法、工具，可以帮助大家准确地认识自我，在正确的自我定位基础上，结合外部条件和社会需要，制订出切实可行的目标。

（2）帮助大学生认识既有的发展状态。认识既有的发展状态，包括对个性的认识、对现有能力和不足的认识、对发展阶段的认识等。如果对既有的发展状态有较好的把握，就可以确定之前所做努力的效果，明确下一步应做的工作。这样，我们就能知道今后是应该继续沿用之前的发展思路，还是作适当的调整。这既可以作为一种对之前制订的人生目标的检验，又能促进我们逐渐朝人生目标迈进。

2. 生涯规划的勾画作用

（1）帮助大学生树立正确的择业思想。时下就业市场上之所以会出现的“公务员热”等现象，很重要的原因就是很多大学生没有正确的择业思想，而一味地追随大流，或者仅仅认识到社会环境对职业发展的影响，而没有考虑到自我的身心特点和未来发展的目标。延伸到相关的“考研热”“出国热”等，这也是大学生群体缺乏正确就业思想的表现。没有正确的择业思想，带来的结果往往要么是就业中的四处碰壁，要么从事了一个不适合自己的职业，导致个性被压抑，能力被限制，生活上郁郁寡欢，事业上步履维艰。三百六十行，行行出状元。对于有抱负的人而言，其实大多数职业都有广阔的施展空间，都能给人生带来成功的荣耀。正确的择业思想应当是自我认识、环境认识、价值目标认识的系统结合。而职业生涯规划可以帮助个体在此基础上树立具体的、有针对性的择业思想，从而对机遇的把握更为全面和深刻。

（2）引导大学生重视并有针对性地培养素质和能力。对于大学生而言，当前社会发展充满着机遇，同时又面临着严峻的挑战。可以预见，未来对人才要求的趋势越来越多样化、专业化，而且越来越注重品行合一。那么，在挑战和趋势面前，大学生应该怎样培养素质和能力呢？我们常常听说这样的事，有学生在工作中由于不能熟练地使用各种现代化的工具，使其能力大打折扣；有学生在大学期间饱览群书，可谓满腹经纶，但在工作时无论是在口头还是在书面，表达能力都不强，直接影响到社会对自己观点思想的认可；还有一些学生在工作时感慨专业知识学得不深，很有重回校园学习的冲动。这些都是大学生没有针对性培养自己的素质和能力的结果。人学习和实践的时间是有限的，我们几乎不可能使自己的素质和能力面面俱到，使自己成为无所不能的“全才”。而且当代社会分工的精细，使任何人都不能在所有领域里都能大展身手。因此，我们应该以发展目标为核心，有针对性地培养自己在某些关联方面的素质和能力。学习了职业生涯规划之后，相信大多数人都能理解这一点，并会付诸行动。

二、职业生涯规划的要素

前文我们提到职业生涯规划分为认知、设计、行动三个方面，那么，将这三方面系统连接起来，从而完成职业生涯规划活动的基本步骤，就是职业生涯规划活动的要素。

关于职业生涯规划要素最有影响的观点莫过于人力资源管理专家罗双平提出的“三要素论”，即“职业生涯规划＝知己＋知彼＋抉择”。这种观点实际上将职业生涯规划局限于一种思想活动，不能体现出职业生涯规划作为一种具体的人生实践行为的性质。另外，其单一层次的表达方式也无法说明各要素之间的内在联系。所以，对职业生涯规划要素更科学阐释应当是将知己、知彼、抉择、目标、行动这 5 个要素按顺序性整合。

知己和知彼分别是指对职业主体和职业的全面了解，前者如对自我的兴趣爱好、价值观、能力倾向等方面的了解，后者如对行业前景、工作内容、所需能力、工作待遇等方面的了解。这两个步骤是作出规划并为之行动前的必要准备，如果你能较好地达到这两个步骤要求，之后的活动一定会事半功倍，人生成功的大门也更容易开启。

知己和知彼之后，是根据对“己”和“彼”的认识进行职业生涯道路的设计，设计过程的核心是抉择，包括抉择技巧、抉择风格，以及抉择可能面临的阻力、助力等。如认识到了自己外语口语水平不足，进而希望在职业生涯规划的设计中增加培训口语的项目，那么究竟是参加专门的口语培训班呢，还是只是在平时多利用生活场景自主练习呢？这就是一个抉择。值得一提的是，职业生涯规划里的认知活动，并不单单只是知己和知彼，在抉择的过程中，除了建立在知己和知彼的基础之上外，还要对外部世界有充分的认知，这主要指对社会的认知和对家庭的认知。对社会的认知包括了解国家及世界的政治经济形势及走向、地区的经济社会所处的水平、民众的需要、某一职业群体在当前社会中的地位、社会发展的趋势，等等；对家庭的认知包括了解家庭的教育背景、收入水平、当前的状态，等等。如果在抉择时只是单纯地从个人的条件及职业本身考虑，不去顾及社会和家庭的因素，那么所做出的抉择虽然看起来好像是个人的能力才华有了施展的空间，但很可能也会没有成功的人生，甚至陷于抑郁与挣扎之中。如某位家庭经济条件一般的同学觉得自己很适合搞艺术设计，并且在过去形势下，这个行业的人才很紧缺，有着不错的发展空间和待遇。为了提升自己艺术设计的水平，这位同学不顾自己家庭的实际情况，迫使父母变卖家产、举借外债来实现自己的出国梦。结果从国外归来后，经济形势已不需要这么多这方面的人才，并且国内高校也培养出大批人才，导致这一职业的就业机会、待遇水平急转直下。父母的债台高筑和自己的就业不顺给这位同学的人生发展带来了巨大阴影。所以，抉择应当是一个全面且完整的思考过程，抉择的结果是确定发展的目标，以及为实现这一目标所需做的工作方案。

确立目标之后，就要将规划的方案变为行动了。没有实实在在的行动，再深刻的认知、再完美的抉择、再简单的目标，都是虚幻。可以说，行动就是将我们的职业生涯规划理念变为现实的终极步骤。

三、职业生涯规划的方法

什么是职业生涯规划的方法呢？西方有学者曾做出一个有趣分类，我们结合当前大学生的现状对此做一个简单的介绍。

（一）常见的职业生涯规划方法

1. 自然发生法

最常见的情况就是所谓的“海投”。有些学生在找工作时，对工作岗位的性质并没有重点考虑，只要看到有差不多的岗位就去投简历，这样下来，往往会投出成百上千份简历，到最后有哪个单位愿意录取就去哪个单位。这种方法带有盲目性，缺乏效率，而且往往只适合寻找一些技术性要求不高的工作。更重要的是，不仔细考虑自身特点所找到的工作很有可能不适合自己，最终会抱憾。除此之外，学生高考填志愿时，常常只根据考分和各学校、专业的可能的录取分数，感觉差不多了就做出选择。这采用的也是自然发生法。

2. 目前趋势法

根据当前职业市场的现状和发展趋势进行选择。正是这种方法，造就了职业市场上一轮又一轮的“热”。这种方法也具有盲目性；一是对自身特点没有充分考虑；二是采用这种方法往往只看到当前及不远的一段时间，却没有考虑以后形势的变化。如计算机、法学等专业曾经是广大学生追捧的宠儿，但基于种种原因，现在这些专业反而成为最难就业的红牌专业。所以，在选择时应该以发展的眼光考虑，很多时候，一些看似冷门的行业实际上在待遇、发展前景等方面都有广阔前景。

3. 最少努力法

选择最容易上手的专业或行业，希望做得轻松，待遇等各方面又较好，这是一种太理想化的方法。虽然可能存在一些劳动量小且待遇不菲的工作，但这样的工作往往会扼制自己的发展潜能，大大限制自己的发展空间，实现不了自我提升。

4. 拜金主义法

看到哪个行业待遇好就选哪个。这种方法同样也不考虑自身特点。如果所选择的行业与自身性格不符，或者给自己的身体健康、生活质量带来了巨大的影响和负担，那么从事该行业将得不偿失。

5. 刻板印象法

很多人认为，女生比较适合当公务员、到事业单位做一些稳定的工作，或者从事文秘、会计等一些比较细致的工作，这种观点实际上是以性别、年龄、社会地位等刻板的印象来选择职业。其实每个人都有自己的特点，不能用一些笼统的因素来作为标签，进而确定所适合的职业。

6. 橱窗游走法

在从事某个工作之前，没有对此有详细的了解，只要自我感觉良好，就去尝试一下。做得满意了，就继续做下去；不满意了就走人。这种方法可以作为一种了解职业的方式在学生阶段作为实习运用。到了正式就业阶段，这种方式很有可能浪费很多时间，而又一无所成。另外，这种方式也不适合专业性、技术性要求较高的职业。

7. 假手他人法

即找别人替自己下决定，比如家人、朋友、老师等。虽然他们有可能凭借自己的知识、经验，以及对你的了解，帮你做出选择，但是毕竟最了解你的还是自己。他们的选择应当成为你做出选择前的参考，而不应成为你最终的选择。

以上这些方法在日常生活中我们经常能看到和用到，有些方法不乏优点，但各种方法都有极为明显的缺陷。本书所论及的是一种科学合理的职业生涯规划，目的是帮助大家运用本书的理论方法，合理地确立自己的职业生涯规划。从这点意义来讲，上述方法代表的职业生涯规划方法的现实，而非应然的状态。怎样才是一个科学合理的职业生涯规划方法呢？其实，前面提到的职业生涯规划的要素便是职业生涯规划方法的脉络，或者说职业生涯规划方法就是对职业生涯规划要素的实用化分解。不同专家提出的具体做法虽然有一定差异，但大家只要抓住其中一种方法坚持做下去，都会收到不错的效果。

（二）坚持职业生涯规划的方法

1. 坚定信念

职业生涯规划是一条长期且复杂的道路，如果没有坚定的信念，相信自己能凭借科学合理的方法规划获得人生的成功，那么在前进的道路上，很有可能会因事情的繁缛或一时不顺半途而废。信念的树立是一个潜移默化的过程，途径多种多样：可以通过了解成功的职业生涯规划案例，通过老师家长的教导或朋友的劝言，也可以通过初步了解职业生涯规划的理论，强化对其科学性的认识。

2. 评价自我

在生活中注意观察和总结自己各方面的特征，并且学习个体分析的知识，运用分析测量工具，从而对自己的兴趣、性格、能力倾向、知识结构等各方面能有系统全面的把握。

3. 评价环境

分析内外环境对自己职业生涯规划所带来的影响。一般认为，环境因素包括四种：一是组织环境，主要指组织的发展战略、人力资源需求、晋升发展机会；二是社会环境；三是经济环境；四是家庭环境。评价环境要注重综合性，尽量不偏向任何一种因素，或者因素内部的某一方面。否则可能会因为视角的偏颇而给以后的发展留下障碍。

4. 认知职业和选择职业

在对自我和环境评价之后，就要在此基础上有倾向性地去搜集各种职业的信息，掌握各种职业的状况。之后对所掌握的信息进行综合分析，选择与自身特点和外部环境相吻合的职业。有两点需要在此说明：第一，如前一部分所述，职业选择的过程中，还要进一步与外部因素相结合，也就是还要重新对之前的环境评价作深化考量，从各种环境因素的平衡性认识中找出所倾向的因素；第二，所谓的选择职业是指选择有关联的职业范围，而非选择某项具体的职业，由此避免了职业选择面过于狭窄而给人生发展带来限制。

5. 制订路线

路线安排是职业选择的深化，也就是在某个职业中的发展方向。如果把未来职业定位于公司高管层，那么既可以走专业技术路线，如产品研发、财务管理等，也可以走业务路线，如产品营销、对外公关等。路径不同，发展生涯的措施也不同。并且，路径的选择同样与个体因素和外部因素息息相关。制订一个好的路线，可以帮助缩短职业发展的时间，或者能使职业发展达到更高的层面。

6. 确立目标

这是职业生涯规划的关键。学界一般认为确立职业生涯目标应坚持下列原则：

（1）重点集中性，即目标不可定得太多，太多了就意味着没有重点。但是，集中目标并不是说不能设立多个目标，而是一个时期一个目标，分开设置。具体来说，就是拉开时间差距，实现一个目标后，再实现另一个目标。

（2）目标明确性，即目标要具体明确，目标越简明、越具体，就越容易实现。而目标空泛，日后行动就容易陷入盲目，不能有意识地收集相关领域的知识信息，无法有效提高自我。

（3）可实现性，即目标高低适度，恰到好处，具有实现的可能。

（4）相关性，即个人发展目标与社会发展目标一致，长期目标与短期目标间的结合。虽然个人目标是自己的目标，但并非只靠自己的力量就能实现，把自己的目标与社会目标协调起来，发展就会比较顺利；长期目标指明了发展的方向，短期目标是实现长期目标的保证，长短结合更有利于生涯目标的实现。此外，相关性要求注意职业生涯目标要与生活目标结合考虑，兼顾平衡。

建议大家坚持以上原则，分阶段、分层次地确立目标，将目标分为短期目标、中期目标、长期目标、人生目标；同时又分为学习目标、工作目标、生活目标。从短期目标和低层次的目标入手，一步步朝人生目标和高层次目标迈进。

7. 制订具体的行动计划并实施

有了具体的目标，就要开始思考，为了实现这个目标，我该从哪些事情入手？哪些事情是需要我完成的？把这些需要完成的事情系统地列出来，就成了一个具体的行动计划。接下来，就要以实际行动，才能使理念上的东西变成现实。行动是一个长期而艰苦的过程，大家要有平和的心态对待过程里的每一个事件，一步一步、扎扎实实地去实现自我的人生价值。

8. 总结反馈并及时调整

前面说过，职业生涯规划是一个漫长而复杂的过程。在之前的工作中，有些因素我们考虑到了，但有些没有；即便考虑到了，也会因形势的发展而带来变化。

因此，无论是职业、路线、目标，还是具体的行动计划，我们都要结合之前的实践经验以及对形势的深化认识，做出适时修正。这样才能保证职业生涯规划不会因思考的不周到和形势的变迁而达不到预期的效果。当然，职业、路线、目标、具体的行动计划，这三者的修正是有所不同的。从维护职业生涯规划稳定性的角度出发，我们最先考虑的，是对具体行动计划的修正，其次是中短期目标的修正，然后是长期目标以及路线的调整，最后才是职业的更换。

第二章

大学生创业概述

第一节　创业的内涵及意义

创业是一种开创性活动，是人类最基本的生存和发展方式，创业也是一个充满成就感和诱惑力的字眼。就全球范围内来讲，创业已经成为经济强劲增长的重要动力之一。一句话，创业是个人和组织最强大的发展力量。

一、什么是创业

创业是一个很古老的概念，在中国的春秋时期就已经出现“创业”这个词。在《孟子·梁惠王下》中有：“君子创业垂统，为可继也。”在诸葛亮《出师表》中表述了“先帝创业未半，而中道崩殂”。这两处的创业均指创立功业和基业。《辞海》对创业的解释是创立基业。创业是一种精神、一种意识、一种素质；创业既有个人创业，也有合作创业；创业不但指创立企业，而且指创立事业。当然，对于创业这个概念学术界目前还没有统一的说法，仁者见仁，智者见智。因而，创业是一个不断发展的概念。不同的学者根据自己研究与理解的角度不同，对创业给出了各自的定义。

（一）国外学者的观点

创新理论奠基人、经济学家约瑟夫·熊彼特认为，创业就是创新，即创业的过程就是创新的过程，创新者就是创业者，创业者通过创新使自由市场经济的内在矛盾得以克服，从而促使经济增长。

荣斯戴特曾这样定义创业：“创业是一个创造增长的财富的动态过程。财富是由这样一些人创造的，他们承担资产价值、时间承诺或提供产品或服务的风险。他们的产品或服务未必是新的或唯一的，但其价值是由企业家通过获得必要的技能与资源并进行配置来注入的。”

斯蒂文森强调了创业的过程：“创业是一个人——不管是独立的还是在一个组织内部——追踪和捕获机会的过程，这一过程与其当时控制的资源无关。”斯蒂文森进一步指出，有 3 个方面对创业是特别重要的，即察觉机会、追逐机会的意愿及获得成功的信心和可能性。

（二）国内学者的观点

郁义鸿等认为，创业和创业者的定义是密不可分的，创业是一个发现和捕获机会并由此创造出新颖的产品、服务或实现其潜在价值的过程。雷家骕与冯苑玲认为，创业就是发现、创造和利用商业机会，组合生产要素，创造自己的事业，以获得商业成功的过程或活动。他们强调创业的目的在于获得利润。杨艳萍对创业的定义是泛指在各个领域开创事业并且在特定领域内造成较大的影响，一般强调关系到国计民生的事业。也有学者认为，创业包括创造价值、创建并经营一家新的营利型企业的过程，通过个人或一个群体投资组建公司，来提供新的产品或服务，以及有意识地创造价值的过程。

可见，国内外专家学者们对创业所下的定义各有侧重。不过还是可以提炼出一些比较一致的看法：创业必须是一个创造的过程；创业需要贡献时间和付出努力，根据市场需求发现商业机会；创业要承担相应的财务风险和社会风险；创业可能给创业者带来丰厚回报、个人满足和自主性等。目前，高校进行的创业教育，其主要内容包括创业精神、创业意识、创业道德、创业知识、创业技能、创业心理等。这里的创业泛指开拓性行为，其中，主要是指自主创办企业。

二、创业的特性

创业是人类独有的一种积极向上的特殊行为。了解创业的特性对于掌握创业机理、增添创业智慧、规避创业风险、发挥创业潜能具有重要意义。具体来讲，创业具有以下特性：

（1）自主性：是指创业活动会充分发挥创业者的个人意志。在创业实践过程中，创业者能根据自己的想法和意愿对发展计划、项目制订、人员调配、资金运作、场地维护等相关的要素进行谋划和实施，并自负责任。

（2）开创性：是指创业对于任何创业者都是一项前所未有的事业，是从无到有地创建一个经济实体，或使已有的经济实体从小变大，从旧产品发展到新产品。

（3）发展性：是指创业是一个不断发展的过程，始终处于变动发展的状态，因而创业不同于守业。

（4）风险性：是指创业者在创业过程中本人没有成功的经验可借鉴，也不能保证创业一次成功或一定成功，必然要承担来自创业领域的人员、现金、技术、授权、决策、财务等各种风险。常常是事业规模越大，风险就越大。

（5）社会性：是指创业是一种具有群体性的社会活动，即使是作为个体的创业活动也会对社会产生影响，同时受社会环境的制约，而不只是个体行为。

（6）艰辛性：是指创业者创造新的有价值事物的过程中，需要创业者付出极大的努力，要比就业者付出更多的艰辛才能获得创业成功。

（7）经济性：是指创业不仅使创业者获得经济利益，实现自身的社会价值，还会为其他人提供就业岗位，为社会创造财富。

三、创业类型

从不同角度对创业可以作不同的分类。掌握了创业类型，可以有针对性地了解创业特点和创业要求，从而更好地进行创业选择，充分发挥创业者的自身优势，实现成功创业。

1. 按照创业动机分类

按照创业动机分类可分为生存型创业和机会型创业。

（1）生存型创业大多是为了谋生自觉或被迫地走向创业，大多集中在服务业，没有创造新的需求，只是在现有的市场寻找创业的机会。由于创业动机仅仅是为了谋生，往往小富即安，极难做大做强。

（2）机会型创业其出发点是为了抓住和利用国家政策及市场出现的商机，创造出新的需要或满足潜在的需求。它能带动新的产业的发展，而不是加剧市场竞争。

2. 按照创业内容分类

按照创业内容分类可分为科技型创业、知识型创业、技能型创业、体力服务型创业。

（1）科技型创业是指创业者掌握高新技术项目或掌握具有高科技含量的专利项目进行创业，如高科技公司或产业。

（2）知识型创业是指创业者为了满足人们节省精力、提高效率的需求，充分利用自己所掌握的知识而创办的各类知识型的服务机构进行创业，如律师事务所、广告公司。

（3）技能型创业是指创业者利用已掌握的独特的技艺或配方，充分利用占有的市场优势进行的创业，如酿酒业、工艺美术品。

（4）体力服务型创业是指利用自身所具有的体力进行的服务型的创业，如代购、搬运、递送。

四、创业的意义

不仅创业本身具有巨大魅力，而且创业可以使创业者创造更多的就业岗位，从而激发创业者、管理者、劳动者提高素质，增添社会发展动力，创造更多的社会财富，这对于促进科技、教育、文化发展，维护社会稳定和繁荣，推动人类社会进步与发展，提高全社会生活水平，都具有重要意义。

（一）创业是知识经济时代的呼唤

人类逐渐从工业经济社会步入知识经济社会。在以知识为基础的经济发展过程中，知识成为资本，人才和科学技术的价值得到充分体现，传统的事业发展模式逐渐被打破，创造和创新日益得到认同。同时，科技的发展为青年人的创业提供了条件，也开拓了广阔的道路。只要拥有知识和技术，创办科技类企业已成为可能，而且可以迅速成长壮大。选择创业是知识经济时代提供给大学生的难得机遇。要使自己自主地活跃于这个时代，选择创业不失为明智之举。

（二）创业是经济持续繁荣的基础

创业是拉动经济发展的动力源。发展创业型经济已成为促进经济可持续发展的重要途径。创业对经济发展的促进作用已被全球经济发展的事实所证明。美国未来学家约翰·奈斯彼特认为，创业是美国经济持续繁荣的基础。20 世纪 90 年代以来，美国经济高速增长堪称当代经济奇迹，一些著名的学者认为在过去的 30 年里美国出现了创业革命，甚至认为创新精神和创业过程彻底改变了美国和世界的经济，当今美国财富中超过 95%是在 1980 年以后创造出来的。美国新经济的兴起与发展离不开硅谷创业企业的大批创立。直到现在硅谷依旧是美国经济赖以保持以 2% ~ 3%的速度发展的重要支柱。因此，从某种意义上讲，美国高校的创业计划大赛已成为美国经济的直接驱动力之一。我国中小企业的迅速崛起对推动中国经济发展发挥了重要作用。

（三）创业促使全新教育观的形成

创业概念的出现，对传统的人才观产生了很大的冲击。传统的人才观忽视了人的开创意识和拓展能力，传统的教育内容与市场经济的要求相差太远，学校学到的知识无法适应发展市场经济的需要。创业中出现的困难和问题，现行的中小学教育甚至包括部分高校，几乎没有系统地开设创业教育课程，学生没有受过创业意识和技能的培训，更不用说受创业文化的熏陶。创业教育的开展必然引起人们对转变教育观念的思考，增强创新创业教育无疑是经济社会发展对教育提出的呼唤。伴随着宏观形势的变化，一直以就业教育为主的中国高等教育，已日益认识到创业教育的重要性，许多高等院校已开始强化创业教育，鼓励大学生毕业后抓住机遇，自主创业。如今，创业、创业型人才、创业教育已成为改变中国教育思想、教育内容的关键词，成为引领教育改革与创新的重要力量。

（四）创业是缓解就业压力的有效途径

在大学毕业生数量日益增多的同时，社会所能够提供带工薪的现成就业岗位却越来越少，大学生就业难问题也就越来越受到人们的关注。通过创业来解决大学生就业的问题无疑是一种可行而且有效的办法。一个学生创业可以吸收若干个学生的参与，创业成功就可解决一批大学生的就业问题，如果社会上形成了学生创业的气候，将大大缓解社会就业的压力。

（五）创业有利于社会资源更合理的配置

新创办的企业要想很好地生存与发展，就必须有较强的科技创新和经营管理能力，从而增强竞争力。从行业发展的角度来讲，新创企业的成功和加入，会或多或少的影响现有行业的经营格局，加剧行业经营的竞争态势，造成优胜劣汰的局面。竞争的加剧有利于资源向经营良好、效率较高的企业流动，也就有利于有限的社会资源更合理的配置，从而产生出相对更高的社会效益，增加社会福利，促进中国特色社会主义市场经济又好又快地发展。

第二节　国内外创业教育与创业文化概述

进入 21 世纪，美国的创业教育逐渐走向成熟，社会对创业教育的关注程度与日俱增。在中国，对大学生的创业教育还只是处于起步阶段，没有形成完整、系统的创业教育体系。了解国内外创业教育的现状可以发现我们存在的不足之处，找出差距，提供借鉴。学校教育是创业文化建设的主渠道、主阵地，要通过创业教育，使创业精神深入人心，促进创业文化健康发展、创业人才健康成长、全民族的创业素质不断提高。

一、国外创业教育的开展情况

创业教育研究兴起于美国。杰弗里·蒂蒙斯教授是美国最早从事创业学教育的教育家。早在 20 世纪 60 年代后期，杰弗里·蒂蒙斯教授成了美国创业学研究的领袖人物，他在创业管理、新企业创建、创业融资和风险投资等方面的专题研究，以及在创新性课程开发和教学等方面均有较高建树，因而被《商业周刊》和《成功》杂志等评选为创业管理教育领域公认的世界级权威。杰弗里·蒂蒙斯教授 1982 年首次加盟百森商学院，1989 年受聘为哈佛大学杰出教授，自 1999 年起，他成为美国国家创业委员会的特别顾问。就高校而言，美国百森商学院 1967 年就在全球第一个推出创业管理的研究生课程，《华尔街日报》在 2001 年则把百森商学院的毕业生创业技能列为第一，并称百森商学院是所有商学院中尚待发掘的最佳的“深山美玉”。

20 世纪 80 年代，美国开始进入知识经济时代，美国大学的创业教育和大学生的创业活动开始活跃。大学生创业热起源于美国大学生的创业计划大赛。自1983年美国得克萨斯州大学奥斯汀分校举办第一届商业计划大赛以来，高校的创业计划大赛已成为美国经济的直接驱动力之一。因为，美国表现最优秀的50家高新技术公司有46%出于MIT的创业计划大赛。之后麻省理工学院、斯坦福大学等许多大学都相继举办了这类竞赛，并逐步形成每年举办一次的制度。

在美国，第一个创业教育课程诞生于1970年。到1980年，第一个本科创业教育专业诞生在百森商学院、贝勒大学和南加州大学。目前，美国的创业教育已形成相当完备的体系，涵盖了从小学、初中、高中、大专直至本科生、研究生的正规教育。美国大学为本科生、研究生分别开设了创业课，如斯坦福大学，学生至少选修过其中的一门。美国表现最优秀的股市专家和高新技术企业主大多数接受过创业教育。创业学研究成为创业教育的有力支撑。如1980年以来，美国大学中设立的创业学首席教授职位数目已增加到200个以上，涌现出很多个创业中心，哈佛大学商学院有十几位教授专门从事创业学研究，全世界创业学专业期刊已增加到30多种。

创业教育早已波及世界其他许多国家的政府和大学。德国大学校长会议和全德雇主协会联合发起一项名为“独立精神”的倡议，呼吁在全国范围内创造一个有利于高等学校毕业生独立创业的环境，同时要使高等学校成为“创业者的熔炉”。倡议还明确要求，在其后的5～10年中，每届毕业生中要有20%～30%的人独立创业。英国政府从中学开始开设商业课程，要求所有12～18岁的中学生必须参加为期两周的商业培训。英国财政大臣1999年11月宣布，英国政府投资7000万英镑（约1.13亿美元），在剑桥和麻省理工学院之间建立起一种教育研究的合作伙伴关系，这项合作的目标是把美国的经验吸收到英国来，鼓励创业，提高生产力和竞争力。法国从初中开始创业教育。日本1998年起从小学开始实施就业和创业教育。

1989年11月，联合国教科文组织在中国北京召开的“面向二十一世纪教育国际研讨会”上，澳大利亚的埃利雅德博士提出了创业教育是学习的“第三本护照”的观点，认为创业教育和学术性教育及职业教育具有同等重要的地位，创业教育实践被柯林博尔博士总结并推而广之。柯林博尔提出，未来的人应获得“三本护照”，第一本是学术性（基础文化知识）的，第二本是职业性的，第三本是证明个人事业创新与开拓技能的。

1999年4月，联合国教科文组织在韩国汉城（首尔）举行的第二届职业技术大会上，突出强调应加强创业教育，重点是培养学生的创业能力，指出创业能力是一种核心能力，它对个人在各种工作领域激发创造力和革新能力起到关键作用。

国外创业教育还十分重视从事创业教育教师的创业实践，要求有关任课教师首先要有创业教育相关内容的体验。如美国教师的这种体验主要通过模仿进行。在创业教育国际协会有关领导人的指导下，职业技术教师要用一周时间体验创业活动。如把教师分成若干个小组进行设计商店的店面、寻找商店地点、为商店取名、判断销售目标、讨论预算和开发广告等活动，这样，通过按照活动顺序逐步创业的体验，能够使教师有效地指导学生开展创业教育活动。

二、国外创业教育的新趋势

（一）创业教育由生存需要型向发展需要型过渡

最初提出创业教育是为了更好地解决社会个体的“生存”问题。发达国家的创业教育也是基于提高国民生存质量的需要而提出的。根据官方统计，在过去的几十年中，失业率较高。正是由于严重的失业现象已威胁到越来越多的人的生存质量，在获得工资性就业岗位受阻的情况下，人们将目光转向了创业，包括美国、日本、法国在内的许多发达国家都将创业教育作为解决失业问题的一种重要手段。如在日本，从 1998 年起，文部省就和通产省合作在小学开始实施“就业与创业教育”，从小就培养孩子们养成就业创业的心理意识和意志品质，为他们将来有效解决自我的失业与再就业打下良好的基础。

发达国家创业教育的实践成果表明，创业观已开始融入人们的就业行为中并发挥着越来越重要的作用。越来越多的社会个体受益于创业教育，并认识到创业活动能带来自我更好的发展。发达国家社会就业观念的转变及人们对创业行为认识的深入，预示着发达国家的创业教育正在由“生存型需要”向“发展型需要”过渡。

（二）创业教育由经济领域拓展到文化领域

创业教育的最初提出是人们基于对社会经济发展的特点及趋势的新认识，产生了对教育经济功能的反思。最初，创业教育从目标到内容再到功能的定位都是服务于经济领域的，现在，人们对于创业教育的认识已从服务于经济领域的狭隘理解，提升为培养能够独立创办企业、独立从事经济活动的人。随着发达国家对创业教育理论研究的不断深入，很多发达国家已开始认识到创业教育不应仅仅定位在经济领域，我们生活的时代，社会发展的各个领域都需要具有创造性个性品质及创新精神的人。于是，发达国家开始将创业教育拓展到其他领域，其中文化产业领域的创业教育越来越受到人们的重视。

（三）创业教育由阶段性走向终身性

随着社会经济环境发展的急剧变革，企业的生命周期越来越短，一次性创业也将不能终身受用，创业活动也成了一个由起点到终点再由新的起点的周期性过程。因而，针对青年群体的创业教育也应随着其创业活动的周期性而展开，即针对青年群体的创业教育由阶段性走向了终身性。同时，随着知识经济时代的来临，发达国家的科技进步在经济发展中的贡献率越来越高，科技对人力的替代作用日益明显，等量投资所创造的工作岗位相对减少，发达国家各个年龄阶段的社会个体失业问题日益严重。针对这种由于需求不足所导致的失业问题，创造更多的就业岗位是当务之急。这使发达国家开始认识到不仅青年失业群体需要创业教育，社会各年龄阶段的失业群体都需要接受必要的创业知识及创业能力的培训。创业教育应是贯穿人的职业生涯发展始末的终身性教育。发达国家创业教育在走向终身性的同时也具有了全民性。

（四）创业教育由“原始性”走向“生态性”

发达国家在推动经济发展过程中，十分重视经济与生态环境之间的和谐、可持续发展，注重对生态环境的保护，强调不以资源的浪费及资源的低效开发作为发展经济的代价，不以牺牲和破坏资源来拓展就业机会。因而，发达国家在大力支持社会成员进行创业的过程中，始终坚持有所为与有所不为的原则，对于智能型及文化产业领域的创业活动予以大力支持，对于资源消耗型及资本投入型创业活动予以引导与教育，使其实现“生态性创业”，即创业不能以牺牲生态环境为代价。

（五）创业教育由抽象走向具体

发达国家十分强调创业教育的可操作性及实用性，对于创业教育内容的制订与规划已远远超出了初级阶段的宏观性与概念化，创业教育内容的针对性已细化到各个类型的创业活动的具体环节，如如何把握机会，如何提出开创企业的设想，怎样创设、规划和实施创业计划，怎样进行企业扩张等微观层面的创业知识。发达国家创业教育内容的细化，增强了其可操作性，也使创业教育的功能得到了最优化发挥，使创业教育成为一种被社会广泛认同与信赖的教育。

（六）创业教育的社会公益性特征日益突显

发达国家十分重视解决社会的失业问题，并认为失业会对国家的安全与稳定、经济的繁荣与可持续发展带来不良影响，认为创业教育作为解决失业问题的有效手段，必须作为全国性的一项公益事业来发展，应集国家、社会及个人的力量于一体支持社会个体的创业活动。在政策和资金层面，发达国家政府给予减免税收或低息贷款等优惠条件，帮助创业者建立和发展微型或小型企业，帮助他们自谋职业和吸纳他人就业。法国在这方面的具体措施是：由失业者向省劳动局提出创办小企业计划和申请，经评估获得资格后，由失业保险基金支付给其一次性创业津贴，并免一年社会保险费。在发达国家，创业教育除得到政府、银行部门的政策、资金支持外，也得到了社会的广泛赞助，社会性创业教育组织极为活跃。如美国的创业教育发展取得了部分社会机构的资金支持，这些机构提供经费赞助创业教育竞赛，奖励接受创业教育的优秀学生开发创业教育课程等。

三、国内创业教育的开展情况

目前，在中国对大学生进行的创业教育还只是处于起步阶段，没有形成系统、完善的创业教育理念与培训体系。虽然，在这一领域进行探索的院校与专家不在少数，但并没有形成一套适合中国国情与教育发展现状的行之有效的方案。因此，在毕业时自主创业的学生终究还只有少数。到目前为止，创业教育在中国的发展大致可分为两个阶段：第一阶段是各高校自发探索阶段，第二阶段是创业教育得到教育部的重视后，创业教育进入试点阶段。

2002 年 8 月底，由教育部主办、北京航空航天大学承办的“全国高校创业教育研讨会”召开，37 所高校和部分省市教育厅代表参加会议。从 2003 年起，受教育部高教司委托，由北京航空航天大学承办的“全国高校创业教育骨干教师高级研修班”已连续举办了 4 次，为全国高校培养创业教育骨干教师 400 多名，有力地推动了我国高校创业教育的发展。

2005 年白城师范学院成立了创业教育与研究中心，中心从创业研究入手，深化教育教学改革，坚持在深化素质教育中推进创业教育，以个性化教育为基点，以多元化价值观为导向，以“科学规则、整合资源、突出特色”为工作方针，增强创业意识，营造创业氛围，培育创业人才。构建创业教育课程模块，引导、鼓励和支持学生开展创业实践，培养学生的艰苦创业精神、创业成材意识和自主创业能力，与学生就业工作接轨，推动学生灵活就业和自主创业，为推动经济社会发展和构建社会主义和谐社会做出了积极贡献。

四、我国创业教育的发展趋势

（一）为社会个体的多元化就业服务

市场化的推进，使竞争从企业层面深化到个人层面，人口的自由迁徙使竞争从商品市场内化到要素市场。全国统一的劳动力市场正在形成，就业岗位已成为中国目前最稀缺的资源。我国已有的传统职业种类及职业类型已不能满足社会个体日益增长的就业需求，开拓新的职业空间、多渠道就业与创业是解决我国当前失业问题的关键所在。在市场化的就业环境中，抛弃对工资性就业岗位的依赖，从社会发展所需、人们生活所需的任何一个生活角度出发寻找商机，是实现充分就业的必然选择。自谋职业，即为创业。所以，市场经济条件下，创业的空间是极其广阔的，随着社会经济文化发展的日益多元化，人们的就业途径也可以多元化，只有这样人们才能在工资性就业岗位日益减少的就业环境中有业并乐业。

因而，我国的创业教育要走向平民化，要在促进社会个体的多元化就业过程中发挥出最优化功能。

（二）促进社会整体就业观的转变，使创业成为人们职业发展所需

当前我国还没有形成良好的创业文化环境与制度环境。传统就业观下对于工作的稳定性及低风险性的追求仍然是人们的择业心理偏好。对于工资性就业岗位的依赖，使人们已习惯被雇用就业，而对创业望而生畏。原因在于人们缺乏对创业活动的深入认识，缺乏创业的知识及意识，进而害怕遭受创业的失败。即使一部分社会个体已走上了创业之路，但社会调查的研究结果显示，创业群体中出于主动创业、在有其他就业途径的前提下选择自主创业者寥寥无几，仅占创业群体的2.1%。人们传统被动就业的择业观已成为制约我国创业教育的“瓶颈”。因而，在我国发展创业教育，转变社会个体的就业观是前提，要使社会个体认识到不仅为了生存要去创业，为了自我的职业发展也需要积极的创业。我国应积极营造全民创业的就业环境，从而使创业活动成为人们职业发展所需的自主行为。

（三）与继续教育有机结合，成为终身教育的重要组成部分

随着我国市场经济发展的不断深入，社会的职业环境发生了前所未有的改变，终身性职业时代已逐渐消退。从当前我国的失业现象及其成因来看，无论是结构调整型失业、社会转轨型失业还是资本深化型失业，其背后的深层原因都可归结为科学技术的发展使等量投资创造的工作岗位相对减少，更多的人需要从生活的其他领域谋寻职业，而原有的教育知识不再受用，接受“回归性教育”，重新获得自我谋生的知识与能力，成为越来越多的社会个体进行谋生的必由之路。

因而，在我国把创业教育与成人的继续教育结合起来是发挥创业教育功能、解决社会失业问题的必要手段。

（四）从宏观走向微观，增强实用性

创业教育要增强可操作性及实用性，由宏观走向微观，只有这样创业教育的功能才能得到真正发挥。我国应积极地开发适合不同年龄阶段群体的创业教育课程及教材，为社会个体接受创业教育提供前提；要对在校学生及社会各类群体进行创业过程的细化教育，如寻找商机、制订创业计划、实施创业的具体环节。国家及社会应对个体的创业活动提供政策及资金方面的支持，如对社会创业群体及个体发放小额贷款，减免其利息、税收，对其进行免费的创业培训及创业过程的指导，发挥企业、学校及国家共同成为创业教育的主体的作用。

创业教育和创业文化建设是一项系统工程，涉及学校、社会、政府方方面面，创业文化作为一种文化力，其核心是引导和鼓励人们合法地追求财富、崇尚创造、激励奋斗。创业文化作为社会文化整体系统中的一个文化丛，是依存于创业实践活动而表现出来的一种文化现象。它是为创造活动提供社会意识环境和文化环境及氛围的，对社会经济的作用更直接，影响力也更大。

五、创业文化的兴起

创业文化是随着创业的兴起与发展、知识经济的形成与繁荣而逐步产生的，是文化学科与管理学科交叉及其逻辑发展的必然产物。在过去的半个多世纪里，特别是近 30 年的时间里，适应知识经济的挑战，创业者和创新者们已经彻底改变了整个世界的经济和社会结构，它比其他任何一种推动力量更能决定人们的生活、工作和学习方式，并将继续给人类带来无法估量的影响。现在，创业已经成为推动经济发展的强劲动力，成为最具有刺激性和挑战性的工作之一。

改革开放为我国学习研究西方先进科技、管理和文化提供了有利条件，人们在研究中发现，创业之所以在欧美一些发达国家形成热潮，除了具有比较充裕的资金、较强的技术创新能力以及较高的人员素质等原因之外，西方社会文化价值观念对推动创业起到了极大的促进作用。20 世纪 80 年代中后期，人们开始重视企业文化，才有了创业文化这一概念的提出。自此，人们对创业及创业文化产生了浓厚的兴趣，积极支持创业和研究创业文化。

许多有识之士在对以硅谷为代表的美国层出不穷的新创公司，给美国经济不断增长注入新的活力，推动美国经济高速持续发展的现象进行考察研究之后，发现硅谷的成功归根结底是由于硅谷文化，而硅谷文化实际上就是创业文化，创业文化造就了硅谷以及硅谷中高技术企业的成功。因而，创业资本和高新技术诚然是创业成功的必要条件，但不是充分条件，我们不能忽视更为关键的要素——创业文化。

我国自改革开放以来，计划经济时期的大锅饭、铁饭碗渐渐被打破，社会主义市场经济和以公有制为主体、多种经济并存成为发展的政策和体制逐渐确立。人们的价值观念有了明显的转变，市场意识、竞争意识和风险意识也不断增强，这些变化都为中国的创业文化植根于民众中、繁荣于大江南北，提供了良好的社会环境。全国以中关村为代表的高新技术创业园区如雨后春笋，方兴未艾，许多优秀的科技人才积极地参加到科技创业中来，有力地推动着我国创业文化的繁荣与发展。

如今，创业文化越来越多地引起了人们的关注，构建和培育创业文化，启发创业精神，塑造创业品格，建立创业经济已经成为我国社会各界的广泛共识。

六、创业文化的含义

（一）创业文化的界定

创业文化是指在创业活动的过程中，人们普遍表现出来的思想意识、价值观念、基本态度、行为方式以及相应的创造成果的总和。它表现为与创业有关的思想理念和精神状态；具有很强的实践性，外在具体的反映是特定创业行为；物质形态是各种有关成文或不成文规范所隐含的社会态度；在创业实践中诞生出来的新组织、产品和服务，是创业文化中起着价值载体作用的特质。创业文化是人类创造的多种文化特质所构成的一个复合体，它涉及物质、行为、制度和精神 4 个文化层面，是一种通过影响人们的创业活动，进而有力地作用于社会经济发展的文化。

（二）创业文化的基本内容

1. 以人为本的理念

以人为本作为创业文化的基本内容，表现为对创业者的重视。经济发展的最终目的是满足人的需要，这就要求尊重创业者的个性，尊重创业者的个人选择，尊重创业者的情感、行为、人生理想和生活价值，充分体现个人的自我实现和社会需求的统一，为创业提供一个广阔的空间和良好的舞台。创业虽然包含着个人奋斗的成分，但创业的成功又绝不仅仅是个人奋斗的结果，它是一个创业团队共同努力的集成，代表着一种人才聚集、共生与发挥作用的方式。通过大力培植和强化创业团队共同的价值观念，可促成和谐的人际关系和良好的文化氛围，使创业团队成为一个精诚合作、亲密无间的群体。

2. 倡导冒险精神与创新精神

创业过程存在诸多不确定的因素，存在风险，把冒险精神作为创业文化的内涵是必然的。在高新技术领域的创业活动由于风险大，甚至需要最具有冒险精神的战略投资家来投资。冒险精神作为创业文化的内涵，必然要求把宽容失败作为创业文化的内涵。有风险必然有失败，越是在高新技术领域，风险越大，失败的可能性也越大。但创业文化提倡冒险精神与创新精神，越是保守不想创业反而压力越大。

3. 竞争合作机制

鼓励企业之间和企业内的员工之间展开竞争，发挥企业和个人的创造力和潜力，使企业与员工创造力同步成长。企业之间和员工之间乐于合作，不是把竞争对手视为敌人，而是当作促进产业发展进步的合作伙伴。所以当一个企业遇到技术问题时可以向竞争对手求助，而竞争对手也非常乐于提供帮助，因为他们知道自己遇到问题时也会得到对方的帮助。

4. 事业心、进取心与意志力的培养

足够的事业心、进取心与意志力是把创业引向成功的基本条件。市场经济体制虽然为创业者提供了平等的市场主体的地位，但市场环境中有很多不确定的因素，创业过程中会遇到很多意想不到的挫折和困难，必须依靠事业心、进取心和意志力来克服。成功的创业者在创业中感受到自身的存在价值，在工作中体会到创造的快乐。创业本身就是目标，他们的生活追求是以创业为核心的。

（三）创业文化的特征

创业文化本身具有先进性特征，具体表现在：

（1）艰苦奋斗的精神是创业文化的重要特征。21 世纪面临的不是生活物资匮乏和高强度体力劳动的艰难，而是必须面对竞争日益加剧，生活、工作节奏不断加快，脑力消耗强度明显增大的现实，不得不承受着高度的精神紧张和高负荷的心理压力。因而，要想取得创业的成功，创业者必须继承和发扬不畏艰辛、吃苦耐劳、百折不回、艰苦奋斗的创业精神。

（2）创业文化是与时俱进的开放文化。由于创业文化是在人们追求财富和创造价值及发展生产力的过程中形成的，因而创业文化是一种不断发展和不断完善的文化，是一种与时俱进的文化、开放的文化，是先进文化的重要组成部分。

（3）知识和智能在创业中的价值和地位日益凸显。在知识经济逐渐占据 21 世纪主导地位的今天，人们对知识和智能的价值有了更深刻的认识，资本不再是创业的绝对条件，不但技术、管理作为“知本”，要与投资者共创大业，而且创业者对资本的依赖日益让位于“知本”，只要有一个好的技术设想，有一个好的经营计划，谁都可能拿到风险投资。几个掌握一定市场信息的智能“知本家”在一起，若想法和思路相近，就可以在创业园区诞生出一个新的公司。

（4）创业文化是催生新观念的文化。创业文化不是孤立的文化，在其发展过程中也会产生新的观念。如人人平等的观念、人与自然和谐发展的观念、竞争的观念，还可以产生诚信、竞争、法制等观念。培育和弘扬创业文化，才能帮助我们摆脱那些落后的地域文化长期以来对人们思想观念的禁锢和束缚。

（四）创业文化的作用

美国学者迈克尔·波特曾经指出：“文化的优势是最根本的、最难替代和模仿的、最持久的和最核心的竞争优势。”美国著名经济管理学家德鲁克也曾经说过：“今天真正占主导地位的资源以及绝对具有决定意义的生产要素，既不是资本，也不是土地和劳动，而是文化。”因此，我们注意到，地理环境、交通条件、资源禀赋等都差不多的地域，经济发展的水平有的差距也很悬殊，其原因恐怕就不能用经济因素来解释了。众多研究资料也表明：中关村模式得益于雄厚的研发基础和校园文化；深圳模式的成功在于它是移民城市，有着深厚的移民文化；温州模式在于温州人强烈的致富欲望和坚忍不拔的创业精神；硅谷的成功在于它特定的创业文化氛围和制度环境；苏州的发展得益于外向型经济的创立和苏州的招商环境。可见，每一个国家和地区经济社会快速发展，都得益于创业文化的支撑。

七、影响创业文化的因素

（一）中华民族的传统文化对创业文化的影响

中华民族在漫长的历史发展过程中，形成了博大精深、影响深远的民族传统文化，这对我国的创业文化也产生了积极的影响。如积极关心、参与到社会经济生活的思想，讲求仁、义、礼、智、信的道德观念，“天下兴亡，匹夫有责”的全局意识和责任感，“和为贵”的团结精神等积极优秀成分均可成为我国创业文化的养料和源泉。

（二）我国的创业文化传统对创业文化的影响

近代中国形成了以自强、自立、爱国为价值取向的民族资本主义文化；在社会主义建设初期，形成了以民主管理、科学管理、自力更生、艰苦奋斗为价值取向的创业文化；在建设中国特色社会主义的历史条件下，坚持“解放思想、实事求是，积极探索、勇于创新，艰苦奋斗、知难而进，学习外国、自强不息，谦虚谨慎、不骄不躁，同心同德、顾全大局，勤俭节约、清正廉洁，励精图治、无私奉献”的 64 字方针。这一切都是具有中国特色的创业文化的重要理论和思想来源。

（三）世界各国的创业文化也是影响创业文化的因素之一

20 世纪 80 年代，创业率先在欧美等一些市场经济比较发达的国家受到政府的关注和民众的推崇。虽然由于文化背景和社会政治经济环境不同，不同国家的创业文化也会有所不同，但创业文化作为一种与市场经济相联系的文化形态，也必然有其共同的一面。积极学习、吸收和借鉴国外创业文化中的优秀和合理的成分，使我国的创业文化突破民族性和地域性的局限，应当而且必须成为我国创业文化构建的一条有效而重要的途径。

（四）市场经济观念和传统计划经济思想对创业文化的影响

随着社会主义市场经济的建立和完善，现代市场经济观念已经深入人心，竞争观念、机遇观念、创新观念、质量观念、雇佣观念、法制观念、资本观念、风险观念等已经成为人们逐步接受的创业文化培育的重要基础。

传统的经济体制、文化意识、思想观念等计划经济思想，在我国运行了几十年，在人们的思想中打下了极深的烙印，短期内很难彻底消除，这些思想对我国的创业文化也会产生较大的影响。

八、创业文化的构建

创业文化应当在继承传统文化的精华中培育、创新和构建。全新的时代对创业文化提出了全新的要求，时代决定创业文化重在建设。开放的时代、先进的文化昭示我们必须以开放的胸襟来构建和培育创业文化。

要构建创业文化，就必须培养大批优秀的创业者和企业家，提高全民文化素质；实现思想观念和精神理念上的突破与创新；打造一种与时俱进的创业理念，弘扬一种进取精神。

（一）培养大批优秀的创业者和企业家

创业者和企业家是推动自主创业和虚拟创业活动的重要力量，是创业活动的核心，在创业文化培育中起着示范、引导、凝聚和传播的作用，并且这种作用是他人无法替代的。因此，必须培养和造就一批具有优良的思想、文化、技术和管理素质，具有冒险精神、开拓创新意识的创业者和企业家，同时，使勇于改革创新、致力于创业发展的人得到尊重、得到利益、得到地位，使尊重劳动、尊重知识、尊重人才、尊重创造、尊重创业者成为一种社会风气，只有这样才能加快创业文化生成、发育、升华和丰富的进程，才能使形成的创业文化产生应有的导向、激励和辐射作用，进而以其独特的文化魅力对整个社会产生良性影响。

（二）提高全民文化素质

创业文化是一种群体文化、社会文化，它的形成有赖于人们的广泛认同，有赖于人们的努力践行。因此，应该努力提高人们的文化素养，逐步发挥人们在创业文化培育中的主体作用。特别是，创业者需要比较高的认知特征和心理素质，如成功的信念、坚忍的毅力、积极的竞争精神、周密的工作作风、强烈的危机意识、优良的心理品质、广博的知识素养、健康的体魄以及旺盛的精力。这些素质并不是与生俱来的，而是通过创业者的努力学习和实践磨炼逐步提高的。

（三）树立发展创新的观念

只有抓发展，求创业，努力释放出自身的潜能，用事业发展的目标来凝聚人心，才会有坚强的凝聚力、蓬勃的奋进力和旺盛的生命力。要大力宣扬“敢为天下先”的创业意识，鼓励创造，激励奉献。

创新是推动社会进步的强大力量，构建创业文化必须倡导创新精神，树立创新观念，大力培育敢闯敢冒险的精神，锐意改革，不断进取，不断推进体制创新、科技创新和管理创新。

（四）弘扬创业精神

文化作为一种价值取向，既有物化形态，也是一种精神形态。要加强对优秀文化的宣传，打造创业文化，大力弘扬创业精神，使创业精神深入人心，促进全社会创业氛围的形成；塑造创业英雄化的创业楷模，给创业者提供示范和榜样；实施创业资助政策，加大创业培训力度，建构创业人才后备队伍。

（五）创设良好的创业环境

培育和弘扬创业文化必须创设良好的创业环境，营造宽松的创业氛围。因而，要转变政府职能，优化政务环境，支持创业，服务创业，想创业之所想，帮创业之所需，解创业之所忧。同时，要建立有利于创业的机制，形成引发创业冲动、激励创业热情的机制。只有制度建设跟上经济社会发展的需要，适应人们创业的需求，才能形成良好的创业文化。

创业教育有助于营造和谐的文化环境。和谐社会最根本的和谐是人们精神上的和谐，是社会文化环境的和谐。要在创业教育和创业实践中，大力培育、建设创业文化、创业精神，使人们的精神文化生活丰富多彩而又充满生机活力。在创业教育中，弘扬的民族传统美德，倡导的与人为善、和舟共济、平等友爱、团结互助、诚实守信、扶贫济困的社会风尚，会逐渐使和谐的价值观念和道德观念成为大多数人的核心价值观，这对构建和谐社会乃至推动中国的经济发展和社会发展，既是当务之急，又是百年大计。

第三节　我国当前及今后创业的政策

创业政策旨在促进创业，减少障碍，降低风险，改善创业环境。通过政府的推动，创业活动会受到激发，创业政策的效果会得以增强。

一、创业政策的概念和内容

（一）创业政策的含义

创业政策首先是经济政策的组成部分，它的目标是实现经济增长、收入增加和扩大就业，但同时创业政策有其自身的独特领域，它也包括众多的学科：经济、教育、社会规范等。

（二）国外创业政策的内容

创业活动是动机、技能和机会相结合的结果，因此各国在设计各自的创业政策时，都是围绕这三个要素来展开创业政策的理论框架，也是围绕动机、技能和机会三个要素来建立的。以这三个要素为基础，各类创业政策集中于以下三个层面：

1. 激发人们创业热情的政策

积极的创业态度是十分重要的，各国都通过各种具体的措施来形成地区或国家的创业文化（氛围）。如在美国设立企业家的年度奖、积极成立创业者协会或者创业者社团组织，瑞典学者伦德斯特伦和史蒂文森在其创业政策理论框架中提出，要通过宣传创业的社会作用、树立创业模范等方式，增强创业意愿。

2. 为潜在的创业者创造更好的创业发展机会和环境的政策

（1）降低创立企业的门槛。如在企业注册启动资金、经营场地等方面充分考虑相关行业和创业者特征，减少创业者进入和退出的障碍。

（2）提供税收优惠和融资便利。对于初创企业在税收方面实行较大的优惠，降低初创企业的生产经营成本，以加快企业资本积累的步伐，促进企业持续发展；对于初创企业迫切的融资需要，各国政府积极施行各种措施，如创立小企业银行、实施小企业政府担保计划，部分国家还专门设立针对创业者的小额贷款基金和种子资本计划，通过完善的风险资本市场和天使投资体系来满足创业者的资金需求。

（3）减少行政负担和创立手续。政府通过制度的修订，来减少初创者的行政负担，简化创立手续，通过电子政务等网络手段降低企业创业的时间成本，部分国家还推出了一站式服务，并可对相关的问题和手续进行在线的咨询与服务。

（4）公共品提供。政府通过大量的道路、通信、水电等基础设施建设，优化国家或地区的创业硬环境；针对相关创业行业，政府同时作为顾客，增加政府的采购，体现政府对创业者的直接支持。荷兰创业经济学家蒂里克基于对创业供给（创业者）和创业需求（创业机会）相互作用机制的分析，指出了政府扶持创业的六条政策渠道。

3. 进行创业教育的政策

提高创业者的技能。创业教育既是提高创业者创业能力的基础，同时，各种层次创业教育的开展，有助于提高全民创业意识，激发创业动机。而创业教育、创业能力的提升，也有助于增强创业者的机会识别和机会把握能力，因此创业教育政策始终是国外创业政策的重要组成部分。丹麦学者霍夫曼通过对 OECD 国家中创业环境居于前三位的韩国、加拿大和美国创业政策的分析，认为创业教育是提高创业水平最重要的政策领域之一。

二、我国创业政策呈现的新特点

我国政府从中央到地方对于创业给予了越来越多、越来越广泛的重视，并呈现出了新的特点。创业政策的改进表现在下列方面：一是国家相关部门均在各自的管辖范围内制定促进创业的政策。二是促进创业的政策从重视科技创业、下岗再就业到重视普遍的创业活动。三是创业政策导向从单纯提供优惠政策向提供系统辅导转变，显示出我国政策制定部门对全面改进创业环境有了更深刻的认识。

三、我国的大学生创业政策

调查显示，虽然 75%的高校毕业生渴望自主创业，但最终真正创业者仅占 1.94%。学生创业项目高科技含量少、高校创业教育重理论轻实践、产业界支持不足等因素，成为大学生自主创业的当下瓶颈。超过 90%的政府部门表示关于支持大学生创业的政策“已经或正在制定”，但与此同时，超过三成的高校学生认为，当地自主创业促进体系的运营管理机制上存在缺陷。鉴于高校毕业生创业形势，以及大学生创业扶持政策不够有力的情况，对大学生的创业政策进行分析显得尤为重要。

（一）传播创业信息，树立创业典型，弘扬创业文化

在挑战与机遇并存的时代，我国各行各业都在呼唤有创业能力的人才。但创业需要有一种崇尚创新、倡导创业精神、宽容失败、支持冒险、鼓励冒尖的文化氛围和制度保障。一要通过各种媒体，加强对创业人物及其创业事迹的宣传，进而在全社会更新思想观念，营造创业氛围，倡导创业精神，树立创业之星；二要进行社会保障制度创新，保障创业失败者的基本生活，同时也能减少欲创业者的失败恐惧感；三要通过建立健全与创业相关的教科研、创业实践等相关活动的奖励机制，支持创业研究，提高创业水平，同时激励大学生在创业中就业，在就业中创业。

（二）加强高校创业教育，发挥高校的优势资源

加强创业教育，首先要加强高校创业教育，使创业教育更加规范化、系统化。要通过优化高校的教育资源配置，提高创业教育的有效性，以充分发挥创业教育对于提高我国创业指数的积极作用。

1. 调整教学培养目标，确立创业型人才的地位

积极主动地把培养创业观念、提高创业技能的理念纳入培养目标中，组织专家制订指导性的课程体系框架和教学大纲，以提高创业教育地位。

2. 开设创业教育的有关课程

完善创业课程设置和教学内容，培育包括创业兴趣和价值观念、创业心理品质、创业技巧和能力等在内的全面创业素质。

3. 支持和开展大学生创业实践活动

改进创业教学模式，将课堂讲授、案例讨论、角色模拟、基地实习、项目实践等教学方法结合起来，提高教学效率。通过开展包括论坛、创业计划竞赛、培训班等多种形式的创业教育模式，扩大创业教育的培养对象，提高大学生的创业水平。

（三）构建创业服务网络系统，改善创业环境

1. 金融支持

创业从来都是困难的，资金问题是考验之一。安排专项资金支持，制定创业孵化补贴政策、创业融资贷款政策是支持创业的必要措施。如政府多渠道筹资设立省级创业投资引导基金，通过采取阶段参股、跟进投资等方式，引导创业投资机构加大对大学生创业的支持力度。在当地公共就业服务机构登记失业的高校毕业生，自主创业时自筹资金不足的，可申请最高不超过 5 万元的小额担保贷款；对合伙经营和组织起来就业的，可按规定适当扩大贷款规模；对从事当地政府规定微利项目的，可按规定享受贴息扶持。

2. 政府的支持政策

政府要大力构建大学生创业平台，在教育系统、劳动保障系统、人事系统、公安系统、银行、保险、工商、司法、税务、投资基金等系统中形成相应的支持和扶持大学生创业的配套政策。如降低注册资金准入标准、审批环节“一站式”服务、建立大学生创业模拟实践园，政府直接支持、改善大学生创业环境。

3. 开展创业咨询

应针对大学生创业不同时期的不同需要提供专门服务。将富有创业实践经验、熟悉创业政策的成功创业家（包括离退休人员）及管理、咨询、财税、法律等专业服务人员组织起来，建立高素质的创业辅导队伍，立足于区域特色，为创业者

提供信息、咨询、指导、培训等创业服务，帮助和鼓励有创业意愿者识别创业机会，提高创业能力，加强组织市场运作、财务管理和团队管理，开展创业行动。

第四节　创业者应具备的基本素质和能力

21 世纪是一个“适者生存，优胜劣汰”的高科技、高信息化的时代，随着信息化的发达和社会生存结构的不断变化，随着人才市场竞争的日益激烈，人和人之间的竞争也更显激烈。个人如何在这场激烈的人才市场竞争中求得生存，对于每个立足于创业、追求成功的人来说至关重要。因此，创业者必须是有真才实学，德、智、体等全面发展的综合素质的人才，最终创业才能成功。

一、创业者应具备的基本素质

在知识经济时代，不会再有“暴发户”现象，哪一方面素质较差，都会影响到企业的生存、发展和壮大。俗语讲：“一条锁链，最弱的一环决定整个锁链的强度；一个木条水桶，最短的一条决定水桶的容量；对于一个人，素质最差的一面决定其发展。”素质对一个创业者来说尤为重要。

（一）政治思想素质

政治思想方面的素质包括政治态度、政策法规水平、思想道德品质三大部分。一个国家的政治制度、政策、法规影响着经济发展方向，一个创业者的政治水平、思想觉悟影响着企业的适应能力、成长方向和发展后劲。企业是市场的主体、国家的经济命脉，也是国家整个经济体制改革的重点。特别是在中国，没有发展社会主义市场经济的经验，还处于摸石头过河阶段，许多政策法规、改革措施都是在国家宏观指导下由企业自己探索，创业者必须自觉提高思想觉悟、提高政策法规水平，服从国家和人民利益的大局。当然，创业的动机是追求利润，创业者道德必须有利益动机，这是马克思唯物史观的基本观点，但创业者也绝不可唯利是图。任何一个企业至少肩负着发展经济、提供就业机会两大基本任务，为使整个社会健康发展，企业必须在抓好物质文明建设的同时，着力抓好精神文明建设，安排职工就业和创造利润的同时，要站在国家、社会和企业长远发展的立意上，全面提高员工的素质，把企业文化建设纳入整个社会精神文明建设全局。

（二）科学文化素质

知识是能力的基础。在知识爆炸的当今世界，科学技术日新月异，市场状况也瞬息万变。没有较高的知识水平难以胜任公司的管理和员工领导工作。一个创业者的知识结构应该是一个动态的“扇”形结构，由宽向窄地分布着一般性的知识面、业务相关知识面及业务知识面。一般性的知识包括个人经过学校学习、培训、社会阅历所得，并没有被目前从事的业务直接使用，但根据从事的业务，可随时抽取出相关有用的知识经验的总和；业务相关知识，是指从事一项业务所不可缺少的非核心部分的法律法规、企业内部的规章制度等，虽不直接运用但与做好管理业务工作紧密相关；业务知识，指与企业产品服务直接相关的知识经验的总和，如软件开发企业，软件的开发语言、平台，行业服务规矩的知识。但此三个层面知识的划分又是动态的，根据从事业务的不同而不断变化，如在管理工作中，做市场管理时，客户管理就是主要业务，关于生产方面的知识就成了相关知识，而在生产管理时，客户管理也成了相关知识。

个人的时间精力有限，掌握所有知识是不现实的，但要尽量追求博学多才。只有博学，知识信息储备量大，才能对事物进行综合分析、判断。而据专家研究，经常使用的知识一般只占人的知识总量的 10% ~ 15%。作为创业者要把握时代脉搏，及时掌握创业领域相关的最前沿的知识信息，并不断地开拓自己的思维，扩充自己的知识体系，全方位、多角度、多层次地充实自己，才能成为真正博学的人。获取知识的渠道有两种，即读万卷书和行万里路。创业者的知识素质主要包括书本知识和实践经验两大类。

1. 书本知识

书本知识是前人实践经验的系统总结和理性提高。通过读书学习书本知识是人类传承文明的主要方式，也可以少走弯路，触类旁通，创造新知识。以学历为代表，包括普通大中专院校的学习、进修、培训、自学等，是获得书本知识的主要途径。创业者具体应掌握以下几方面知识：第一，基本的科学文化知识，外语、计算机等工具性知识要熟练；第二，经济管理方面的知识，包括国家宏观经济发展趋势、有关政策法令、企业经营管理知识等，如领导学、人力资源开发、生产管理、市场营销、企业融资理财；第三，创业企业行业知识、产品和服务知识，以及与所创企业生产经营有关的政策动向等。

2. 实践经验

正如必须在游泳中学游泳一样，从实践中获得知识同样重要。而且，反思总结出来的成功经验和挫折教训，对自己是最宝贵、最有用的财富。一个人的经历毕竟有限，不可能事必躬亲，要通过耳闻目睹，学习成功者的经验，吸取失败者的教训，从而增长自己的才干。学习的关键是对实践经验的遴选，去伪存真，去粗取精，把见识提炼成对自己创业有用的知识。

书本知识和实践经验要有机结合。只依靠书本知识，一切从书中找根据，必然陷入教条主义泥潭，束手束脚，不容易打开局面；而光靠个人经验，只相信自己脑袋，认为书本知识是空中楼阁，则必然导致孤陋寡闻，盲目性行动。只有同时注重书本知识学习和实际工作锻炼，并注重在实际工作中检验书本知识，又在书本知识中寻求实践经验的理论依据，从而不断提高自己的知识水平和工作能力，才能成为一名成功的创业者。

（三）心理素质

1. 创业者完整的主体人格

主体人格是创业者的首要心理素质。创业者是自然人到经济法人的转换，其主体人格的特征是个体人格，是区别于他人的个性特征。但总体上讲，创业者们的价值取向、思想观念、情感意志、知识能力和行为方式等具备共性。在价值取向上，是以人的各种需要为基础，以创造财富和发展实业的需要为主要内容，以创业者个人的自我实现的动机为主导和灵魂；在思想观念上，是以市场观念为基础，以功利效率和优胜劣汰观念为主要内容，以开拓创新、敢冒风险为主导；在情感意志上，是以一般人的情感态度为基础，以积极热情、稳定执着为主要内容，以坚韧和敏锐为主导；在知识能力上，是以一定的文化科技知识为基础，以有关业务和人际交往的知识能力为主要内容，以经营管理知识为主导和核心；在行为方式上，是以自己的权利对自己的行为负责的行为方式为基础，以竞争—合作行为和激励—约束—控制行为为主要内容，以领导示范、团队协作行为为主导。

2. 自信心

自信心表现为成就感、承担风险的勇气和信心。创业者坚信自己能够面对和有能力克服所要遇到的挑战。他们能清醒地认识到创业中将会遇到的各种问题，并自信完全有能力把握和解决这些问题。心理学家罗特的研究认为，诊断自己的成功主要取决于自身工作努力的人，持有“内部控制式理念”；诊断自己的生活、事业的成败主要受命运控制的人，持有“外在控制式理念”。研究表明创业者比一般人持有较高的内部控制式理念。创业者相信自己，相信成就（和受到的挫折）来自自己的控制和影响力。因此，创业者具备较强的判断、决策（提出具体解决方案的细节）和概念化（理性“高度提炼头脑”）的能力。

3. 创造性思维

创业者必须具有创造性思维，从主观上说，创造性思维是存在于创业者内心的亢奋激昂的追求经济利益和追求成就感的内在冲动；从客观上讲，通过创造，在优胜劣汰的竞争中能使创业者寻求到优势及感受到发展企业的外在压力。创业者进行创造性思维的结果，使产品的品种、规格、花色和质量不断发生变化，以满足市场复杂多变的需求。创业者不断培养、运用创造性思维，并通过这种思维凝结成有形的结果，能使企业产品和服务有应变力、有市场、有生命力，公司也能获得成功。

4. 创业意识

创业意识包括创业需要、动机、兴趣、理想、信念和创业世界观六大因素。创业需要是创业活动的最初诱因和原始动力，是形成创业动机的基础；创业动机是形成和推动创业行为的内驱力，是产生创业行为的前提和基础。创业需要和动机是创业意识的基本层面。创业兴趣是从事创业活动的积极情绪和态度定向；创业理想是对创业活动未来奋斗目标的持久向往和追求。创业兴趣和创业理想是创业意识的较高层面。创业信念是对创业活动和实践所形成的认识、看法和见解，并坚信其真实性和有效性的心理倾向；创业世界观则是由一系列创业信念所组成的逻辑系统。创业信念和世界观是创业意识的最高层面。美国心理学家森姆·詹纳斯对多位白手起家的百万富翁的早期心理调查结果表明，他们共同的心理特征就是对金钱的强烈的兴趣。持续的兴趣和冲动外化为干事情的激情，持续的激情表现为热情。对创业的热情可以产生坚韧的毅力和辛苦工作的意愿。美国南加利福尼亚企业家培训大学的校长约翰·古德曼说："我要找的第一个关键东西就是热情。当评估新企业时，我就询问，有没有热情？"

5. 创业心理品质

创业心理品质包括独立性、敢为性、坚韧性、克制性、适应性五种因素。独立性是对思维和行为不受他人影响，能够独立思考、判断、选择、行动的心理品质的描述；敢为性是对敢于行动、敢冒风险、敢于拼搏，并勇于承担行为后果的心理品质的描述；坚韧性是对为达到某一目标而坚持不懈、不屈不挠、顽强努力的心理品质的描述；克制性是对自觉调节和控制自己的情绪和情感，克服盲目冲动和私利欲望的心理品质的描述；适应性是对能及时适应环境和条件变化，进行自我调整和角色转换，表现出善于交往、合作、共事的心理品质的描述。这五种个性心理品质的核心是意志特征和情感特征，是从特定角度来反映意志和情感要素的。因此，抓住了意志和情感，也就是抓住了创业个性心理品质的总体特征。

6. 承担风险的意愿

创业者要承担多种风险。选择了创办企业就有丢掉有保障的工作、升职、晋级等机会的风险；创办企业要投入金钱，就有财务风险；创办和经营企业，投入全部的时间和精力，带来家庭的风险；企业随时面临倒闭，还要经常承受精神风险；选择技术、抢占市场等每时每刻都要遇到的经营管理方面的决策风险等。风险伴随创业的全过程。美国哈佛大学心理学家和成功动因研究方面专家大卫·麦克莱伦的研究结果也表明，具有高成就感的人同时也具有适度的风险承担倾向。创业者选择风险境地的同时，就选择了控制自己收入的多少，并掌握了自己命运。

选择创业就不能躲避风险，追求成功就要准备失败。况且失败并不全是坏事，也不可怕。美国每年新建的200万家公司中，只有10%能延续到10个月，大多数公司开始时只是非全日制公司，是创业者临时看到好的项目或产品而兼职经营的，经营一段时间后，有的停业，有的出售，似乎自然死亡。而在合法注册的70万家公司中，平均每月破产5万家。有研究发现，一个新建公司存活8天的概率只有50%。况且，存活着也并不意味着成功。如此可见，在创业过程中，失败的概率甚至大于成功，但一次失败不意味第二次、第三次也失败，成功是失败的结果。

日本著名企业家土光敏夫说："如果风险小，许多人就会去追求这种机会，因此利益也不会大。如果风险大，许多人就会望而却步，所以能够得到的利益也就会大些。"风险意味着机会，意味着财富。一个人创业成功与否，在一定程度上说，就是看一个人是否具有抓住机遇的胆量和气魄。因此，创业者要有充足的承受失败（承担风险）的勇气，这个素质往往成为能否成功的关键因素。

7. 成就感

人们成就感的程度有所差别。具有低成就感的人对他们的现实状况往往较为满足，具有较高成就感的人则乐于与某种优秀的标准进行对比，并且对他们自己从事的工作尽职尽责。美国哈佛大学心理学家和成功动因研究方面专家大卫·麦克莱伦的研究结果表明，成就感与企业家行为之间存在正相关的关系，成名企业家的成就感平均比一般大众高。

（四）自身修养

钱是衡量创业成功的尺度，因而创富是创业的根本目标，创富也是自我实现的过程。创富是一个力求在物质和心智方面都超越现状，达到理想自我的工作过程。创富是个体以自己独特的个性特征，参与社会生活实践，具有较强指向性的一种活动。其中一些人超越了他们所处的时代文化与精神，尽管并不完美，但在创造成就和财富的过程中，丝毫没有忽视自己人格的不断完善。创富的过程实际上也是一个具有完整人格的或具有完善倾向的人，把自己内心的潜能通过外显行为释放或表现出来的过程，是一个向环境或他人展现自我优越感的过程。创业者只有加强自身修养，在知识、能力、心理、道德修养等各方面具备先进性的持续的影响力，才能获得追随者，才能获得企业的持续发展。作为创业者，最少要有以下三个方面的修养：

1. 职业精神

"现代管理学之父"彼得·杜拉克在《创新与企业家精神》一书中，第一次指出美国经济已经从"管理的经济"转型为"企业家经济"。他认为"这是战后美国经济和社会历史中出现的最有意义、最富有希望的事情”。此后，中国的经济学家也高呼中国进入了“企业家经济时代”。而一个真正的“企业家经济”应该具备三个基本特征：一是该国拥有量大面广的中型现代企业，它们以蓬勃的生命力成为这个国家经济进步的孵化器和推动力；二是管理成为一门技术被广泛地应用，由此出现了一个具有职业精神的专业型经理人阶层；三是在经济生态圈中形成了一个成熟而健康的经济道德秩序。

万物通理，企业的成长经验与行业是无关的。著名的经济学家吴敬琏曾说，新经济并不仅仅是指网络公司或所谓的“高科技企业”，相反它指的是所有拥有新观念和新技术并将之快速地转化成生产力的企业精英群体。在这个意义上，不论是土豆片还是硅芯片，只要能赚钱都是好片。由此可见，不管创业者自称为CEO、COO还是CFO等新鲜名词，再高明的创意、神话，都很难保证创业的成功。成功的创业者需要走出感性的个人情绪，而以职业经理的身份、事业心、理性和对企业、对员工负责的态度作为成功的基本保证。创业者职业精神不够是很多企业衰败的重要原因之一。

2. 道德感和规则意识

这里的道德感一方面指创业者讲究社会公德、职业道德、公平竞争的个人修养，而更重要的一方面是指对民众、客户、竞争对手的尊重，对市场规则的尊重。西方经济学家熊彼特曾描述，企业家的工作就是“创造性的破坏”。恩格斯认为，原始积累的每个毛孔都充满了血腥。一些创业者对自己、部下、企业相当负责，而对竞争对手、社会和整个经济秩序的均衡有序缺少起码的责任感，从而造成了个人道德与职业道德的“分裂症”。最终结果是，这些人既是社会经济秩序的破坏者，也将成为被破坏了的经济秩序的受害者。

3. 自检和自我完善

从某种意义上说，一个人的创业史也就是不断战胜自身的历史。能够发现弱点并战胜弱点，是一个人成功的前提和保证。人无完人，爱因斯坦承认自己的结论有40%是错的，拿破仑战败被放逐荒岛时说：“除了我之外，再没有别人应该为我的失败负责。我是我自己最大的敌人，也是自己不幸命运的原因。”因此，自我批评和自我控制的训练是每一位创业者的必需修养。

儒家思想强调“吾日三省吾身”，美国总统富兰克林很有效地运用了这一方法，他每天晚上拿出一些时间整理一天经历的事情，进行反思，找出缺点和不足；每周进行一次斗争，克服一个缺点。结果发现，自我斗争很残酷，还经常有输有赢。美国20世纪三四十年代的财务界领袖——美国商业银行和信托投资公司的董事长霍华先生也使用了类似的方法，他从小没有接受过正规教育，一直在乡下一个小商店里当店员，后来奋斗成了美国钢铁公司贷款部经理，并且位置越来越高，拥有的权力也越来越大。他在介绍自己经验时说：“多年来，我一直在记事本上记下当天所有日程，每礼拜天晚上花一部分时间做自我反省，重新检讨自己一周来的工作，我问自己，哪些事情做得对，怎样才能改进自己的做法，我从哪个经验里学到了什么，等等，从而发现，每周一次的检讨使自己很不愉快，有时候为自己所犯的错误感到惊讶。当然，时间一年一年地过去了，发生错误的机会也越来越少了。这种自我分析的方法延续了一年又一年，是我曾经做过的事情中最有益处的。”这个经过古今中外验证了的成功经验，创业者应该努力实践。

二、创业者应具备的能力

能力是在知识基础上的综合运用，是在“应知”基础上的“应会”。知识只有会使用了，转换成能力了，才是有用的知识。创业能力是综合能力，是多种能力的集合体，至少应该包括专业能力、职业能力、经营管理能力和综合能力。专业能力、职业能力是人们从事某一特定社会职业所必须具备的本领，也是维持生存、谋求发展的基本生活手段。具备了一定的专业能力、职业能力才有可能从事该专业、该职业的社会实践活动，而专业能力、职业能力的高低则直接影响着社会实践活动的效率和成败。经营管理能力既是现代社会一种十分重要的社会职业要求，又是一种谋求理想社会职业的工具和代表社会阶层、社会地位的象征。经营管理能力是一种人、财、物、时间、空间的合理组合、科学运筹和优化配置的心理能量的显示，在较高的层次上决定着社会实践活动的效率和成败，因此是一种较高层次的创业能力。综合性能力，包括发现机会、把握机会、利用机会、创造机会的能力，收集信息、处理加工信息、综合利用信息的能力，适应变化、利用变化、驾驭变化的能力，非常规性的决策和用人的能力，交往、公关、社会活动能力等，是一种社会环境和社会关系的综合开发和运筹能力，在更高的层次上影响着社会实践活动的效率和成败，是一种最高层次的创业能力。作为创业者，至少要有以下八个方面的基本能力。

（一）创新能力

创新能力是一种产生新想法和解决新问题的能力。只有具备较强的创新能力，才能不断更新自己的思想、企业的经营理念和企业的产品，在充满竞争的市场中站稳脚跟，不断发展壮大。创新是一种潜在能力，需要人们去开发、挖掘。要提高人们的创新能力，一是要突破以往思维定式的束缚，正确运用想象的思维方式，培养好奇心，多赋予联想。二是要积极培养发散思维。发散思维具有流畅性、变通性和独特性三个特征。在创业过程中，从流畅性入手，向多方面思考，在变通性的基础上，会使思路更加开阔，奇思异想不断涌现，提出许多独特的观点、设想和构思，从而引导创新能力的不断发展。很难想象一个墨守成规、循规蹈矩的人能够成为一个成功的创业者。

（二）领导协调能力

领导力就是榜样力量。现代企业家理论认为，企业是一种人格化的装置，管理学上的定义是影响和推动一个群体或多个群体的人们朝某个方向和目标努力的过程。领导行为的核心在于影响和推动，在于能够担负使命并使其他成员贯彻实施。领导与管理的一个重要区别在于预测和把握方向，其中包括发现并提出理念，倡导并形成行动，观察并解决冲突，调整并防止偏颇。国际商业社会异口同声地发出这样一个声音：停止管理，学会领导。创业者必须具备领导能力。所谓领导能力就是激发他人跟随你一起工作，以获取共同目标的能力。这种能力是通过日常生活经验积累获得的。领导能力完全是一种主观性的东西，无法客观测量，也不能通过学校学习掌握。创业者在创业过程中，得更多依赖于个人的感召力来吸引他人投到麾下，而没有现成的优良物质条件可以凭借。

（三）与人沟通的能力

良好的沟通能力是经营管理的桥梁和翅膀。在准确传达领导者意见、要求、决策的同时，也广泛传播了领导者的影响力。沟通使领导者能够更加准确地了解信息，预防盲目；沟通还使领导行为具有良好的合作氛围和渠道，促进领导决策的实施。二者在增加领导有效性的同时，也提升了领导者的影响力。不仅如此，恰当沟通本身就是影响力的一个很好体现。领导者在与组织成员平等交流、协商，显示合作意愿，共同开创前景的同时，增强了组织成员的参与感和认同感，从而进一步地提升领导的持续影响力。一家新企业需要创业者们把时间、感情和忠诚首先贡献给企业。

（四）观察能力

高度的洞察力是保证其有效实施创业的重要条件，具体如下：

1. 洞察发展，转化目标

领导者能否为组织策划、设计、建立一个合理有效的发展目标和战略规划，直接关系到组织群体的发展绩效。著名学者豪斯 1977 年列出魅力型领导的 3 个特点：①明确目标和对目标价值的认识；②对目标的实现有不可动摇的信念；③能够向下属转达这些目标的内容和实现目标的信心。瓦伦·本灵斯研究了 90 位美国最杰出和成功的领导者，发现他们有 4 种共有的能力：①令人折服的远见和目标意识；②能清晰表达这一目标，使下属明确理解；③对这一目标的追求表现出一致性和全身心的投入；④了解自己的实力并以此作为资本。

著名学者彼得·圣吉用“共同愿景”来描述群体目标，指出共同愿景是群体中人们所共同持有的意象或景象，它创造出众人一体的感觉，并遍布到群体全面的活动，从而改变组织成员与组织的关系，成为强大的驱动力。他还特别强调，共同愿景一般来源于领导者的个人愿景，使个人愿景上升为群体的共同愿景体现了高超的领导艺术。

2. 洞察变化，利导冲突

组织内部和外部存在着多重关系结构，并且相互作用，构成组织系统。这一系统是随时可能变化的，从稳定到不稳定，从不稳定到稳定，各种变化冲突都是难免的。作为领导者既可能是冲突、变革的直接参与者，也可能是协调员、调停人。无论身处何处，成功的领导者应具有对环境的敏感性，随时关注冲突发生的可能，洞察其内在及潜在原因，预测可能发生的结果，控制和减少不良冲突的产生、激化，解决冲突所暴露的问题；同时，力图掌握冲突可能带来的组织不均衡，并利用冲突所激发的创造力，强化正面作用，降低负面损失。

3. 灵活应变能力

知识经济时代，“变”是唯一不变的真理。面对不断变化的主客观条件，创业者应能通过细致分析、准确判断，快速做出反应。这就要求创业者具有快速的应变能力。遇到不利情况，创业者要沉着冷静、应对自如，保证不受损失，或把损失减少到最低限度。遇到有利于自己的变化，不能故步自封，应及时调整，把握机会，以获得最佳效益。1999 年，我国台湾地区发生大地震，使占全球大约 20%的芯片、75%的主板及 40%的笔记本电脑产量的台湾电脑业遭受重创。一直作为我国台湾强劲对手的韩国芯片商，立即敏锐地察觉到这场天灾给他们的半导体产业带来的巨大的市场机会，于是迅速调整生产和营销计划，全力抢占市场，销售额激增。可见，创业者应该知道什么在变化，知道怎样去适应变化。

（五）决策能力

决策能力是创业者根据主观条件，因地制宜，正确地确定创业的发展方向、目标、战略以及选择具体实施方案的能力。决策是一个人综合能力的表现，一个创业者首先要成为一个决策者。创业者的决策才能通常包括：调查研究、发现问题、分析问题的能力。大学生要创业，首先要从众多的目标和方向中进行分析比较，选择适合发挥自己特长的创业途径和方法，并能从错综复杂的现象中找出真正存在的问题，分析原因，做出正确的处理。其次是逻辑判断能力。能从客观事物的变化中找出因果关系，并善于从中把握事物的发展方向，具备预见未来的本领。

（六）影响能力

领导者的影响力日渐成为衡量成功领导的重要标识。领导者的影响力包含主观和客观两个层面。

就主观而言，领导者是否愿意更大范围地影响他人，是否希望更多的人追随自己行动，反映在行为上，是热情地推销自己的主张，极力说服他人，喜欢拥有追随者和支持者；作为内驱力，是建立在自信心基础上的对领导责任、权力和成就的追求，并且主动提高领导水平和领导艺术，提高组织效率，达到更高的领导效果,从而获得更广泛的领导力。从客观方面来说,领导者的影响力包含许多因素,这些因素都在一定程度上影响和制约着领导的影响力。如行业背景或从业经验，拥有良好的行业背景和优秀的从业经验会对影响力产生正面影响。广泛的行业知识便于领导者准确把握本行业的市场、竞争、产品、技术状况，对领导目标决策及其各方面管理的信服力有着重要的作用；同时，行业经验还可使领导人拥有良好的组织内和行业内的人际关系和声望，从而提升影响力。带领美国第一银行取得辉煌业绩的总裁就曾否认自己有任何关于怎样管理多个银行的知识，他把自己的角色看作：观察员工们的业绩，聆听同事们的要求，确保需要帮助的员工可以与组织中能帮助他的同事取得联系。再如，个人价值观，正直、公正、信念、恒心、毅力、进取精神等优秀的人格品质无疑会提升领导者的影响力和个人魅力，从而扩大其追随者队伍。物以类聚，领导者的个人价值观会吸引具有同类价值取向的人凝聚于组织，增加对组织的认同感和归属感；同时，领导者的人格和价值观还会潜移默化地影响组织成员，成为组织默认的行为标准。具备优秀价值观和人格的领导者使组织成员对其产生敬佩、认同和服从等心态，其影响力无疑会提高。

（七）学习能力

美国《财富》杂志指出：“未来最成功的公司，将是那些基于学习型组织的公司。”壳牌石油公司企划总监德格认为：“唯一持久的竞争优势，或许是具备比你竞争对手学习得更快的能力。”创业者的知识能力不能落后于企业资产规模和经营范围迅速扩大的要求，而要学会学习，不断掌握新知识、新技能、新方法、新潮流，不断更新观念，与企业员工融为一体，与时代潮流融为一体。创业者不能满足现状，要做毫无休止的革新者，而且不怕失败，并能够运用失败的经验作为学习的方法。这就要求创业者既要终生学习，又要学会学习。

（八）组建团队的能力

一个新企业的增长潜力，以及吸引私人资本和风险投资的能力，与创业团队的素质之间呈现强相关的关系。创业团队对创业成功的重要作用业已得到风险投资家的广泛认同。一项对 20 世纪 60 年代创立的 104 个高技术企业的研究指出，年销售额达500万美元或更多的高成长公司中的83.3%是由团队创立的，而夭折的公司中53.8%仅拥有几个创业者。

这种情形在一项“128号公路100个企业”的研究中表现得更为明显。该项研究的对象是美国波士顿地区沿128号公路构成新企业群的顶级100个企业。研究发现，其中70%的企业有多个发起人。不仅拥有团队是重要的，团队素质也同样重要。因此，风险投资在帮助组建和重组管理团队中变得更加积极。调查表明，在20世纪80年代风险投资业繁荣趋势十分明显的关键原因就是风险投资者参与管理团队的组建，还有创业团队理念的形成等。

创业者应具备的能力还应包括多个方面，每个人的气质都不一样，所处的环境不一样，所受的教育、所掌握的知识不一样，也就决定了每个人的能力不一样。对于创业者虽然要求的能力比较高，但并不是不具备所有的能力就不能创业，创业的规模有大有小，经营规模越大，所需要的能力就越高。对于大学生来讲，可以先从小的规模干起，等到经验丰富了，交际的人员广泛了，再逐渐发展自己的企业。任何事情都是从小到大逐渐发展起来的，只要肯干就会有收获。

第三章

大学生职业规划教育的现状及对策

第一节　我国大学生职业规划教育的现状分析

一、大学生职业规划教育取得的主要成效

我国社会主义市场经济体制建立以后，在大学职业生涯规划教育中社会和经济结构、就业结构、教育和职业结构相互融合，逐步在各高校开展并取得一些成效。

（一）大学生职业生涯规划教育被关注程度加深

1. 国家制定相关制度

随着职业指导工作在各高校开展，职业生涯规划教育越来越多地受到社会和高校的极大关注，党中央一再强调，我们必须高度重视高校毕业生就业工作的有序和广泛地开展。

教育部等部门强调，高校毕业生的职业指导工作要进一步加强，尤其是职业指导机构和指导人员队伍建设，要求高校建立加强对毕业生就业指导服务体系机构的健全。教育部要求高校把该校学生的就业率纳入学校办学评估的指标体系中，同时要加强毕业生就业保障制度的健全和对学生的就业指导，将就业指导课作为一项日常教学纳入学生思想政治教育中。

2. 高校陆续开展大学生职业生涯规划教育课程

职业生涯规划指导服务帮助学生树立正确的就业观。在就业压力和国家相关政策的推动下，国家陆续在各高校举办就业指导，“毕业生分配科”改名为“毕业生就业指导中心”。一方面，为大学生提供场所进行职业能力培养和职业兴趣测试；另一方面促进大学生职业方面问题的咨询，就业指导的发展。高校也陆续把就业指导纳入课程教学中，在“思想政治教育与法律基础”和“心理健康教育”等课程中也相应增加了有关职业生涯规划教育的内容。各高校要根据自身的实际情况制订出适宜的教学计划，可以用分年级设学分的方式进行教学。

（二）大学生职业生涯规划教育的内容和形式逐步完善

1. 内容上日趋完善

很多高校已在高校就业指导的重要组成部分中加入了职业生涯规划教育，并由过去简单的对内容的指导转变为现在的更全面、更细致的指导与服务。如职业生涯规划教育从以前简单的引导学生怎样写求职信、怎样参加面试等，转变为全面细致的指导学生怎样进行就业准备，怎样自我定位，怎样规划人生等；从一个纯粹的职业需求分析、指导求职方法和技术的传授等浅层次指导分析，内部环境与外部环境、科学选择职业等深入发展，帮助学生树立正确的价值观、择业观，不仅能让学生找到符合自己兴趣的工作，还为学生自己的职业生涯发展找到了方向。

2. 形式上多样化

近年来，高校已逐步通过多样化的形式来开展大学生职业生涯规划教育。高校也把大学生职业发展与就业指导课纳入现阶段大学教学的公共课程中，这样做既肯定了职业的重要性，又对学生的全面、终身的发展十分关注。通过对学生职业发展意识的激发，树立科学的职业观，合理规划未来，通过学习来提高他们的就业能力和对职业生涯管理的能力。对先进的职业测评体系加以引进，加大人力、物力和财力的投入，从而更好地对大学生进行职业生涯教育。使学生在丰富的职业生涯规划教育内容的学习中对其产生浓厚的兴趣。学校也可以通过举办一些相关的活动，使学生们的结合自身特点和就业状况，形成正确的就业观。职业生涯规划教育的加强，可以帮助学生在确定未来的职业目标的前提下，使学生积极地进行学习和提高职场竞争力，为今后职业生涯的发展做好铺垫。当前，高校在对大学生进行职业生涯规划教育的同时，结合思想政治教育进行发展，增强大学生就业的实效性。

随着高校对大学生进行职业生涯规划教育的重视程度加深、教育内容的丰富与形式的多样化，让更多大学生能全面正确地对待职业生涯规划教育，也使更多的人通过活动结合自身特点与职业环境，最终形成科学的就业观，为未来职业生涯的成功打下良好的基础。

二、我国大学生职业规划教育存在的问题

目前，很多高校都设立了大学生就业指导中心，学校也将大学生职业指导课程作为公共课程进行开设。这些一方面为大学生提供了很多有用的就业信息，促进了大学生顺利就业；另一方面，对大学生进行了很好的职业生涯规划教育，对大学生的综合素质也有一定提升。但是，大学生职业生涯规划教育的不断发展也

凸显了一些问题。

（一）大学生缺乏科学的自我认知

大学生们逐渐转变为独立生活的社会角色，在一定程度上他们渴望职业生活，但他们对未来的思考与规划在很大程度上缺乏理性。当前，我国大学生职业生涯规划教育工作在大学教学中的开展还存在一些缺陷，这就导致大学生进行职业生涯规划的意识还缺乏一定的自觉，不能针对自己的实际情况制订出合理的规划，也没有制订合理的职业生涯设计去面对择业过程。绝大多数学生只是参与学校组织的一些勤工俭学活动、社会实践活动等，对求职经历知之甚少，这就导致他们不能很好地看清严峻的就业形势。

大学生自我意识与自我认知能力随着年龄的增长、知识的增加在不断增强。然而大学生自我意识的不全面及心理不成熟，导致他们容易理想化地观察和思考东西。从新浪网联合《中国大学生就业》杂志调查“大学生职业生涯规划”中可以看出，能全面进行自我了解的人只占到总人数的12%，对自己职业发展面临的问题清楚的人有18%。由于他们面临的不完善的就业制度、市场，那些自信过头的大学生只看到自己的长处；那些心灰意冷、信心不足的大学生只看到自己的劣势。如在择业过程中，有的人怀有过高期望，追求的岗位与自己能力不符；有的人对自己缺乏信心，比较消极地对待双向选择时的择业。这些不切实际的理想、与客观差距甚远的看法就会导致他们自怨、自责、自卑心理的产生，也就使他们错误看待就业过程中与自己不相符的现象，不能全面看待自己的优劣势，对挫折和失败无法承受，从而导致心理障碍。咨询师白玲女士指出：对“自我”问题分析时，当今的职业人也需要对自己进行全面分析，他们可能在对工作、家庭等的分析都很全面、客观、认真，唯独没有分析他们自己。

（二）大学生对职业生涯规划教育的理论准备不够

职业准备，包括建构合理的知识结构、锻炼职业技能、培养职业素质等，是职业生涯规划的重要组成部分。

由于大学生在就业过程中没有足够的职业准备，导致他们信心不足，没有好的就业方法和技巧，不能很好地把握就业机会。面对机会时，许多学生由于缺乏经验导致严重的沟通障碍，而且求职简历写得没有特色，千人一面，连许多词句都差不多，面试时也不知道怎么推销自己，介绍自己时不知道自己的优势和优点，只会强调自己的学校和专业，而无法强调自己有何优势来适宜这份工作。

（三）高校对职业生涯规划教育的教育力度不够

就业中心师资队伍不强，缺乏科学性的调整工作重心，缺乏柔性的学校教学管理机制，缺乏相应的理论支撑的就业指导等一系列问题，需要高校对大学生职业生涯规划教育的实施有待进一步提高。虽然学校在职业生涯规划教育方面取得一些成效，但还存在着一些不足，如缺乏科学合理的职业指导师资队伍的建设，学校人力、物力、财力方面投入严重不足，职业咨询机构建设的不够完善，有些学校有关职业生涯规划教育和发展课程开设的较少。

根据北森测评网一项调查显示，在具有大学学历的人群中认为自己的职业发展出现方向性错误的人有 55%左右，不愿意从事与自己所学专业的人有 40%。这一现象的存在，既有学生自身的因素，还有机会成本的因素。另一重要因素，是由于缺乏合理的学校教学管理机制，致使学生在专业调整及课程选修上缺乏明显自主性，这些都有碍于学生职业生涯的发展。

多年来，我国高校就业指导工作在一定程度上有重实践操作、轻理论研究的倾向。此外，由于我国人力资源管理和职业生涯教育研究还处于初级阶段，理论都是引用国外的，缺乏创新，导致实践工作效率和水平低下。而对于众多大学生来说，他们对职业生涯规划概念理解较模糊，规划起来就更难以下手。从现实来看，由于职业生涯规划教育的长期性、动态性，再加上学生的自我超越意识不强，他们的执行力就不强了。

（四）职业生涯规划的制订缺乏科学性

大学生职业生涯规划教育方法的模糊易导致规划制订的不科学性：一是缺乏统筹规划的思想。目前很多学生在进行职业生涯规划时过分强调自我感觉，不太注重社会实际需求和人生发展规律，不太注意整体性与协调性的构建知识能力结构，致使职业生涯规划不能顺利进行。如很多学生在上大学之前刻苦学习就为考上自己理想的大学，在实现理想之后仍旧还注重对理论知识的学习，导致实践能力与其差异甚大，从而出现高分低能的现象。二是太过追求功利。大学生忽视对自我认识与自我分析的动态性与阶段性，过于盲目地跟从潮流，急于实现自己的价值，而不能从实际情况全面看待自己。如当前大学生中出现的考证热、考研热等，他们不知道自己需要什么证，需要考什么专业的研究生，而认为只要是证都要考的。因而，从职业定位和职业规划来说，职业生涯的发展过程具有动态性，也决定着职业成功与否。这些都体现了学校对大学生进行职业生涯规划教育的重要性。三是应付一时之需。有些学生认为进行职业生涯规划教育就是为了找工作，因而他们只在毕业择业时进行突击，把职业生涯规划看成就业前的一个短期培训。由于当今就业形势的严峻，一些学生在专业选择空间上比较狭窄，为了就业而被动地去适应岗位，对自己的职业规划显得比较被动。总之，大学生职业生涯规划教育是一个受很多因素影响，具有长期性的、不断发展的过程。

（五）社会实践环节的薄弱使大学生对职业需求的认识不足

职业生涯规划包括五个环节：一是对自己进行评估；二是对职业环境进行分析；三是对职业目标的确定；四是对职业规划策略与措施的实施；五是进行反馈调整。其中，最重要的一个环节是对职业环境的分析，主要因为职业环境对个人职业发展有重要的影响。在社会生活中，我们要顺应职业环境需要，趋利避害，使个人的优势得到最大限度的发挥，实现个人目标。只有建立对自我和环境的充分认识，才能使大学生职业生涯规划教育得以顺利进行。在对职业环境分析时，努力调整自己不足的方面，抓住职业发展的机遇，实现最优的人职匹配。环境分析也可以认为是对职业发展、职业需求等就业环境的分析。然而，这些需要建立在丰富的社会实践基础之上，对就业环境中职业信息与环境的充分了解与把握。

目前，大学生社会实践环节的薄弱已经成为大家都公认的事实，主要体现在：一是学生参与社会实践的数量极少。我国大学生主要通过自己或同学组织的活动、学校组织的毕业实习等形式参加社会实践活动，这种现象与国外开展的情况相比还相差甚远，参加社会实践活动的风气和氛围在我国还没有形成相应的规模。二是学生参与社会实践的质量过低。由于主、客观等多种条件的限制，大学生进行的真正意义上的职业实践活动并不是不多，大多数都还停留在比较肤浅的层次上。以上情况导致学生被外部环境隔离，致使学生更加不了解职业环境，学生对自己未来理想的职业更是知之甚少。大学生群体由于对社会实践环节缺少了解，使他们从整体上缺乏对职业环境外部因素的关注和了解。毕业生择业就业问题的影响，导致他们对于职业要求和变化趋势的了解相对非毕业班学生来说要多一些，但关注的程度仍然不是很深。很多大学生缺乏对自己理想职业的客观认识，对自己的能力水平出现过高的估计，导致过高的职业发展期望的出现，就业取向上出现过高要求，对于欠发达地区置之不理，过高估计自己的能力水平，因而职业发展期望值过高，只一味追求“三大三高”这些地理位置、福利待遇、社会地位都比较好的单位。缺乏对于外界职业环境的认识，导致学生不能有针对性地进行学习，就业时最终所从事的职业不能充分实现最佳状态的人职匹配。

三、大学生职业规划教育的主要原因

（一）社会环境对大学生职业生涯规划教育的影响

1. 社会错误观念的误导

改革开放以后，随着市场经济体制的建立，人们对价值的认识也随之发生重大变化，取得了巨大的进步，主要体现在：由以前对社会和集体完全服从转变成对自我价值的重视，这一转变更体现了对个人选择的尊重，当今社会比较重视“以人为本”的思想。我国的社会价值观也因经济体制的改革、社会机制的转换、思想观念的更替等原因的影响而向多元化的方向发展。这一变化也导致一些毕业生在就业择业的时候受到严重影响，对高工资、舒适的工作环境过分看重，没有吃苦耐劳的精神，而没能全面考虑和寻找与自己性格爱好相匹配的职业，这些都使大学生就业择业与未来职业发展受到严重影响。

同时，一些学生的职业价值观受到一些靠找关系、“走后门”不正之风的严重影响，扭曲地认为，一个人找不找得到一份好的工作，单靠自己的主观努力是无法达到的，要想达到就需要好的家庭背景和社会关系。这就导致学生对个人素质的提高与职业生涯规划教育的严重忽视。

学生职业指导一直都被学校作为一项行政职能，是对学生工作开展的一部分，因而，大学生职业生涯规划教育工作没有有效地开展，主要是因为大学生思想政治教育模式的影响，使一些具有代表性的专业化问题没有受到很好的重视。

2. 社会就业体系不健全

大学生就业困难的又一原因是就业市场不成熟，而劳动力资源合理利用的前提条件是就业市场的规范与有效完善。目前，大学生就业市场不完善主要体现在：没有形成公平、竞争、择优、有序的全国性大学生就业市场；尚未建立大学生就业市场必需的信息体系、服务体系、就业保障体系等；信息传递速度慢，传递范围、数量有限等弊端致使全国性的就业信息共享网络匮乏，目前各高校毕业生就业市场的虽已经建立了“毕业生就业指导中心”“按行政区域设置的毕业生就业市场”以及“毕业生就业仲裁机构”这三个层次的中介组织，但其供需双方市场信息的沟通、供需双方合法权益的维护、促成有效形式的合法交易和双方争议的调解等功能还需要进一步落实。

另外，一些以营利为目的就业招聘会组织者，对虚假广告的发布，对招聘单位缺乏审查，需要买票参加才能参加招聘会等，都导致了就业体系的低效率、差成效。一些单位盲目招聘具有高学历、知名院校的毕业生以及具有相关工作经验的学生的不切实际的用人观念，有些单位拒绝招收非名牌的本专科生、女毕业生和应届生，还有一些单位不招收外地学生等，这些有失“三公”的具有歧视性的就业原则，都严重影响市场竞争作用的发挥。因此，只有对大学生就业市场的研究、探讨与建设的不断加强与改进，才能推进就业信息网络化建设的不断进步。

（二）学校环境对大学生职业生涯规划教育的影响

1. 教材内容陈旧，指导性不强

大学生职业生涯规划教育虽然作为公共课程纳入大学阶段的教育中，但很多高校的就业指导课程用书的内容过于陈旧，介绍制度、历程的篇幅过长，对具体的指导与规划的内容太过简洁，在一定程度上缺乏现实性的意义。在高校与大学生对就业指导实践的双向反馈的调查中可以看出，需要进行就业咨询的学生占到总人数的 24.1%，23.0% 的学生需要学校提供就业信息指导，同时需要指导就业求职技巧的比例也占到了 18.6%，这些高比例的数字说明，学校需要针对学生的需求逐步提高就业指导内容。

2. 高校的职业生涯规划教育的辅导工作滞后

有些高校把职业生涯规划教育等同于就业指导对学生进行开展，有的干脆将职业生涯规划教育的辅导工作分配给就业指导中心附带完成，使职业生涯规划教育不能得到应有的重视。同时，他们不能全面意识到职业生涯规划教育职业领域的专业性极高的要求，最终只投入极少的政策、资金、人员等到职业生涯规划教育领域。就业难的问题使教育行政部门要求高校把招生人数同就业率挂钩，从而限制或停止招生就业率低的专业，并引起各高校的高度重视与关心。但高校过分关心就业率而忽视了对大学生职业生涯规划教育的关心，致使高校职业生涯规划教育的指导人员在数量素质、设施建设等，都远不能达到职业生涯规划教育的要求，最终导致职业指导因为缺乏物质方面的保障而不能很好地进行。有些学校没有投入足够的资金到学生实习基地设施的建设、活动经费等原因，都在一定程度上阻碍了大学生职业生涯规划教育的有序进行。因此，大学生在大学四年的教育阶段对职业生涯规划教育信息接触的缺乏，导致在就业择业时面临种种困难与问题。

3. 人才测评和职业咨询建设的力度不够

对自我的认知体现了“知己”，它也是做好职业生涯规划教育的重要前提，要想正确地找到一个与自己职业理想相符的发展路径，就要先对自己有个切合实际的人生定位。可是，自我认知这个看起来比较烦琐的问题，是一个人在自我成长中对自己的能力、兴趣等一些表面上和生活经历中获得的体会，它有主观性极强但又极其复杂的特点。因此，想要做到自我认知，对自己有一个科学、客观的自我评估，就需要发挥学校职业指导机构的作用，通过使用人才测评、职业咨询、心理测试等专业性极强的测评手段，帮助学生进行自我了解。测评建设分为人员建设和测评手段建设。目前，只有少数高校进行了人才测评，很多高校都还没有专业的人员可以对学生运用科学完善的人才测评工具进行测评。由于我国在专业技术上的滞后性，因而很多专业测评工具都是从国外引进的，因而也受到文化差异、价值观差异、翻译质量等因素的影响，测评的效果也具有一定的差异性，需要研发出适合本国的测评工具。此外，有些高校的有关职业政策的咨询、学生心理问题的咨询、毕业生就业发展方向的咨询等在校内能够职业指导机构开展的咨询工作的机构形同虚设，没有发挥其功能，很大程度上也就不能满足大学生职业生涯规划教育的需要。

4. 从事职业生涯规划教育指导的师资队伍素质不高

很多高校里，主要由高校的就业指导工作人员来负责大学生职业生涯规划教育的辅导工作。目前职业生涯规划与设计是高校就业指导中使用范围较广、层次较高的一种方式，并在不断实践中取得了较好的效果。但它要求从事就业指导的人员必须具备丰富的职业规划与设计理论知识，以及从基础做起锻炼出来的实践技巧、对人力资源管理方面的内容十分熟悉。而遗憾的是我国高校就业指导方面目前普遍存在机构体制不健全、指导人员基本功不扎实、师资队伍专业化水平层次不高等一系列问题；严重缺乏具有专业性职业生涯规划教育的工作人员；相关从业人员对大学生职业生涯规划教育也缺乏全面的了解。

（三）个人因素对大学生职业生涯规划教育的影响

1. 心理素质不好

很多大学生在就业择业的时候，心理素质较差，致使有的学生在面对题太过自卑，不能全面地对自己进行评价，有的太过低估自己，导致信心丧失；有的太过高估自己，导致傲慢自诩；有的不能全面认识自我，没有全面认识自己的优缺点，无法全面客观的自我评价，对综合能力的评价也不能客观全面，最终导致职业目标的确立受到影响，也导致自我职业理想与实际相差太远。在就业择业的时候，较差的心理承受能力导致学生缺乏自主的竞争意识。遇到挫折时，容易产生消极情绪，不利于自我成长与发展。因而对大学生深入开展世界观、人生观、价值观与择业观的教育，帮助他们树立明确的职业理想的同时，端正自己的人生态度，对自己进行合理的职业定位，让职业生涯规划教育贯穿于大学生四年的学习生活中，在学生进行就业择业的时候，培养良好的择业心态，树立与市场经济相适应的现代就业观：首先，要积极主动地寻求就业，不能被动地“等、靠、要”。有些大学生把希望寄托在找关系、“走后门”的不正之风上，其实，市场经济化、用工制度的双向选择的今天，大学生应把主动“推销”自己作为就业的一个新途径，因为自己的能力在胜任工作时起着至关重要的作用。其次，消除传统就业观念，实现多元化就业。大学生在择业时也承受着巨大的心理压力，很多人希望留在大城市、找到“铁饭碗”、进入薪酬较高外企或合资企业，只有很少的人选择西部和基层，这就造成就业“独木桥”的情形。最后，正确认识自我，避免盲目追求。我国的高等教育由“精英教育”向“大众教育”转变，一些大学生缺乏相应的危机意识，“眼高手低”，盲目追求“三大三高”导致“扎堆”现象，造成就业岗位供求的脱节。

2. 个人能力欠缺

处理事情时的能力是大学生综合素质一种表现，主要表现在专业知识能力和实践操作能力。学生在学习时所积累的专业知识和实践经验的情况不同，就会导致每个学生具有不同的知识结构和实践能力，当然也存在对专业知识学习的忽视和实践经验匮乏的学生。面对社会、竞争、市场，不同能力素质的大学生在进行职业生涯规划教育时，就会表现出不同的心理素质、心理活动。然而，一些综合能力、素质较强的学生，在就业择业时的心态就表现出自信、积极、勇于竞争的一面，能有效地将外在的压力与内在的动力做出很好的转化，在择业的时候就能表现出最好的成绩；相反，一些在综合能力上表现较差的学生，在就业择业时的心态就表现出来消极、退缩的一面，也就无法对职业做出很好的选择。这就要求我们不断提升自己的综合能力。

第一，要有正确的职业理想。一个人有了正确的职业理想，才能为之努力，并为理想职业的实现做准备。第二，进行正确的自我分析和职业分析。运用科学认知的方法和手段，对自己进行全面分析，能正确认识自己的优劣势。第三，构建合理的知识结构。要根据社会需求和职业要求，对已有知识进行重组并加以构建，从而发挥知识的整体效益。第四，培养职业需要的能力。要具备工作所需的基本能力和专业能力。第五，从具体实施来看，职业生涯规划教育应从大一做起，并根据自己的目标在不同阶段采取不同的行动计划。

第二节　加强与改进我国大学生职业规划教育的对策

一、学生个人角度的加强与改进的对策

当前，职业生涯规划教育对大学生来说是一个很重要的课题。特别是我国大学生在求职过程中的诸多缺点，如对自己能力定位不准确、没有强烈的职业意识、制订的职业生涯规划没有自己的特点，这样对今后进行职业生涯规划教育会有很大的障碍，所以，为了提高大学生职业生涯规划的觉悟，需要根据一些措施加以改进。

（一）提高自我认识水平和环境分析能力

对于自我定位来说，要对自己了解的特别深入、能够从客观的角度评价自己才能够更清晰地认识自己，更准确地对自己定位。自我剖析是一种自我认识的方法，它的内容包括：个人的价值观、个人性格特点、情趣爱好、掌握的知识、掌握某种技能和管理能力等。也就是知道自己是谁，什么是自己的兴趣方向，即自

己想要去做什么事情；自己能力是否达到，即自己能够做什么。自我剖析的过程是自己找出自己有什么爱好，与别人相比有什么不一样的性格，有什么样的特长，自己需要什么。选择职业要根据各人的性格来决定，不能够盲目择业，因为职业不同对性格的要求也不尽相同，每个人做某项工作，他的性格肯定不会完全符合这个工作,但是却可以根据自己的性格和职业要求来培养最适合这个工作的性格;当一个人对某项工作有兴趣时，会因为兴趣而对这个工作产生浓厚的兴趣，把工作当作兴趣就可以把工作当成是享受、娱乐；个人特长可以评价自己的能力及潜力，只要相信自己能够做到，就能够最大限度地激发自己的潜力。所以，自我剖析是职业生涯规划教育的基础，只有进行了成功的自我剖析才可能在职业发展中取得成功。在自我剖析的时候，每个人不可能把自己客观地认识准确，应该结合他人的建议，让别人多对自己做出客观的评价，以便能够更加准确的剖析自我；还可以通过一些心理测试试题等辅助工具来准确定位自己。

与自我分析相比，对外部环境进行分析显得更重要。环境因素，为个体提供了活动空间、发展条件以及成功的机遇等，对个人职业生涯发展来说也有着很重要的影响。制订职业生涯规划要做的内容有：自己所处的环境有什么特点，将来环境可能会向哪些方向发展，个人与环境是一种什么样的关系，个人对环境的要求和环境对个人的要求等。分析外部环境需要根据分析组织环境由什么组成的，尤其是组织未来的发展战略、需要什么样的人才、有什么晋升机制，并且对政治、经济等相关问题的探讨，了解清楚环境对职业发展有哪些好处和影响，以便能更准确地制订职业目标和职业发展方向。大学生需要收集更多的与职业发展规划相关的信息，了解环境的影响，多积极参加与自己将要从事的职业相关的一些社会实践活动，根据实践来提高自己对职业的认识。

综上所述，大学生想要做到符合自己特色的职业生涯规划教育，必须客观全面地对自己做出定位，考虑环境对自身的影响，通过自身的努力让自己的自我认识水平和对环境的分析能力都得以提高，只有把这些方面的努力得到提高，才能够根据实际的情况制订出自己特有的职业生涯规划。

（二）提高综合素质与竞争力

从教育学方面来说，大学生综合素质有身体和心理素质共同决定。大学生综合素质包括道德、技术、生理和心理等方面，其实也可以概括为德、智、体、美、劳这几个方面；综合素质是考察大学生的能力的一个有效的方式，大学生必须在综合素质构成的各个方面都做到比较协调的发展，才能够在将来的社会发展中发展得更好。

开展大学生职业生涯规划教育的同时，需要根据学生的兴趣爱好和国家需要哪种人才来制订。这就要求大学生在竞争中一定要制订好自己的职业生涯规划，才能够实现自己的人生价值，而要实现这些，完成这些就需要大学生努力提高自己的素质，包括自己的技术能力、创造能力和适应环境的能力等。还有，大学生在制订自己的职业生涯规划的同时，必须考虑根据职业未来的发展和社会需要，重新学习新的知识和再次合理、科学地修改自己的职业规划，使学到的知识能够最大限度地发挥到实现个人的理想中。对将来人才的知识结构也有更高的要求：既要适应社会不断发展的需要，又要能够全面体现自己的特色；既要能够达到专业能力的需求，还有一定的个人修养；既可以实现人多力量大的整体优势，还要体现自己的特殊。只有不断学习、积累知识，寻找适合自己的科学方法，并不断努力才能构建合理的知识结构。

要积极培养职业所需要的实践能力。企业在选择大学生的时候，主要考察大学生的综合素质和动手能力。企业在考察了大学生的专业基础知识和掌握的技能后，还会考察大学生在知识运用方面的能力，以及是否能够很快地适应新的环境。大学生在设计自己的职业生涯规划的时候，要有丰富的知识和一定的技术能力。从某种意义上来说，个人的能力比他掌握的基础知识更加重要，只有把知识用在实践中，实现了从知识到实践才算是把知识真正地学以致用了。一般情况，应该培养大学生在社会交际方面的能力、选择的能力（对有选择的事情做出合理的评价并进行正确选择的能力）、组织能力、动手去做事情的能力，还要有创新能力、随机应变能力等。

（三）自觉强化职业规划教育意识，提高职业技能水平

在校大学生对自己的职业生涯提前进行职业规划，可以让大学生在课堂中自我思考，学到终身受益的东西。要做到全面客观的分析，首先要客观的分析，认知自己，把自己摆在一个合理的位置，这也是进行职业生涯规划的基础。依据自己所具备的能力、自己的性格特点，全面、客观地分析自己的能力和掌控情绪的能力，从而可以更明确的发现自己的差距。进而可以依照自己的想法、兴趣方向来改变自我，从根本上塑造自己、征服自我。在进行职业生涯规划时，必须基于现实对自己进行剖析，这样才能从根本上把握自己，才能依靠自己的能力去发挥创造。大学生在进行职业生涯规划教育以后，可以发现自己喜欢的职业，即可以实现以自己的兴趣、特点为基础的生涯规划，同时科学地实现了为自己树立远大的目标，进而选择有效的行为，避免了职业危机的出现，使自己的人生事业取得成功，使自己的人生理想得以最终实现。在全面认识自我、实现人生的前提下，理性分析职业生涯规划教育对大学生未来就业的影响。因此，当代大学生要在加强职业生涯规划的重要性意识的同时，也要加强自我学习规划教育，查阅关于规划生涯的国内外文献，从自身增加生涯规划的能力，并积极与他人交流、学习，从根本上增强对生涯规划的重要性的认识，提升自己的规划能力，在科学理论的指导下，为自己制订合适的规划。

在20世纪80年代末，一些人就开始关注职业测评，并用它来对自己进行职业规划。职业训练包括对必须掌握的职业技能的培训，自我检查是否适合未来的职业、对未来的职业进行科学的评测等。在高校里，可以组织大学利用暑假的时间开展“三下乡”活动，大学生自己组织并发起的“青年志愿者”活动，以及组织将要毕业的大学生进行社会实践、寒暑假去用人单位和对口单位实习等，都是一种很好的职业训练方式。在校大学生应该从自身做起，认真、积极地参与这些技能训练活动。把实践和理论联系起来，更好地让自己明白职业生涯规划的重要性，从而更好地锻炼自己必需的职业能力，同时不断地对自己制订的职业生涯规划进行调整和完善。

（四）充分调动一切积极因素，增强践行教育的绩效

自身激励有利于其动力的发展，当遇到挫折和障碍的时候，自身激励会让自己的目标明确，并且有信心去完成目标。因此，建立大学生自我激励的机制对于大学生的成长来说是至关重要的。当大学生制订好行动计划和方案后，如果能够保持坚强的意志，能够自我激励，有明确的目标，积极主动，才能够落实制订的职业生涯规划，这样职业生涯规划教育才有意义。目前，很多人认为只有毕业生才需要进行职业生涯规划教育，其他年级不需要重视。这个问题受到一些高校的重视，并制订相应的行动方案，对不同年级的大学生开展职业生涯教育，如综合素质方面的能力、资格证书等。这些方案也起到一些作用，但要想发挥得更好就需要大学生提高自我践行职业生涯规划教育的能力，并运用到实际行动中。

1. 对职业目标进行有效分解

大学生在制订职业目标时，应将目标有效分解，具体可以划分为短期、中期和长期目标。长期目标：自己认真选择的，符合自己的价值观和未来发展的愿望；中期目标：有具体的完成时间并可以适当调整的，是长期目标实现的基础及短期目标完成的结果；短期目标：切合实际的、具体的、处于操作层面的、有详细的实际操作步骤和完成的时间，为中期目标及长期目标实现而实施的措施。长期目标制订有利于中期目标和短期目标的实施，当新情况、新问题在中期目标中出现，可根据实际调整短期目标，保证其顺利进行。目标有效分解应该遵循下列原则：

（1）可测量性。能够根据某种标准来测试是否完成了相关目标。

（2）相关性。短期、中期、长期目标之间要有服务的关系，一般是短期目标是为了中期目标而设定的，中期目标是为了长期目标而设定的，它们都是为最终的目标而设定的。

（3）时限性。需要为分解的目标设定时限的时间参数。有了时间限制，才能够把标实现推动得更快。

（4）可实现性。这些目标要有可实现性，并且不能够好高骛远，必须结合自己的能力来设定。

2. 要制订大学生职业生涯规划教育的具体行动计划

大学生职业生涯规划教育的实现方式要同学生制订的目标相结合。大学生制定的目标应在大学生涯目标下进行细分制订的。也可以按照时间单位（年度、学期、月等）设立相应的阶段性目标，制订具体的行动计划并注重回顾、注重调整、注重检查、注重坚持这几个方面：

（1）重回顾。大学生应该经常自己制订行动计划进行回顾，并在必要时候做一定的修改。

（2）重调整。在行动计划中，要根据自己的理想来调整，它可以是灵活多变的，因此，只有依据它的变化而变化，才能保证制订的计划能够顺利地进行。

（3）重检查。学习进度中自我检查需要至少两个月进行一次。过程监督是行动计划中业顺利进行的重要条件，能随时发现问题，根据自己设定的计划内容进行参考来提出具有针对性的解决方案。

（4）重坚持。大学生在受教育中必须要有坚强的意志，坚持计划，不要对任何对计划有影响的诱惑而动心，如果计划出现间断，就会导致以后的放弃。因此坚持对制订的行动计划起到很重要的作用。

二、学校角度的加强与改进的对策

（一）推进大学生职业生涯规划教育与思想政治教育的有机结合

大学生职业生涯规划教育与大学生思想政治教育的关联性表现在：目标层面上的统一性、功能作用上的互补性、内容原则上的交叉性，而在实际中又完全不同。而大学生的根本利益和首要需求是成才与价值实现，是新形势下开展思想政治教育工作新途径的有效形式。因此，将大学生职业生涯规划教育工作纳入高校思想政治教育工作体系中，能增强大学生职业生涯规划教育的实效性。

1. 明确思想政治教育目标，确保大学生职业生涯规划教育的正确方向

从思想政治教育的目标来看，思想政治教育的根本目标是提高整个中华民族的思想道德素质和科学文化素质，提高人们认识世界和改造世界的能力，动员广大干部和群众为建设有中国特色的社会主义和实现共产主义崇高理想而努力奋斗。依据社会需求，思想政治教育通过学校进行有目的、有意识的教育，引导大

学生合理地进行职业生涯规划教育，促进大学生综合素质提高和自身全面协调地发展。

2. 改进思想政治教育的内容，培养大学生的综合素质

在上思想政治教育理论课的时候，为了促使学生在理论知识学习的同时更好地为自己的将来进行职业定位，老师有义务帮助学生树立正确的世界观、人生观、价值观。在理论课上，对马克思主义基本理论的学习不但能扩展学生认识问题的能力，还能更好地联系实际，从而帮助学生理性地规划自己的人生方向。学校应该在新生入学的时候就将思想政治教育运用大职业生涯教育的辅导中。依据学生所处年级的不同，运用职业生涯发展阶段理论对大学生进行职业生涯规划教育。大学一年级，让学生对自己的职业目标有个初步了解，因为有理想才会为之奋斗，同时给学生提供相关的就业现状。经过对他们大学一年的了解，在他们大学二时，引导他们熟悉自身特点、兴趣爱好等，依据他们各自的职业目标及其实际情况，做出正确、适当的职业生涯规划教育的调整。大学三年级，引导并进行专业性的面试辅导，使他们不断地寻找适合自己的社会实践工作，积累实战经验。大学四年级，解答求职疑问并提供一些就业信息。从而，使其教育贯穿于大学四年的生活中，使他们成为有德有才的、具有社会责任感的高素质人才，引导他们在追求自己人生理想时正确处理好个人与社会关系。

第一，对学生深入开展世界观、人生观、价值观、择业观等教育，有助于端正人生态度，确定清晰的职业规划，从而能结合自身条件更加合理地进行职业定位，明确人生方向。思想政治教育就是要通过学校及社会，按现实社会需求，有目的地、全面地、长期地培养人们思想、道德素质，从而促进人们德、志、体、能全面发展。因此，思想政治教育在帮助大学生确立清晰的职业理想和目标的同时，还能将学生自己的理想与国家和集体利益、社会需求相结合，从而无形中促进社会生产力发展。另外，思想政治教育能引导学生在集体活动中积极思辨，合理处理个人与集体、个人与国家利益的关系，还能引导学生主动利用各种渠道获取知识，促使其在面对理想与现实、个人与社会的矛盾时，能运用积极的人生价值观实现“自我免疫”，抵御外来冲击与诱惑。

第二，通过加强传统教育，使大学生树立“居安思危”的忧患意识，继承并发扬前辈们艰苦奋斗的优良传统，通过奋斗拼搏实现自身价值。当前国际形势风云变幻莫测，经济形势不容乐观，就业形势极其严峻。大学生的忧患意识教育与艰苦奋斗精神培养对大学生职业生涯规划教育有着非常积极意义：首先能促使学生进行正确的自我定位与合理的职业规划；其次能使学生理智地认识自己的优、劣势，做到扬长避短；最后能培养大学生积极、乐观的心态，提到其心理素质，

自觉加强道德修养。艰苦奋斗的优良传统在引导大学生进行职业定位与规划时作用巨大，它能使大学生锲而不舍地去积累各方面的知识，并结合自身职业及社会发展的具体要求，自觉丰富知识体系，完善知识结构，从而更加科学、高效地发挥所学知识，促进社会生产力的发展。在帮助大学生规划职业目标时，应该以社会需求为前提，以合理定位为基础，不断强化学习目标，从而帮助大学生确定一个科学的学习目标。要积极稳定大学生的专业思想，认真梳理每位学生的条件，根据个体的不同情况因势利导。要多组织专业讲座，多开设就业指导课。

第三，加强对大学生团队意识的培养，帮助其正确认识个体与团队的辩证关系，从而实现个体独立与团队合作的科学统筹。J.C 泰得斯曾指出了培养学生合作精神的重要性："社会无论在其经济领域、政治领域，还是在其文化领域，现在都越来越需要合作协调、思想沟通和接受批评。"对大学生进行职业生涯规划教育就要求增强学生独立的思考和解决问题的能力，思想政治教育者为其创造好的教育环境的同时，也防止学生单方面强调个人主义。思想政治教育也有目的、有意识地培养学生的合作意识，以达到加强学生实践能力的目标。

第四，加强职业道德和法制教育，能引导大学生成为技能、道德都合格的现代职业人。当今社会诚信缺失严重，迫切需要对还未"入世"的大学生开展职业道德和法制教育。学校可以开设职业道德教育、法律常识等课程，给大学生打"预防针"，使其遵守未来可能从事职业的道德要求、法律规范，从而使他们在学校里就具有良好知识技能，正确的道德底线，走上岗位后能用正确的观念来对待人和事。

3. 贯彻思想政治教育主体原则，因材施教，增强大学生职业生涯规划教育的层次性

所谓主体原则是指作为思想政治教育主体的教育者，将受教育者视为教育体，充分尊重他们的主体地位，注重调动其自我教育的积极性，来实现思想政治教育目标的行为准则。"主体性"在大学生的职业规划中能够引导其自我分析、定位，而思想政治教育则要求各位教育者不能对学生进行单方面的训导说教，而要与学生进行平等的探讨、商量来互动交流，促使学生自觉修正不足，发扬优势；此外，思想政治教育还要在"要求个体"与"满足个体"之间找到平衡，即老师们根据学校教学安排、学生个体潜能以及社会发展需求来规范大学生的行为，帮助其确立科学地的发展目标。在此大前提下，还应该尊重、满足不同的大学生个体自身的爱好、需求及愿望。根据当代大学生追求知识、追求真理、追求创新的时代个性特点，运用因材施教的方法，培养出适合新时期的各种人才。由于当代大学生自我意识加强，每位学生在人格觉悟、道德水平上差异巨大，因材施教就是根

据学生个体差异，采取科学合理、灵活适用的教学方式，对不同学生运用不同的方法，达到教学目的的教学方式。俗话说，手指各有长短，每位大学生的兴趣、性格、理想、知识结构、年龄层次不同，其职业生涯规划教育就应该有所不同。

（二）建立全方位、多层次、宽领域的大学生职业生涯规划教育的指导工作

1. 构建招生、就业、教学互动的综合就业指导机制

高校在对毕业生的就业指导工作中必须把大学生职业发展作为主要的内容，通过将就业指导工作与学生的职业目标、学校的教学管理过程等的相结合。因此，高校的就业指导工作模式的建立就需要构建招生、就业与教学的互动机制。在学生培养全过程中推动招生、就业和教学管理，培养高素质人才，实现教育发展。招生、就业、教学互动的综合就业指导机制的建立，首先高校要根据社会需求及自身的特点，确立适宜的办学层次与理念，招收与之相应的学生，并注重特色专业与优势专业的发展。其次，高校在招生后，在教学管理中根据社会需要和学生特点进行系统化教育，并根据就业市场需求来调整招生与培养，从根本上解决学校学生就业难的问题。

2. 突出就业政策在大学生就业指导过程中的导向作用

高等教育的大众化，使教育消费逐渐被国民接收，但从一定程度上讲，付出与回报成正比。毕业生追求高收入的工作无可厚非，但片面的追求高收入也不利于国家与个人的发展。同时，造成当前大学生就业难的主要原因是经济发展的不平衡性，导致很多人为追求经济利益而积聚在沿海发达城市。

因此，政府政策应导向毕业生合理分流并充实到我国祖国最需要的地方，逐步建立以高校为核心、人才需求信息为纽带，政府统筹、各部门合作的新的就业指导模式。在打破部门、行业、体制的隔阂的同时，将大学生就业指导体系纳入社会就业指导体系，对大学生就业市场进行研究和预测分析，加强校地合作、校企合作的同时创建新的大学生就业指导模式。

3. 建立专业化的职业生涯规划教育的工作队伍

思想政治教育的主体也是其实施者和承担者。狭义的教育主体指类似思想工作者、教师等承担、发动、组织与实施思想政治教育活动的个人，即个体施教者。将高校职业生涯规划教育与思想政治教育相结合时，教育的主体就是从事学生思想政治教育工作的辅导员、讲授思想政治教育理论课的教师。

当前，职业生涯规划教育的教师主要是由理论课教学人员或辅导员兼任的，这两者对学生的思想政治教育都显得比较专业，结合了职业生涯规划教育的教师就应该更具专业性。教育者必须开展职业生涯指导工作并提高信息服务，通过各种方式努力提高自己对职业生涯指导和提高信息服务的质量，让学生能够熟练正

确的人生观和价值观，也要使学生明确其就业的观念。这需要从事教育的工作人员知道制订职业生涯规划对学生将来的人生发展的重要性，可以有机地结合这两者，使他们同社会发展需要的思想观和价值观相一致，这样来指导大学生制订自己的职业生涯规划，这些是教育工作人员必须完成的任务。

高校开展职业生涯规划教育的承担者应包括从学校校长、学生处处长等高层领导到各系主任、辅导员，再到各个班级的专业老师、班主任等学校各个部门的人员。他们都要参与到其中充分发挥各自的职责和作用。因此，我们可以将其辅导人员队伍分为校级、学院和班级三个层次的辅导人员，各自承担着自己相应的职责，工作内容有一定交叉但侧重点不同。学校领导，在以学生为本的前提下运用到学校政策和工作中，从宏观的管理上对学校的生涯辅导工作的开展是学校校级各部门的主要职责；各学院要积极配合校级辅导部门，并有针对性地进行辅导工作的开展，对学校下达的任务认真遵从并执行，并反馈对学生辅导的情况是学院辅导人员的职责；班级辅导是三级机构中最小的团体，但作用不可忽视。传统的班级辅导工作主要是由班主任完成，导致班主任力不从心并缺乏个性化的关心和指导学生。目前，本科生导师制的政策已在一些高校被推行，同时也为学生的职业生涯规划教育的发展提供一些辅导。具体职责体现在：一是学习指导，指导学生了解专业并制订相关的学习计划（包括辅修专业学习计划）及科学选课，使他们掌握正确的学习方法。二是班级建设，指导学生积极参加学术与实践活动。三是有针对性地对学生的升学和就业进行指导。四是思想政治工作的开展和辅导。

4. 为大学生营造良好的就业环境

高校和就业市场间努力建立长效的合作机制，学生和企业间增强交流平台的搭建，使学生有良好的就业环境，这些都对大学生涯规划教育起重要作用。

建设校企合作的基地，营造校企合作的平台。构建校企合作基地，有利于促进校企间相互贯通，也是高校搭建企业与大学生间交流平台的重要举措。大学生想要实现自己的职业理想，找到职业目标，就需要与用人单位进行充分沟通，只有相互了解后达成的雇用关系才稳定、可靠。因而，校企合作基地的建设为大学生顺利就业、找到职业目标夯实了基础。

努力推行就业实习，正确引导大学生的职业发展。通过就业实习，大学生既能获取宝贵的工作经验，与此同时又能尽早接触用人单位，找到差距并向自己职业理想方向发展，还能使学生与企业、高校与企业之间联系更紧密。大学生、用人单位和高校对就业实习也越来越深重视。

强化对创新型人才的培养，增强其就业竞争力。强化对创新人才培养是增强大学生就业竞争力和实现职业理想的重要途径。目前高校采取的举措如下：强化培养师生双向实践；强化高校实验平台和实践模块并制订出有效的措施；鼓励大学生在工程实践领域实现创新，加强创新型人才培养。高校也应该重视对大学生能力的培养，试办工程创新人才实验班要有可靠措施，强化人才能力的培养。高校可以对部分优势学科尝试办订单人才班，选拔一些优势学科的优秀大学生到相关大企业就业，为他们制订相应的职业培养计划进行培养，并鼓励学生与大企业签订“订单式培养协议”。

（三）努力探究有效方法指导大学生职业生涯规划教育

职业生涯规划在我国大多数领域的教育应用都还处于起步阶段，在理论上和实践上缺乏经验、借鉴，这就对实施带来了挑战。高校需要转变观念，教育职业生涯规划与素质拓展计划应当相结合，努力探究有效方法指导大学生职业生涯规划。

1. 定期开办职业生涯规划指导课程

职业生涯规划指导课程由大学生职业生涯规划指导和大学生综合素质开发辅导两大类组成。职业生涯规划教育指导应聘请专业的人力资源教师或具有丰富经验的企业人力资源专员。大学生综合素质开发的辅导包含两级：一级是学校负责的，通过聘请校外专家来讲授人才需求，如人际沟通、社交礼仪等；二级为各学院自己负责，根据各学院对人才需求的不同聘请专门的企业专员来开设指导课程。开设职业生涯规划辅导课程要与建立教育的内容、评价、方法等有效的考核评估体系同时进行，要有针对性和实效性。

高校根据学校和学生以及学科特点，设置适合本校的职业生涯规划教育课程，职业生涯规划教育课程体系具有完整性、系统性、前瞻性、可操作性。要开设专门的职业生涯规划教育，使课程与专业课、公共必修课具有同等的地位，使其研究与高质量、与时俱进的大学生职业生涯规划教育教材编写相适应，实行全程化的、有针对性的教育。课程内容，涵盖职业生涯规划教育的基本理论和方法；课程教学，包括传统的课堂理论授课和综合教学方式。通过开展讲座论坛、团体辅导、参观学习、社会实践等课补充堂教学的活动，并使其成为大学生职业生涯规划教育课程体系的重要组成部分。

2. 开展多种形式的辅导活动

学校通过设计各种辅导活动，鼓励学生尽量都主动参加这些活动。学生们参加了这些活动，有利于提高他们自我职业意识和对环境的认识。开展这些活动，能启发学生对自我职业意识和职业环境的认识。学生通过对自己的了解、职业生涯的规划来发挥潜能。如邀请校友回母校开座谈会，谈谈他们职业目标与职业理想，促使学生对其进行自我思考。要积极探索职业发展路径，在学校网站设立相互职业发展的学习园地，促使职业生涯教育能够全面的推广到学生所能接触到的各个层面。

3. 实施心理、职业测评

面对大学生就业的心理问题时，引导大学生客观地看待并积极应对，保持健康心态。消除摆在同学们眼前的困难，恐惧、退缩、抱怨等都不能解决就业问题。因此，帮助毕业生应深入地了解社会、分析社会，及时调整自己的就业心理，以达到适应社会、顺利就业的目的。可以采用各式心理测验量表、自我评估等方法对自己的能力、兴趣以及个性等方面的心理特质进行了解，同时运用职业测评方式评估职业观与发展，对学生的职业生涯发展趋势进行类似的预测和诊断。

4. 通过个别与团体咨询，完善学生职业发展培训档案

从大学生新生入校开始，对其进行专业的个别及团体咨询，帮助有困扰的学生加强对职业生涯的认知、准备、筹划等各个方面的了解，在满足其个性化的需求程度上进行有针对性的指导。根据年级和学习阶段的不同及职业生涯规划及教育的重点，引导大学生有针对性、有重点地发掘学生的能力，把大学期间的学习经历和成绩单装进档案，从而形成职业发展培训档案，有效促使大学生向规划的职业目标迈进。

5. 拓宽实训基地，模拟真实环境

准社会形态的大学为学生进入社会起到了良好的缓冲作用，高校可以依据学生对规划和教育需求，建立各种类型的社会实训基地并进行模拟训练，并以此为重要载体开展各类活动，体验和预演即将面临的职业生涯。通过以上措施，学生的态度、能力、意识及职业角色得到了培养和提高，大大缩短了社会适应期，加快了社会化进程，同时使学生养成的职业素养更好地适应当今社会发展的需要。

6. 变传统的指导模式为“全程化”教育

学校应根据学生年级不同的特点，实施职业规划教育体系，使职业规划教育贯穿到大学教育全过程。一年级，学生职业规划教育的试探期，重在帮助学生初步了解自我和专业，从而适应生活和初步的职业规划教育。二年级，学生职业规划教育的定向期，学生通过参加学生会或社团等组织，锻炼自己的各种能力，并以提高自身的基本素质为主，构建自己合理的知识结构。三年级，学生职业规划教育的冲刺期，对学生进行提高自身的竞争力的职业适应，让学生了解劳动与就业等法律知识，组织学生参加社会实践、进行模拟招聘。四年级，学生职业生涯规划教育的分化期，即行动实施的阶段，使学生转变角色的同时适应社会。通过各种职业生涯规划教育的指导，实现学生的职业目标。

此外，在教学方法上，改变传统的教学方法与模式并不断发掘新的教学方法，

通过实验模拟式、案例分析式、现场指导式、演练演习式等方式，增强大学生职业生涯规划教育的灵活性、参与性，理论和实践真正有效结合。

（四）建立保障大学生职业生涯规划教育的长效机制

提高职业生涯规划教育的系统性、持续性及制度化是高校确保大学生职业生涯规划教育取得实效的必要条件。从制度层面上，明确工作机制，建立配套的管理机制并进行科学的管理，是大学生职业生涯规划教育的重要方法，既可以保证其机制的顺利进行，也可以保证增强它的有用性。

1. 目标管理

进行“全程化”教育。从新生入学开始，使他们充分了解学校的各种规章制度，让他们根据自我认识情况制订自己的目标，通过自己将来的学习达到这些目标及理想。这样可以提高学生的主动性和创新能力，也对学生自身的能力进行锻炼，使其实现对自己制订计划、教育、管理的目标。

2. 实施导师制

学校根据学生的职业目标成立与之相应的科研小组，在学习之余发展自己的职业目标，参与到教师的科学研究中。学生在导师的指导下自我设计和实施实验，独立写出科技论文，可以提高同学们的动手能力，还可以提高同学们的创新能力。

3. 加强职业技能的培训

学校根据学生的特殊情况，为每个人都制订一个特有的字眼目标，学院争取和企业想合作，一起创建各种培训工作，这样可以提供很多不同的方向供学生参考；假期的时候也鼓励学生争取到社会中去实践。这样可以提高学生的实践能力，还可以增强大学生尽快适应社会环境的能力。

4. 建立激励机制

学校需要建设完备的机制，使大学生能够在职业生涯规划教育方面得到更好的教育，并奖励那些在职业生涯规划教育中表现得相对优异的同学，这样可以激励其他同学也能够认真地对待这个课程；建立学习绩效评价系统并以大学生发展奖励体系和职业发展为导向。为加强高校毕业生就业工作，财政、税收、金融、就业服务等方面提出了新的政策措施并鼓励其发展。采取有效的措施引导高校毕业生转变就业观念，鼓励他们到城乡基层、中西部地区和中小企业就业。鼓励高校毕业生在强化政策落实、创业教育培训和创业服务的同时，自主创业来实现就业。要建立健全高校毕业生就业信息服务体系，使就业指导和服务有针对性地开展，以满足需求和提高质量为导向的人才培养模式得以建立，使经济社会发展和人的全面发展得以更好地适应。

5. 建立高校职业生涯规划教育的服务体系

学校需要根据规定，创建完善的机构来服务大学生职业生涯规划，学校按照国家或地方政府有关政策规定，建立完善大学生职业生涯规划服务机构，有重点开展内容研究、方法研究、评价体系研究等提高大学生职业生涯规划指导工作的实效，并实现机构、人员、经费“三到位”。在人力、物力、财力方面给予大学生职业生涯规划大力的支持，保证有专门工作人员来做这方面的工作，这样就可以专门对辅导员进行培训工作，使他们不断学习与反思，向“专业化”“职业化”的方向发展，并使其从繁杂的事务性工作中解放出来。

三、社会角度的加强与改进的对策

我国职业生涯规划教育的研究还处于起步阶段，很多理论都是引用国外的，没有实质上的创新导致了在实际工作不理想的工作效率。因此，国家、社会要积极推行、建立职业生涯教育的认证制度，优化人员结构，全面提高从业人员业务水平和综合素质，不断完善学生的职业生涯规划教育体系。

（一）加强立法，保障大学职业生涯规划教育实施的法制化

在西方，发达国家使用外部条件来保障大学生职业生涯规划教育的实施，即是通过法律来强制开展职业生涯规划教育。要保障职业生涯教育的顺利展开就必须有一个比较规范的劳动力就业市场的运转机制，并制定相关法律法规来保证大学生职业生涯规划教育的顺利进行。如 1976 年，美国颁布的《均等就业法案》中规定，包括毕业生在内的所有公民都享有同样的就业机会，用人单位不得以性别、种族的歧视拒绝招录，若有违反，当事人可以起诉，查证后用人单位会受到罚款形式的法律制裁。在改革大学生职业生涯规划教育方面，美国在 20 世纪 70 年代制定的《生计教育法案》和 90 年代制定的《学校—就业法案》两次专门的政府法案。因此，我国应在进一步做好高等学校就业工作。我国虽然出台了很多关于加强高校毕业生就业工作办法的文件，比如 2007 年颁布的《国务院办公厅关于切实做好 2007 年普通高等学校毕业生就业工作的通知》、2009 年 1 月颁布的《关于加强普通高等学校毕业生就业工作的通知》，2010 年颁布的《国务院关于进一步做好普通高等学校毕业生就业工作的通知》等，这些都只是在一些程度上引导高校毕业生怎么样实现就业，但是都没有从法律法规上来完善就业过程中出现的一些问题，比如性别歧视、学校级别的歧视等。因此，完善就业市场体系就需要加强对法规和制度建设，对其工作进行依法指导、管理与服务，把大学生就业指导和服务纳入法制化的轨道的同时减少随机性、盲目性，进一步规范劳动力就业市场的同时保证职业生涯规划教育顺利实施。

（二）充分利用社会资源，推进大学生职业生涯规划教育的社会化

大学生职业生涯规划教育不可能只根据学校就能够达到理想的成绩，而应该充分发挥社会力量与社会各行各业相互渗透，联合社会职业生涯规划教育和培训机构共同开展大学生职业生涯规划教育，一定程度上实现资源共享、社会合力，共同推进我国大学生职业生涯规划教育的发展。

具体说来，政府部门，对大学生职业生涯规划教育给予足够的重视和支持，不仅在政策、法令及规章制度上给予支持，还可以通过成立专门的组织人员负责职业生涯规划教育的管理和实施，加大对大学生职业生涯规划教育的物质支持；通过网络、广播、媒体等方式，尽量宣传大学生职业生涯规划教育，让普通百姓都对其认识程度进一步地得到提高，提高目前存在的指导机构和新建职业咨询单位，使其具有专业化的水平，服务水平也要提高，根据相关制度保证职业规划教育能够科学化和规范化，加强大学生职业生涯规划教育的舆论宣传，使社会公众对大学生职业生涯规划教育的认识进一步提高，整顿提高现有的指导机构并成立专业的职业指导和咨询机构，加强机构专业化的建设，提高其服务水平，通过建立相应的制度来保障科学化和规范化的职业规划教育，创设一个公开、公平、公正的用人环境；家庭方面，要为大学生职业生涯教育提供物质支持和精神动力，尊重学生的选择，帮助调节他们面临职场和就业的复杂心情，积极引导大学生树立正确的择业观，鼓励他们多接触职业信息，促进职业竞争力的提高；企业方面，通过校企共建为学生提供实习基地。当前，大学生职业生涯规划教育工作的社会化有利于进一步加强高校与企业的联系和合作，建立实习基地平台，大学生可以把在校所接受的职业指导教育培训与实践相结合，更多地了解市场、社会及自身各方面的条件，在实践中检验自己的职业目标，并为以后职业目标的发展打下基础；高校能更多了解和掌握企业、市场对人才的需求状况，及时调整学校对学生专业结构、课程设置、招生规模等的培养方案，及时进行教学改进，避免出现学校专业结构性失调，导致学无所用；高校借助这个平台制订出理论与实践相结合并且符合市场与学生需求的职业指导教程，并随着形势和政策的变化而完善；高校还聘请用人单位的人力资源主管为学生讲解。总的来说，保持协作的态度，充分发挥社会资源的作用和不断寻找新路线，对社会资源充分利用和开发广泛前提下不断探索新路子，也为大学生职业生涯规划教育打下基础。此外，还必须加强了解市场的人才需求，在与政府人事部门、人才市场的合作的同时获得有利的政策环境和信息支持；重视与用人单位的合作，争取实习机会，及时了解对人才要求，与用人单位一起培训课程，开发大学生职业素质、技能；加强与学生家长之间沟通，共同为其提供有用的资源。总之，整合其资源，综合力量，相互渗透与

补充，为大学生职业生涯规划教育开展得到切实的保障。

（三）鼓励学生参与实践，推动职业生涯规划教育的实施

参加实践，是大学生职业生涯规划教育必不可少的内容一致。大学生理论知识学习的比较多，而对现实中职业信息了解甚少，有碍于大学生对职业环境的客观全面把握，社会实践能力、实践经验等方面也不丰富。可以针对其需求进行社会实践活动，从而使社会实践与校园学习和谐发展。鼓励大学生充分利用假期并结合自身需要，对社会进行调查研究并自觉参加相关的社会实践活动，通过对职业状况、职业需求和职业环境等的直接感知，提高社会适应能力和实际动手能力，从而能更好地适应社会发展需要。

大学生也可以充分运用校园学习的“人职匹配”对自己的特性进行深入详细地了解与掌握之后，根据“人格类型”理论确定自己属于哪种类型的人，从而能在社会上便捷地找到与自己相适应的社会职业。因此，大学生发展综合素质的同时，要积极参加各种实践实践活动而多接触社会，在观察的基础上获得一些初步了解、实践，通过社会实践再次对目标深入地考虑、科学地分析，全面设计自己的职业生涯。

综上所述，职业生涯规划教育是一项重要的、复杂的、持续的、动态性的工作，合理、准确定位、科学规划才能使职业生涯规划教育有序发展。同时它的发展也需要社会、学校和个人三方的共同努力。社会应加大人力、物力、财力的投入来保障其顺利进行；高校应该重视大学生的职业生涯教育，并对其进行加强和改进，保证能够开设大学生职业生涯规划教育的课程，加强与完善学科、课程的建设，同时根据社会与学生的需要推进教育教学改革，全员参与、全程导航、全方位渗透的全新指导体系的建立，实现大学生职业生涯规划教育，最终实现大学生顺利就业。

第四章

大学生自我认知与职业准备

第一节 人格的心理特征与职业生涯

一、人格概述

人格是我们日常生活经常使用的词汇，如“他具有健全的人格”“你不能污辱我的人格”“人格尊严应受到保护”“他出卖了自己的人格”等。这些描述和评价包含了多重含义，有法律意义上的人格，有道德意义上的人格，有文学意义上的人格，也有社会学意义上的人格。那么，在心理学中人格到底是什么？我们又该如何理解与把握它呢？

（一）人格的内涵

人格（personality）一词源自拉丁文 persona，原义指希腊戏剧演员所戴的面具，面具随着角色的不同而变换。这种面具类似于我国京剧中的脸谱，红脸代表忠义，白脸代表奸诈，黑脸代表刚强，不同的面具体现了角色的特点和人物性格。心理学沿用了面具的含义，转意为人格。这其中包含着许多不同的含义：一是指一个人在别人眼中留下的印象或外表的自我；二是指一个人在生活中扮演的角色或真实的自我；三是指与自己职业相适应的特点，是一个人内部的心理品质；四是指一个人的尊严和优越感，表明了一个人的重要性、声望和社会地位。这些描述都是人们对人格的直观理解。

由于人格结构的复杂性和心理学家研究取向的不同，学者们对人格的定义并未达成一致。美国著名心理学家奥尔波特被誉为人格心理学的创始人，他在归纳前人经验的基础上，总结了人格在心理学上的 6 种定义方式。

（1）罗列式定义：将人格视作个体所有特征的集合。

（2）综合性定义：认为人格是由个体各种属性组成的整体。

（3）层次性定义：强调组成人格的各种特质的层次性，认为组成人格的所有特质不是平衡关系，而是可以分成许多层次，其中最高层次的特质对于人格整体具有统合的作用。

（4）适应性定义：认为人格是个体适应环境而对应的功能。

（5）区别性定义：将人格认为是个体最为本质的行为模式。

（6）本质性定义：强调人格是个体最为本质的行为模式。

在此基础上，奥尔波特提出了自己对人格的较为全面的定义。他认为人格简单地说就是个体在心理物理系统中的动力组织，它决定人对环境适应的独特性。这一定义受到广泛的认同。综合各家定义，一般认为：人格是个体在先天遗传素质的基础上，通过与后天环境的相互作用而形成的相对稳定的和独特的心理行为模式。

常言道“世界上没有完全相同的树叶，也不会有完全相同的两个人”。一方面，每一个人都有不同的遗传素质，又在不同的环境条件下发育成长起来，因而各人都有自己独特的心理特点。所谓“人心不同，各如其面”，正说明了人格是千差万别、千姿百态的。人格是我们区别于他人，成为自己的社会标签。另一方面，由于文化、地理、生理特征的影响，生活在同一地域或文化中的个体，或相同性别或相同年龄阶段的人也会表现出相似的人格特征。如有研究表明，由于受传统儒家文化的影响，无论是海峡两岸的同胞还是新加坡等地的华人都有相同的人格特征。人格的独特性与共同性相互作用、互相影响，形成一个完整的人格。

一个人的人格是在生物遗传的基础上，在个体与环境的互动中逐渐形成的。一旦形成，便具有相对稳定性，表现出在不同时间和空间上的一致性。研究表明，个人的行为中偶然表现出来的心理特征和心理倾向不能表征一个人的人格。正因为人格具有稳定性的特征，我们才能把一个人和另外一个人在精神面貌上区别开来；我们才能预料到一个人在某种情况下将会做些什么，这也是对一个人了解和使用的依据。人格具有稳定性，并不意味着它是不可改变的。人格具有可塑性。随着生理的成熟和环境的改变，人格也会或多或少地发生变化。如一个过去害羞的女孩，长大后由于事业的成功而变得大方和自信。正因为人格具有可塑性，才能培养和发展人格。

人格是人的整个精神面貌的表现，是由多种成分构成的一个有机整体，具有内在的一致性，受自我意识的调控。人格的各个成分相互联系、相互制约、相互依存。正常人的行动不是某一特定成分（如能力或动机）运作的结果，而是各个人格成分密切联系、协调一致进行的活动，这就是人格的整体性。当一个人的人格结构在各方面彼此和谐统一时，他的人格就是健康的。否则，可能会出现适应困难，甚至出现人格分裂。心理的完整与和谐是人格健康的表征。

人格是具有动力倾向系统的结构，它在一定程度上影响着一个人的生活和行为方式，甚至有时会决定一个人的命运，这就是人格的功能性。如面对挫折与失败时，坚强者能发愤拼搏，懦弱者会一蹶不振。当人格正常发挥其功能时，个体表现能有效地掌控其生活和勇敢地面对成败，反之，则会表现出软弱、无力、失控，甚至变态。

在人格形成和发展过程中，既有生物因素的作用又有社会因素的作用。人的心理，包括他的人格，是大脑的机能，人格的形成必然要以神经系统的成熟为基础。人格的生物性就是指人格受个体生物特性的制约。但生物因素只为人格发展提供了可能性，社会因素才使这种可能性转化为现实性。人格是在一定的社会环境中形成的，一个人的人格必然会反映出他生活在其中的社会文化的特点及他所受教育的影响，这就是人格的社会性。一个人由于某种原因被剥夺了与社会的接触，就不可能成为真正的人。1920 年，在印度的一个狼洞里，发现了两个小女孩。小的约两岁，不久就死去了，大的约 8 岁，取名卡玛拉。救回来时，这两个孩子的行为完全和狼一样，白天睡觉，夜晚嚎叫，爬着走路，用手抓食。经悉心照料与教育，卡玛拉学会了 6 个单词，6 年后才学会直立走路，到 17 岁临死时，只具有正常儿童 4 岁时的心理发展水平。社会剥夺使人丧失人性，也就不能形成人格。所以，人格也是人的生物性和社会性的统一。

（二）人格结构

人格是一个复杂的结构，主要包括人格倾向性、人格心理特征和自我意识三个部分。

人格倾向性是人格的动力成分，是人对现实的态度，是人格结构中最活跃的因素，主要包括需要、动机、兴趣、理想、信念、世界观等。每个人的人格总具有一定的倾向性，如一些人倾向于在艺术活动中发现生活的意义，一些人倾向于在科学活动中找到生活的意义。人格的倾向性因素较少受生理因素的影响，主要是在后天的社会化过程中形成的。

人格心理特征是指一个人身上经常地、稳定地表现出的心理特点，是人格结构中比较稳定的成分，主要包括气质、性格、能力。人格心理特征受人格倾向性调节。人的能力、性格是在动机、理想、信念、价值观等人格倾向性的推动下形成并发展变化。同时，人格倾向性则依赖于人格心理特征才能表现出来。二者相互依存，相互制约。

自我意识属人格结构中的调控成分，是指个体对自己的存在，以及自己和周围的人或物之间关系的认识，包括自我认知、自我体验、自我控制三个子系统，这三个子系统对人格的各种成分进行调控，保证人格的完整、统一与和谐。

二、人格的心理特征与职业生涯

人格心理特征的三要素——气质、性格与能力和职业生涯的关系究竟如何，下面分别进行探讨。

（一）气质与职业生涯

气质是表现在心理活动的强度、速度、灵活性与指向性等方面的一种稳定的心理特征，是人格结构中比较稳定、与遗传素质密切相关的成分，也就是我们平时所说的脾气、秉性。人们常说某人稳重、文静、办事慢条斯理，某人爽快、泼辣、手脚麻利，就是指人的气质表现。人的气质差异是先天形成的，受神经系统活动过程的特性制约。如婴儿一出生就表现出某些气质差异，有些婴儿安静平稳、害怕陌生人；有的婴儿爱哭好动、不怕陌生人。

气质类型的学说中，最具代表性、对现代人格理论和测评影响最大的当属古希腊医学家希波克里特提出的体液说。他认为人体内有 4 种体液：黏液、血液、黄胆汁、黑胆汁，这 4 种体液的混合比例不同，形成 4 种不同类型的人。在此基础上，罗马医生加伦把气质分为了13类。后来被医学界逐渐简化为4类，即胆汁质、多血质、黏液质和抑郁质。

1. 胆汁质

具有该类气质特征的个体，表现为性情直率、精力旺盛、热情奔放、脾气急躁、反应迅速、容易冲动、情绪情感的反应强而变化快。该类型的人对事物的理解能力和接受能力很快，但不求甚解；行事果断，表里如一；但脾气急躁，做事莽撞，容易冲动，自制力较差；脾气就像暴风骤雨，来得快也去得快，被人形容为“夏天里的一团火”，有股火暴脾气。

胆汁质的人职业目标远大并且强调行动，喜欢挑战一个又一个的职业高峰，为达到职业目标总是全力以赴。但也正因为他们不局限于眼前目标的特点，许多胆汁质的人对当前工作并不是太过专注，他们通常不会把一生的精力投入一个职业或只完成某一目标，而是时常转换工作和单位，甚至彻底换个职业。如某位典型胆汁质的大学生毕业后在高中从事化学教师的职业，工作多年后职称、声望和经验都有了一定提高，但是他却不满足于这样按部就班地发展，毅然辞掉了工作，报考了当年的硕士研究生考试，打算重新建立目标再发展。很多胆汁质的人凭借自己的自信和严于律己、不断努力的精神，以及因此获得的知识与技能，不断转换工作目标，甚至是生活方式。成为自由职业者的也不在少数。

胆汁质的人比较适合从事政治家、商业家、实业家、外交家、设计师、勘探工作者、导游、推销员、节日主持人、作家、记者等职业。另外，胆汁质人的心理特征也比较适合参加体育竞技。

2. 多血质

多血质倾向的个体反应迅速、动作敏捷、活泼好动、有朝气、喜欢与人交往、注意容易转移、兴趣容易变化，情绪情感的反应快而多变。表现为喜欢与人交往，积极参加单位一切活动，但表现散漫，有始无终；容易接受新事物，但印象不深刻；常能机智地摆脱困境，但容易产生骄傲情绪，觉得自己比别人要机智和灵敏；善于交际，待人亲切，在群体中精神愉快，相处自然，容易交上朋友，但友谊常不牢固，缺少知心好友。多血质的人易于适应环境的变化。

多血质的人接受能力强，职业活跃度高，通常他们除了完成本职的工作以外，还有精力去从事其他的工作，甚至职业。同时做几项工作或从事多个职业，在多血质的人群中并不少见。多血质的人喜欢从多个工作或职业中谋求平衡，并因此获得成就感和满足感，他们长于人际关系与沟通协调方面的工作。究其原因，应是多血质的人不安于平淡，喜欢创新和寻求新异所致。他们渴望获得新鲜、刺激的感觉，不断要求向前发展。

适合多血质的人从事的典型工作，如人事管理、公关人员、外事接治员、律师、培训师、咨询师、幼儿教师、医生、演员、记者、服务员等。

3. 黏液质

气质类型为黏液质的个体常表现为稳重、安静、踏实、反应迟缓、注意稳定难于转移，善于忍耐，情绪不易外露但内心的情绪体验深刻，外冷内热。表现为：受外界环境变化的影响很小，任何时候都能保持相对稳定的心理状态；遇事总是深思熟虑，力求稳妥，很少做没有把握的事情，在各种情况下都能表现出比较强的自我克制力；黏液质的个体沉静多思、外柔内刚，不愿随意表达自己真实的内心感受；在人际交往中，能做到不卑不亢，中庸平和，不喜欢进行公开的或空泛的交谈；工作和学习严谨认真，勤奋踏实，严于律己，遵守认定的秩序与法规。不过，黏液质随机应变的能力较弱，行事过于拘谨，稳定性有余而灵活性不足，表现出因循守旧、墨守成规的特点。

黏液质的人冷静、善思，做事比较稳妥，工作能力较强，也有一定的职业适应能力。黏液质的人精明，有创新精神，整理搜集信息的能力也十分突出。他们不仅可以从事如学术、科研、教育、医疗等专业性较强的适合内向型人格的工作，也能够从事如政治家、外交官、法官、律师、商人等需要判断、沟通和协调能力的偏向外向型人格的工作。另外，黏液质的人中，也有不少从事娱乐、设计、艺术等领域工作的人。

黏液质类型的人适合从事的典型工作，如法官、会计、统计师、医生、电视或播音主持等工作。

4. 抑郁质

这里所说的抑郁质，不同于临床心理中的抑郁症，前者是气质的类型之一，无好坏之分；后者是人格障碍的一种表现形式，需要进行调整、疏导乃至治疗。抑郁质气质类型的个体，观察敏锐，善于觉察他人不易注意到的细节，富于想象、动作迟缓、行为孤僻、喜欢独处，情绪情感体验深刻，对事物的反应有较高的敏感性。表现为：与人交往时善于领会别人的意图，在团结友爱的集体中，很可能是一个容易相处的人；遇事三思而行，求稳不求快，对力所能及的工作能认真负责地完成。不爱表现自己，对抛头露面的工作尽量摆脱；敏感多疑，患得患失，在困难面前常怯懦、自卑和优柔寡断。

抑郁质的人比起其他几种类型的人更加理智、冷静，他们做事力求完美和可控。他们通常会事先对要做的工作进行缜密的分析和思考，而不是急于付诸行动，只有当他们认为可以控制并有较大把握取得成功时，他们才会去实施计划，当然对待职业生涯也是如此。抑郁质的人工作积极向上、认真努力，一旦确立职业目标，不管环境如何变化，都会坚持不懈，富有钻研精神。而且抑郁质的人大多都具有较强的责任感和忍耐力，以及较高的组织忠诚度。

抑郁质人具有较强的独立思考能力，因此比较适合从事教育、科研和技术性较强的工作，也适合需要认真、细致的事务性工作，如计划、财务等。具体来说，适合抑郁质个体的典型工作，如编辑、研究人员、机要员、秘书、档案或图书馆管理员、化验师、保管员等。

在人格的三个主要特征里面，气质相对稳定，受后天影响不大。而且，气质没有道德评价的好坏之分，也不是决定职业成败的关键，一个人是活泼还是稳重，都无关他们的道德水平或职业成就。每种气质既有优点也有缺点，只影响人们活动的强度、速度和稳定性。曾有研究者指出，同为俄国文学巨匠的普希金、赫尔岑、克雷洛大与果戈理，他们的气质类型却互不相同。普希金属于自信、热情、勇往直前的胆汁质；赫尔岑属于活泼、积极、乐于交际的多血质；克雷洛大属于稳重、内敛、寡言少语的黏液质；果戈理则属于自省、深沉、敏锐、喜欢独处的抑郁质。他们拥有不同的气质类型，却获得了相同职业领域的类似成就。

值得一提的是，在现实生活中，典型的单一气质类型的人其实并不多见。大部分人都是兼有多种（两种到三种较多）气质的混合型。气质类型相对稳定，也不易改变，因此我们要尽量做到扬长避短，绝大部分职业的从业者中都不乏以任何一种气质类型为主的人，因此，大学生在选择职业时，需要注意了解自己的气质特点，把握自身优缺点，根据气质的类型来选择相适应的职业。

（二）性格与职业生涯

综合我国心理学界的大多数观点，性格被认为是个体在生活中形成的对现实比较稳固的态度以及与之相适应的习惯化了的行为方式。性格是人格结构的核心成分，是人格中表现最明显、影响最重大的心理特征，它也是个体展现自我独特性，并区别于他人的主要心理品质。

性格主要是在后天环境中逐渐形成的，同时也受个体生物学因素的影响。研究发现，大脑皮层的额叶与性格有关。但是，性格由于受社会历史文化的影响，带有明显的社会道德评价的意义，直接反映了一个人的道德风貌，因此性格具有好坏之分。与气质相比，性格更多体现了人格的社会属性，而气质更多反映了人格的生物属性。性格差异是个体之间人格差异的核心。性格是十分复杂的心理现象，可以从不同维度来分析其特征。

1. 性格的态度特征

这是指一个人如何处理社会各方面关系的性格特征，即他对社会、对集体、对他人以及对自己的态度的性格特征。性格的态度特征，好的表现为集体主义、乐于助人、公而忘私、有爱心、有责任心、认真、有创新精神、正直、诚恳、谦虚、自信、谨慎等；不好的表现为对集体利益和他人漠不关心、对人冷酷无情、缺乏爱心、自私自利、不负责任、缺乏教养、自满、自负等。

2. 性格的意志特征

这指的是一个人对自己的行为自觉地进行调节的心理活动特征。按照意志的品质，良好的意志特征是有远大的理想、行动有计划、独立自主、果断、勇敢、坚韧不拔、有毅力、自制力强；不好的意志特征是鼠目寸光、盲目性强、犹豫不定、软弱怯懦、随大流、容易受暗示、优柔寡断、放任自流、虎头蛇尾、动摇不定等。

3. 性格的情绪特征

这指的是一个人的情绪对其活动的影响，以及对自己情绪的控制能力。良好的情绪特征是善于控制自己的情绪，情绪稳定，常常处于积极乐观的心境状态；不良的情绪特征是事无大小都容易引起情绪反应，而且情绪对身体、工作和生活的影响较大，意志对情绪的控制能力比较薄弱，情绪波动较大，心境容易消极悲观。

4. 性格的理智特征

这是指一个人在认知活动中的性格特征。如认知活动中的独立性和依存性：独立性者能根据自己的任务和兴趣主动观察，善于独立思考；依存性者则容易受到无关因素的干扰，善于借用现成的答案。

性格的各个部分相互关联、相互制约，有机地组成一个整体。而且，性格的各个特征并不是一成不变的机械组合，而是常常在不同的场合会显露出一个人性格的不同侧面。

性格和气质不同，它不是先天赋予的，而是后天在环境、教育、文化等因素影响下逐步形成的。性格形成以后具有相对稳定性，如果没有受到强烈的刺激或环境的巨大变革，一般不容易改变。性格的稳定性体现在人们的态度和行为中，并影响着人们的全部活动。但是，人们仍然可以通过有意识的实践活动去磨炼、完善，甚至改变自己的性格。因此，为了能更好地达成人职匹配，我们可以主动去调整自己的性格以符合职业发展的需求。

性格是人格的核心成分，在很大程度上，可以说是性格区分了人与人的不同。性格让世界上每个人都具有了独特性，几乎可以肯定地说，世界上不存在性格完全相同人。有人傲气、有人娇嗔；有人泼辣、有人恬静；有人热情、有人深沉；有人活泼开朗、有人内敛孤僻；有人多思、有人少谋；有人自信、大胆有余却细致、耐心不足；有人认真、仔细有余而自励、信心不足；有人反应敏捷、行动迅速；有人慢条斯理，有条不紊。总之，性格将个体的各种特征有机地统一为一个整体，影响着人们的内心活动与实际表现。

性格影响着人们学习、生活与工作的方方面面，必然也对个体职业生涯产生重要影响。首先，性格影响着一个人对职业的匹配性与适应性，不同的性格一定对应着一个类别的职业；其次，不同的职业也对从业者的性格有一定的要求，如从事科研工作就需要个体的性格具有独立、坚韧、缜密、多思等特征；而销售行业则需要从业者具有积极、主动、乐观、敏捷、善于沟通、爱好交际等特点。只有当性格与职业相对应时，个体的职业发展才能获得最大限度的提升。因此，大学生在就业决策时，不仅要考虑气质、能力、兴趣等方面的因素，还必须重点考虑到自身性格特点与目标职业的拟合程度。如果发现性格与职业不相吻合时，就应该及时做出调整。

（三）能力与职业生涯

1. 能力结构

能力是人格特征中的另一个重要组成部分，它与职业发展的关系体现得最为直接，也是人们在职业生涯规划和职业测评时最先且最多考虑的因素。能力是由多种心理品质构成的复杂系统。能力的结构是通过后天学习与实践不断累积和完善起来的。了解能力的结构，对于把握能力的本质，提升能力的水平，培养新的能力都具有重要意义。许多学者都对能力的结构进行过研究，也提出了不少关于能力结构的理论，其中加德纳的能力结构说具有一定的代表性，在职业心理学领域得到较为广泛的认可和运用。他认为人们的能力结构中应该包含八种关键的智能，每个人在不同智能上表现出不同的水平，导致人与人之间的能力存在差异。

能力的差异首先表现为类型的差异，即能力结构的具体偏向不同，如有人强于观察与记忆，但思维能力较弱；有人模仿能力很强，可创造能力缺乏；而有人既有较强的模仿能力又富于创造性。

除了能力类型存在差异，不同个体在同一类型的能力水平上也可能存在差异，如有的人聪明，有的人愚笨，而更多的人介于其间。

另外，能力在纵向发展上还存在早晚的差异。有些人少年得志，能力发展领先于同龄人，如王勃 10 岁作诗、莫扎特 5 岁作曲等；而有些人大器晚成，甚至到了晚年能力才得以充分发挥，如姜子牙 80 岁为丞相，丘吉尔、拿破仑也到了中晚年时期才展现才华。

2. 不同工作对个体能力的需求

个体的能力有一些是与生俱来的，但更多是后天培养的，具有“天赋”的人毕竟是少数，大多数人必须通过合理规划与努力培养才能获得满足职业发展需求的能力。人的精力和时间都是有限的，想要能在有限的时间、资源与精力条件下获得较好的职业发展，取得满意的职业成就，我们就得树立目标，然后根据目标职业的需求去有目的、有意识地培养相应的职业能力。

要做到有效的能力发展，首先必须了解目标职业需求什么能力，而在这些能力中，我们已经具备哪些能力，到达如何的水平，还缺乏什么能力。在这个基础上，我们按照查缺补漏的原则先重点完善缺乏的能力，再进一步提升那些急需的“短板”能力，最后才是均衡全面地发展目标职业所需的整个能力系统。大学生在评价自己能力水平以及确定自己能力发展目标和计划的时候，一定要做到有的放矢、抓住重点，才能保证以有限的条件获取最佳的能力提升。所谓的全才并不是要求我们穷尽所有职业所要求的全部能力，这样即使耗尽心力，穷其一生也无法达成目标，反而会耽误了职业生涯，一事无成。

3. 能力对于大学生职业生涯的重要性

一项网络调查显示，在回答“求职什么最重要”这一问题时，有 37% 的受访应届大学毕业生选择了“个人能力”，远远高于选择“人脉关系”“实践经验”“简历包装”等选项的比例。很多学生表示，虽然其他因素也很重要，但更多只是在入职时期，而作为长远的职业生涯来说，能力才是让自己持续发展、立于不败之地的关键因素。

企业（组织）需要具备不同能力的人才协调一致才能达成整个企业的发展目标。企业为了能在同行竞争中立于不败之地，必然希望能吸收适应本企业工作所需能力的人才进入企业发展。因此，大学生具备的能力结构和水平就成为企业招聘人才的一个重要参照。当然文凭可能不是企业选择人才的唯一标准了。当今社会，很多企业开始更多地重视人才的实际能力，无论是招聘考核，还是入职后的待遇都直接与个体的能力相对应。所以，重视能力，尤其是实践能力的培养，以及在应聘时和工作后充分地展示与运用，对于大学生就业和职业发展都具有重要意义。

追求完美固然是对自己的一种高要求的体现，但是人无完人，职业发展也不能钻牛角尖，我们应该理性地评价自己的能力，找到最佳的能力培养和发展路径，不应该设定不切实际的目标，或是与他人进行毫无意义的比较。了解自己的能力，在努力提升的同时，做到扬长避短，才是应该持有的发展职业能力的态度。

第二节　职业价值观与职业发展

一、职业价值观的内涵

职业价值观是人格倾向性的核心成分，是职业发展方向的风向标，也是决定人们动机与行为的最根本因素。关于职业价值观的内涵，可以从三个方面加以理解。

首先，职业价值观是一种认识评价，即个体对职业价值的认识与评价，每个人都会基于自己对职业的认识，将职业评价为所谓的“好”与“坏”。“好”职业可以帮助个体实现人生目标和体现个人价值，并得到社会的认可；“坏”职业被认为是背离目标与需求的，是被社会排斥的。需要说明的是，这里的所有认识与评价都基于个体的主观意识，是相对的，换一个人和角度也许这些评价的结果就不同了。也可以这样说，职业价值观所导致的职业目标只是符合了主体的需求，而并非适用于整体的。

其次，职业价值观直接决定了个体的职业目标。对个体的职业决策影响最大的就是职业价值观，有人的价值观是“物质至上”，那他的职业目标一定是以追求最大化的物质获取；有人的价值观是“情感至上”，那人与人之间和谐的关系及积极的情绪、情感体验将成为他职业追求的目标。总之，个体从事什么职业，通过工作希望获得什么结果，都与个体的职业价值观紧密相连。

最后，职业价值观是人们评价职业和做决策的主观标准。按照“有限决策”的观点，人们评价和决策时不可能穷尽所有的相关条件，而只是考虑了主观认为最有价值或影响最大的条件，如果该条件合适即选择。大多数人的职业决策也是如此，而这个“最有价值”或“影响最大”的条件多为“所选职业与其价值观吻合”。那么，职业价值观就成为职业评价与决策的关键因素，甚至是唯一因素，不管实际上是否科学（因为价值观存在差异性和主观性，甚至可能发生扭曲），职业价值观都在很多人的职业生涯规划中扮演着重要的角色。所以，要保证职业决策的科学、有效性，可以考虑从树立正确、恰当的职业价值观入手。

二、价值观的类型

（一）国外学者的代表性观点

奥尔波特认为人们的价值观主要包含了六种类型，即分为理论型（理性地寻求真理）、经济型（看重实用与效率，不仅重视追求个人利益，也能在追求的过程中对他人和组织产生积极作用）、审美型（重视美感与和谐）、社会型（强调对人与社会的热爱和贡献）、政治型（重视权力的获得与使用）和宗教型（追逐信仰与未知）。

格雷夫斯提出了价值观的七种类型说，认为人们的价值观大致表现为七类：反应型（按生理需求做出反应，丧失主观能动性）、部落型（习惯依赖，服从权威与规范）、自我中心型（崇尚个人主义，自私爱挑衅）、坚持己见型（坚持个人决策，不接受群体意见）、玩弄权术型（遵从现实主义，利用权力，达成目标）、社交中心型（看重社会关系与情感体验）、存在主义型（较强的适应性和忍耐力）。

另外，国外还有许多关于价值观类型的观点，如罗克奇的价值观两类型说（终极价值观与工具型价值观）等。

（二）国内学者的价值观分类

国内也有不少学者对价值观的类型进行过研究，如黄希庭等人认为人们的价值观应该包括政治的、宗教的、职业的、自我的、人际的、婚恋的、道德的、审美的、人生的和幸福的十大类；黄光国指出价值观可以分为工具性价值观与终极性价值观两类，前者又可分为道德价值观与能力价值观，而后者则包括个人性价值与社会性价值两种。

综合国内外专家的理论观点，结合经典的人性假说理论，可以将职业价值观类型大致概括为三个主要的大类，具体如下。

1. 经济型

注重与生存有关的基本需要，如生理与安全需要的实现；更多追求物质实利和地位权势；主要采用经济性指标，如工资收入、福利待遇作为评价职业好坏与公共的标准；不太在乎工作中的人际关系与自我理想等因素。

2. 社会型

良好的人际关系，积极的情绪、情感是该类型价值观追求的主要目标：物质收入和地位高低相对于人与人的感情关系来说，都是可以忽略的因素；将能够与各种人保持和谐关系，以及获得社会群体认可作为衡量自己职业发展成功与否的首要，甚至是唯一标准。

3. 自我实现型

在理想面前，金钱、名誉、地位、情感、人际关系都被放到了次要位置；可以为了追求自我的理想实现而放弃多数人认为重要的所有因素，是该价值观类型的突出特点；持有该类价值观的个体始终以实现自我理想为职业追求的目标和成功的标准，乃至穷其一生为之追求不懈。

三、职业价值观的评测

比较有代表性且较常用的职业价值观评测工具，如“WVI 职业价值观澄清测量表”，该测试量表是美国心理学家舒伯于 1970 年编制的。量表将职业价值分为三个维度：一是内在价值观，即与职业本身性质有关的因素；二是外在价值观，即与职业性质有关的外部因素；三是外在报酬，共计 13 个因素：利他主义、美感、智力刺激、成就感、独立性、社会地位、管理、经济报酬、社会交际、安全感、舒适、人际关系、变异性或追求新意。

该量表共有 52 道题目，每个题目都有 5 个备选答案，要求被试根据自己的实际情况或想法，在题目后面选出相应字母（A. 非常重要；B. 比较重要；C. 一般；D. 较不重要；E. 很不重要），每题只能选择一个答案。通过测验，可以大致了解被试的职业价值观念倾向。

该量表中的 52 个题项分别对应考察了 13 种职业价值观。被试者选择 A 得 5 分、B 得 4 分、C 得 3 分、D 得 2 分、E 得 1 分。测试结束后，需要将量表各题得分按“职业价值观评价表”中的归类进行汇总，所得的 13 个总分即表示被试在对应职业价值观类型上的偏向。一般认为得分最高的三个类型从高分到低分的组合即为个体的主导职业价值观。

四、价值观与职业生涯规划

既然价值观对于职业生涯规划具有指导意义，那么大学生在规划自己的职业人生之前，一定要先了解自己的职业价值观。要了解职业价值观，不仅是确定它的所属类型，还要明确自己的职业价值观对于职业发展影响的主要因素，然后扬长避短，使之真正起到良好的指导作用。个人在职业发展中追求什么、目标如何很大程度上都是由于自己的职业价值观决定的，如社会型的价值观更重视追求声望、情感与人际关系等方面的因素；而经济型的价值观则会偏向对工资、福利等因素的追求。国内学者张再生教授把影响人们职业发展的因素（即职业价值观所对应和追求的因素）概括为发展、保健与声望三个主要类别，具有很强的时代、地域特征，符合我们现阶段的社会现实，为当代大学生的职业生涯规划提供了较好的参考。发展因素，主要指与个体职业发展直接相关的因素，如工作的挑战性、公平竞争的机会、才能发挥的空间、工作自主性、受培训机会、发展空间、晋升机会、专业对口、出国机会等。保健因素，主要是指人们通过职业活动所能获得的与生活需要密切相关的因素，如工资、福利、保险、职业稳定性、工作环境、交通成本等。声望因素，这类因素主要涉及社会交往与影响层面。如企业（组织）的社会声誉、企业（组织）规模与社会影响力、企业（组织）的行政级别和个体从事某职业能获得的社会地位等。

在现实情况下，个体的职业价值观不会只是简单的某一因素，而是一个复杂的、动态的系统，不同的个体，同一个体在不同环境和阶段，其价值观系统都会有所不同。如有人以经济型价值观为主导，有人偏向理想型价值观，有人在刚参加工作时为了生存，更重视经济实力，而发展到职业稳定发展阶段后便转为重视社会关系与声望。总体来说，当前大学生的职业价值观更强调对发展因素的追求，而对保健和声望因素的重视程度，根据个体的实际情况会有较大差别。

大学生在认定和分析自身职业价值观时，要注意处理并协调好职业价值观所属因素之间的相互关系，并根据周围环境、所处阶段等确定与职业价值观相一致的职业需求。这样才能规划出科学、合理且现实的职业生涯计划。

五、如何确立正确的职业价值观

由于职业价值观具有动态发展性，所以在职业发展过程中我们可以适当地调整与培养它，使之更加科学、合理且符合自身与社会的需求。价值观体现了个体职业发展的态度，具有很强的指导意义，对职业动力发生重要作用。因此，大学生一定要树立正确的职业价值观，才能保证自身职业生涯规划的科学、可行。具体来说，我们应该做好以下三个方面。

（一）正确看待对物质的追求

现实中的个体价值观类型是一个复合系统，对物质的追求不应该被完全否定，更不应该简单地说追求金钱就是错误的，是应该被批评的。人为了维持基本的生存需求，获得更好的生活质量，对物质有所追求也是无可厚非的。特别是对于刚刚参加工作的大学生收入本来就不是很高的情况，要独立承担自己甚至家庭生活的重担，物质作为其这一阶段的主导价值观也是可以理解的。需要注意的是，不要因对物质的追求过于沉迷而迷失自我。更不要抱着侥幸心理去不合理地期待与获取金钱的回报。大学生面对物质追求的态度应该是理性的，基于当前实际需要和自身情况的。还应该正确评价物质对于职业发展带来的影响，做到不否认，也不放大。用科学发展的眼光，正确看待各种因素在不同阶段的价值。

（二）处理好职业价值观与社会关系之间的问题

个体都是作为社会成员而存在的，我们在展现个性、追求目标时，不可能完全不考虑所在组织和社会的影响。人的价值，在很大程度上也是通过社会的评价而获得实现的。甚至有人认为，我们所谓的自我，其实也是建构在他人评价基础上的。当然，大学生在职业生涯规划时，不能只考虑社会如何评价、他人如何认为，也要恰当考虑个人的需求与感受。只有既能满足个人发展的需求，又能符合社会需要；既能对应自身价值观的特点，又能得到合理社会评价的职业发展计划才是真正科学合理的。

（三）协调好职业价值观追求与名誉地位的关系

淡泊名利是无数哲学家给出的人生状态。与对物质利益的追求一样，所谓名利追求其实应该辩证地去看待。合理、合法获得的名誉和地位是应该被认可的。所谓名誉、声望其实更多不是由自己直接去追求获取的，而是因为自己的职业成就和社会贡献，而被他人和社会赋予的。它是给予人们的肯定和认可，所以名誉、声望、地位本身并没有任何可指责之处。问题在于，有些沉溺于对名誉地位的直接追求，并滥用职权所获得的东西，甚至为了获得名誉地位而不惜损害他人与社会礼仪，背弃了基本的社会道德、法律和原则。因此，作为刚刚参加工作的大学生，我们应该把职业追求放在职业发展上，只要拥有成功的职业生涯，自然也会获得他人与社会的良好评价。

第三节　职业期望与职业准备

一、职业期望

可以说，任何人都有自己关于职业未来的期望和梦想。所谓职业期望，就是个体对从事某种职业的渴求，以及对实现某种职业目标的向往。

毫不夸张地说，职业期望的数量甚至比人的数量还要多，每个人都有自己的职业期望，一个人甚至还有多个职业期望。但并不是每一个职业期望都能被实现，只有科学合理的期望才有被实现的可能。建立科学合理的期望并不是一件容易的事，事实上很多人都没有确定的、恰当的期望，尤其是没有工作经验。正处于职业探索期的大学生，当被问及“你的理想是什么”这类问题时，很多人要么无法回答，要么就是给出不切实际的答案。当然，大部分人都经历过这样的一个阶段，当我们对自己越来越了解，对社会职业环境越来越熟悉，并积累了越来越多的实践经验时，我们的职业期望会慢慢变得合理、具体，并拥有了更大的实现可能。哲学家查尔斯·汉迪在面对理想问题时，曾在《未来的工作》一书中这样写道："在前半生，我花费了很多精力，去努力成为某个我期望成为的人。中学时，我的理想是成为一个伟大的运动员；念大学后，我想成为被社会尊重的社会名流；毕业后，我努力去做一名成功的商人；接下来，我真正成了一名企业高管。但我最终发现，以上所有的身份都不会让我取得真正的成功……我只不过在跟随时代的潮流与惯例，以金钱、地位作为衡量成功的标准，在社会定位的道路上奋力前行，虽然在努力的过程中，我积累了资源，建立了人脉，但却失去了自己真正的想法与个性。"

汉迪对职业期望的描述反映了许多人的真实情况，我们处于不同阶段，不同状态下，期望会有所改变，也许有人会偶然发现适合自己的职业期望，并获得成功。但是我们不能寄希望于这种偶然的发生，应该从认识自我、认识环境开始，主动发现真正符合自己需要和个性，且有实现可能的职业期望。这才是真正能够在职业生涯中发挥积极作用的职业期望。

二、大学生职业准备

（一）专业知识的准备

很多大学生朋友面对"人学到底让我们获得了什么"这类问题时都会陷入迷茫。大学学习，绝不是简单地获得一纸文凭，而是需要在明确职业目标的前提下，有针对性地学习掌握专业知识，为今后职业发展储备所需的专业知识。以职业准备来说，大学无疑是专业知识准备的最佳时期。很多人在大学期间，在没有亲身体验的情况下，仅仅凭借某些所谓的前人经验，就绝对地认为所学知识无用于以后的工作，不如等日后边做边学，这种想法是绝对错误的。与其等到工作后再后悔自己虚度了大学时光，不如在大学入学时就确立目标，有针对性地做好大学期间学习的计划，为将来工作做好充分的知识准备。

需要强调的是，专业知识的准备一定要针对职业目标，有阶段目标和总体目标，按部就班，才能有效现实。而不要随大流，跟风潮，想到什么学什么，没有专精，什么都是一知半解。这样知识掌握不够扎实，不利于将来的实践运用，也不能在就业竞争中展现自己的优势。

（二）职业技能的准备

如果说知识准备是理论层面的准备，那么技能准备就是实践层面的准备。某些职业可能对技能的操作能力需求更多。国家和社会对于职业技能的水平都有相应的认定标准，用人单位在招聘时也会根据企业和目标岗位的具体要求筛选人才。

在我国，通过一定的考核认定后，国家相应部门都会根据认定结果授予相应级别的职业技能证书。职业技能的准备从现实层面来说，就是不断提升自己的技能水平，并通过相应的认定，不断获取更高层次的技能证书，以满足职业发展的需求。下面列举了我国现阶段主要的技能认定和资格考试类型，供大学生职业生涯规划时选择参考。

主要的技能考试，如各类外语等级考试（CET 4、CET 6、TOFEL、GRE 等）、计算机软件专业技术资格和水平考试、会计专业技术资格考试、注册会计师资格考试、人力职业师资格考试、心理咨询师资格考试、经济专业技术资格考试、律师资格考试、企业信息管理师认证资格等。

职业技能认定证书的种类十分繁多，几乎所有岗位都有相应的技能认定资格证书，这也是一个国家人力资源管理科学、规划的标志。我国现阶段主要的职业资格证书有人力资源管理师、市场营销师、电子商务师、物流师、心理咨询师、理财规划师、一级建造师、二级建造师、造价工程师、注册咨询工程师、监理工程师、经济师、一级注册建筑师、二级注册建筑师、投资建设项目管理师、环境影响评价工程师、房地产经纪师、房地产估价师、企业法律顾问、造价师、建筑预算员、导游资格、会计从业资格证、会计职称、教师资格证、咨询工程师、安全评价师、岩土工程师、土地估价师、建造师、结构工程师、投资项目管理师、安全工程师、房地产经纪人、注册会计师、统计师、审计师、国家英语等级、执业药师、临床执业、助理医师、口腔执业药师、中医师等。

以注册人力资源管理师为例来说。中国注册人力资源管理师的认证工作，是由中国人力资源开发研究会所属的有关专门的机构——职业资格认证中心负责实施管理的。认证级别分为准注册人力资源管理师、注册人力资源管理师和注册高级人力资源管理师三个层次。准注册人力资源管理师申请条件：一年以上工作经历，大专以上学历，人力资源工作者（含劳资、人事、组织干部等管理人员），经过有关专业模块的培训并考试合格者，经加权录取即获得相关专业领域的准注册人力资源管理师职业资格认证证书。注册人力资源管理师申请条件：大专以上学历，三年以上管理岗位工作经验，已累计取得三张准注册人力资源管理师认证证书（包含一张必修课程的认证证书），经本人申请，通过有关评审程序后，可获得注册人力资源管理师职业资格认证证书。注册高级人力资源管理师申请条件：本科以上学历，五年以上人力资源相关管理工作经验，已取得注册人力资源管理师资格认证证书，通过条件审核和人力资源水平综合测试，可向职业资格认证中心提交申请和有关成果材料进行评审，评审通过后即获得注册高级人力资源管理师职业认证证书。

单科结业证书，证明获取此证的人员掌握了人力资源管理相关领域的基础知识，熟悉人力资源管理实务相关领域，可以从事人力资源相关专业领域管理工作；准注册人力资源管理师认证证书，证明获取此证人员具备从事人力资源管理工作基本素质，对该领域基本理论有一定程度的了解，熟悉现代企业人力资源管理实务，掌握人力资源专业领域日常管理工作流程，能够胜任所认证人力资源专业领域的管理工作；注册人力资源师认证证书，证明获取此证人员较为全面地掌握了人资源管理的理论知识，积累了一定实践经验，且有现代人力资源管理理念，掌握相关人力资源管理技术，能够建立并完善企业的人力资源管理系统，使其制度化、系统化，为企业系统管理提供有效支持，可以胜任人力资源部门主管工作；注册高级人力资源管理师认证证书，证明获取此证人员对现代企业人力资源管理模式有系统了解，具备丰富管理实践经验，具备人力资源职业经理的优秀素质。能够从战略角度整体把握人力资源管理工作，拟订企业各项相关管理制度及政策，设计并实施高效的人力资源管理系统，可以胜任企业人力资源管理领导工作。

注册人力资源管理师和注册高级人力资源管理师认证的审核和评审工作，是由职业资格认证中心特别为此组织的中国注册人力资源管理师评审委员会负责实施，即由评审委员会的专家对申报人员的理论知识、操作能力和工作经验进行评定。

（三）工作经验的准备

目前，很多企业（组织）在招聘人才时通常都会要求具备一定的工作经验，这对刚刚毕业的大学生来说这无疑是一个竞争短板。有些大学生为了获得工作经验，宁愿在毕业后的头一两年接受低工资，甚至零工资就业。其实，工作经历和工作经验是有区别的，有工作经历不一定具备真正的工作经验，只有用心投入、在工作中深入锻炼过的人，才能获得经验的积累和实际的提升。大学生在校期间也并不是没有获取工作经验的机会和途径，除了必需的专业实践以外，还可以通过勤工助学、社会义工、兼职、兴趣实践小组、对口交流等多种途径积累工作经验。重要的是，大学生一定要主动去寻找和参与，而不是被动地接受和等待。在实践中，要以获取经验和体会为主，而不要太多计较有没有经历、时间长不长、收入高不高等次要问题。

（四）职业素养的准备

职业素养包括了职业适应力、职业道德、专业精神等方面的内容。一个人可能具有宽广深厚的专业知识基础和高水平的职业技能，但是如果职业素质水平不高，缺乏专业精神，没有职业道德，职业适应力水平偏低，不仅不能获得很好的职业发展，取得预期的职业成就，甚至可能成为危害行业发展与社会和谐的消极因素。

职业素养是一个人各方面因素的综合表现，其影响因素也很多，主要包括个人受教育的程度、工作实践经历、所处的文化背景、自身身心状况等。从某种意义上来说，职业素养对于个体的职业发展具有背景性的意义。个体知识和技能能否很好发挥，职业活动能否顺利开展，职业成就能否满足社会需求，个人价值能否得到良好评价，都与个体的职业素养不无关系。因此，大学生在学习专业知识、提升职业能力、获取从业经验的同时，也不能轻视职业素养的发展。

（五）人际交往能力的准备

作为社会人而言，社会交往和沟通能力是十分重要的，甚至有人认为交往能力和人际关系是决定事业成功的最关键因素。国外一些学者和教育管理者就将人际交往能力视为大学期间最需要提升的部分。我国作为集体价值观主导的国家，更足强调在社会活动中的交往能力的培养。国内的一些调查显示，半数以上大学生都认为与人沟通和社会交往的能力是决定事业成功，乃至生活质量的最主要因素。

要提升自己的沟通和交往能力，主要途径还是通过实践去体验和提高。在大学期间，可以锻炼交际能力的途径有参加各种社团活动、志愿者服务工作、社会实习，以及各种形式的社交活动。

今天，在信息科技高度发展的背景之下，人与人之间交流的机会和方式也越来越多，只要有意识地把握锻炼的机会，一定可以获得提升。需要提醒的是，在培养人际交往能力的时候，一定要注意自我保护，涉世未深的大学生面对复杂的社会关系，很容易被迷惑和欺骗，抱着谨慎学习的态度，不断提升自己的判断力，不仅可以在人际交往中保护自身，也能提高自己人际交往的技巧。总之，在正确判断的基础上，有选择地开展人际活动，不仅是大学期间，甚至是人们一生应该坚持的社会交往基本原则。

第五章

大学生职业生涯规划的教育路径

第一节　大学生职业生涯规划教育的理论基础

激烈的社会竞争，使大学生及早认清自我的能力结构与社会需求之间的差距，有助于大学生更好地进行自我定位，因此高校加快探索相关教育路径势在必行。任何教育路径的探索都要有一定的理论作为基础，大学生职业生涯规划教育路径的探索要坚持以人为本，以大学生为本，将正确的人生价值观教育作为依托。通过了解职业生涯规划教育的相关理论，充分认清其重要性，不断地探寻更多元、更具吸引力的适合大学生诉求的教育路径。

一、思想政治教育中的人生价值观教育

人生价值观教育是思想政治教育的主要内容，思想政治教育和职业生涯规划教育都是“以人为本，以学生为本”的社会实践活动。将人生价值观教育引入职业生涯规划教育中，使大学生接受正确的人生观、价值观指引，在此基础上逐步树立积极的职业观。人生观反映的是人们对于人生的态度和看法，以及对于人生价值的感悟，对于健康的职业观的形成具有重要作用。

同时《关于费尔巴哈的提纲》中指出：“人的本质不是个体所固有的抽象物，而是一切社会关系的总和。”进而表明大学生职业生涯的发展和理想的实现与社会需求和变化密不可分，因此要将积极的人生价值观教育贯穿于大学生职业生涯规划教育过程的始终，充分运用人生价值观教育中的理想信念内容来帮助大学生端正择业观和职业理想，进而转变大学生的思想观念，帮助大学生树立与社会发展相一致的人生理想。认清自我，将“大我与小我”相结合，根据自身的职业兴趣做出弹性选择，从而完成自我价值和社会价值的统一，最终实现自由而全面的发展。

个体自我价值的实现是以社会价值的实现作为前提的，这就需要大学生通过分析、评估和定位，充分发挥自主意识，让大学生自己去修正自身的不足，发挥自身的优势，克服懒惰情绪，充分调动大学生的主动性。“所谓主体性原则，是

指教育者将教育对象视为教育主体，充分尊重其主体地位，努力调动其积极性，来完成思想政治教育目标的行为准则。”因此教育者一方面要根据社会需要和大学生的个体特征对其进行教育，又要尽量发挥大学生的自主意识，从单一的灌输教育转变为大学生主动、自觉的吸收相关知识，尽量满足并尊重大学生个体的兴趣和需求，从而更有针对性地进行职业生涯规划，充分体现以人为本的教育理念。

所以在这个过程中要借鉴并运用好思想政治教育在教导人、塑造人方面的作用，将人生价值观教育灌注其中，使大学生树立积极健康为社会多做贡献的正确人生价值观。从而在这一正确人生价值观的指引下，不断认清自身特点和兴趣方向，找到与自身性格相适应的职业。进一步处理好“我想做”“我要做”和“我能做”的关系，在实现自我价值的同时尽可能地回馈社会。大学生不仅要学会认清自己，还应该明确社会需求，使自己成为社会所需要的人才，避免不必要的人才资源的浪费，更好地回报社会，实现自我的人生价值。

思想政治教育中的人生价值观的完善和职业生涯的发展将伴随人的一生，并在实践中不断地接受检验。大学阶段形成的人生观和价值观，将对人一生的发展产生重大的影响，因此要以职业生涯规划教育为契机，纠正大学生的人生价值观和职业观，让大学生树立远大理想，进而应对不同环境的考验。总之，用人生价值观教育来引领职业生涯规划教育，帮助大学生建立起正确的职业观、择业观，向自身的职业目标不断迈进，最终实现其职业和人生理想。

二、马斯洛的以人为本理论

大学生职业生涯规划教育是思想政治教育的一部分，他们的活动对象都是人，是大学生。而以人为本理论也是尊重人的需要，从人的需要出发，探索人有别于其他动物在这个世界上生活的各种各样的需要。“人们生活在这个世界上总会有不同的需要和要求，这个时候就要从人的实际需要出发，以人为本。”马斯洛认为人类所有的需要都是相互联系的，人的一生都是处在一个不断的追求新需要的过程中。如果旧的需要得到了满足，那么新的需求又会不断产生，从而人类将不断地去追求，不断地去满足自身新的需要，可以说人是一个不断地有所追求的动物。人类需求的满足是逐渐递进向上发展的，而且所谓的满足也是相对的满足，不是绝对的满足，新的需要会在以往的需要得到满足以后接踵而至，这种出现不是突然的、跳跃式的，而是一个缓慢的、渐进的过程。而人们的需要得以满足的基础是以人为本和对人的尊重。尊重人们的不同层次的需要，使人们最终能够得到自由的发展。

将以人为本和需求层次理论引入大学生职业生涯规划教育中，根据大学生在不同的阶段的诉求特征加以引导和帮助。笔者在需求层次理论的基础上，将大学生对于职业生涯规划的需要归纳为五个层次分别为：理论储备的需要、理论内化的需要、实际规划的需要、规划实践的需要和自我实现的需要。前两个层次是大学生对于职业生涯规划知识的接受并将其内化为自身知识结构的阶段，也是大学生对整个职业生涯规划需求的基础和起始阶段，而实际规划的需要和规划实践的需要是大学生满足了基础知识的需要以后进而产生的更高层次的要求，具有了想要进行职业生涯规划并且愿意为了这份规划付诸实践的阶段。而更为高级的一个阶段则是自我实现的需要，大学生通过不断地调整自身的规划方案，不断地从实践中去探索和追寻，最终达到自身想要的目标，实现自身的价值。

注重学生的不同层次需要，以人为本，以学生的需要为本，才能更好地发挥职业生涯规划对大学生的积极意义。首先，应该重视并挖掘大学生的需要，满足其合理需要。对其进行职业生涯规划教育必须重视大学生的需要，应该转变思路，运用多种途径了解大学生的真实要求，做到“对症下药”。其次，充分发挥职业生涯规划教育的导向作用，引领积极需要，促使大学生形成积极健康的职业价值观。人的需要是不断发展变化的，需要的发展也具有盲目性。在日益开放的社会中，大学生的需要会受到各种因素的影响，其中不乏很多不合理的需要，因此要充分发挥职业生涯规划教育作为思想政治教育新载体的导向作用，引导大学生发展积极向上的需要。最后，提高教育的针对性，注重不同人群的差异化需要。每个个体由于其具有不同的个性和爱好，对于需求的要求也不一样，职业生涯规划教育作为思政教育的一部分，其最终目的是实现大学生自由而全面的发展，所以要提高职业生涯规划教育的针对性，做到因材施教。

三、杜威的“从做中学”理论

对大学生进行职业生涯规划教育不只是需要大学生做出一份完美的规划书，更重要的是希望大学生真实地去规划，实现自己以后的职业道路，使自己以后的职业发展更具竞争力。所以从职业生涯规划教育的最终目的上来看，职业生涯规划不是空谈，而是需要大学生切实地去实践。

职业生涯规划教育实践性的这个特点与杜威所倡导的“从做中学”的理论有很多相似之处。“从做中学”的教育理论产生时，美国的工业革命和经济正在快速地发展。在这样的背景下，具有强烈形式主义色彩的美国教育形式不能适应经济的快速发展，杜威的“从做中学”理论应运而生，打破了传统学校教育和社会生活脱节固有形式的教育思想。杜威的“从做中学”的教育理论的本质是希望学生通过在“做”的过程中去获取知识和经验，这个“做”也就是去实践、锻炼，而“从做中学”也是一个知行合一、学做结合、充分调动学生主观能动性的过程。而且不是漫无目的地发挥，而是在教师的指引下进行。杜威认为学校的教学过程应当从学生的实践和能力出发，将学校的教育与学生在生活上接触到的实际相结合，更好地接受和掌握并且对已有的知识进行创新。同时杜威还认为教育不能与社会生活脱节，人是生活在社会中的人，传统的填鸭式教学严重地束缚了学生的动手能力，使学生异化为容纳知识的器皿，将学生的思维限制于其中，这样的教育培养出来的是“夹生”的人才，而不是真正的人才。所以在杜威的“从做中学”的教育思想中可以很清晰地看到实践的重要作用。单中惠的《“从做中学”新论》中将杜威的“从做中学”的依据归结为三点：第一，“从做中学”是人们自然发展的开始。第二，“从做中学”是人本能欲望的展现。第三，“从做中学”是人的真正兴趣所在。

但是从 19 世纪以来很多人也对杜威的“从做中学”的教育理论持有质疑的态度，认为将“从做中学”用在教学的理论与实际操作的过程中有不妥之处。首先，人类的认识过程是有特定形式的，人们认识和掌握的知识大多是前人从长期实践中抽象出来的一般规律，而“从做中学”仅仅可以认识到生活中特殊的规律，而没有办法掌握自己亲身实践以外的知识。其次，在实践上，人们不可能也没必要万事万物都加以亲身实践。所以从这两点上来看，杜威的“从做中学”的教育理论也存在有待商榷的地方。但是无论如何我们都应该看到，杜威的从做中学理论在不同程度上影响着各个国家的教育发展，而这其中重点阐释的感性认识和做的思想具有很强的现实意义。所以我们应该取其精华，去其糟粕，辩证地吸收“从做中学”理论的有益部分，为己所用。

在进行职业生涯规划教育的时候应该将思想政治教育中有益的方法和理论加以借鉴和使用。在思想政治教育的基本方法中，除了理论灌输法以外，最重要的一种方法就是实践锻炼法。将思想政治教育中的实践锻炼法和杜威的“从做中学”理论相结合，抽离出重视实践的重要意义，用于促进职业生涯规划教育大学生自身动手实践的发展是十分重要的。

第二节　大学生职业生涯规划教育的有效路径

虽然职业生涯规划教育在我国的发展比较迅速，但这其中仍有很多问题。大学生由于其自身的性格和兴趣以及对职业生涯规划的了解和重视程度都有所差异，所以通过对社会、高校和大学生的原因分析，进一步探索大学生职业生涯规划的教育路径。笔者在对大学生职业生涯规划知识来源和认知的最佳教育路径两道问题进行分析的基础上，同时根据不同的教育途径适应不同特征的大学生的学习方式，将大学生职业生涯的教育路径分为社会化、普及化和个性化三大类教育路径。希望在改善已有路径和探索新型教育路径的基础上，提高职业生涯规划教育的普及性和吸引力。

一、社会化的教育路径

在探索如何对大学生进行职业生涯教育的有效途径的过程中，社会化的路径是必不可少的。加强社会各方面的制度建设和监管力度，完善对大学生就业市场的管理。通过各方面的共同努力为大学生的就业择业提供一个相对公平和谐的社会氛围。大学生在一个相对公平和谐的社会氛围中更加有利于自身主观能动性的发挥与扩展，为思想政治教育提供了更加规范的道德舆论环境。

（一）加强制度建设与社会监督

大众传播是思想政治教育的一个重要载体，利用好制度建设的契机，强化社会的舆论监督准备，使作为思想政治教育一部分的职业生涯规划教育在更加公平和积极向上的舆论监督导向中健康发展。职业生涯规划传入我国的时间比较晚，在转变为素质教育和双向选择、自主择业模式的过程中相关的制度建设不全面，社会监督力度不够。双向选择的就业模式已经成为毕业生最为主要的就业渠道。在这个过程中就业市场的制度建设和整个社会对于就业市场的监督是否完善，将成为毕业生能否在毕业之际成功地实现入职匹配和和谐就业的关键。这就要求相关的政府机构乃至整个社会一起努力，加强对就业市场的管理，加快相关制度建设的进程以及社会监督，努力为大学生营造一个机制健全的就业环境。

为了给大学生的未来职业发展和就业提供良好的制度和社会监督保障，社会和政府相关部门应当从以下两个方面着重进行加强和建设。第一，完善制度，提高其法制化程度。增强制度管理的可行性、合理性和透明性，使得大学生对于国家和社会的各项制度和方针政策充满信心，愿意去遵守。要做到制度贴近实际，合乎情理且透明度高，加强信息的公开和宣传力度。在制度上降低各种不法行为的出现频度，尽可能地大众化，缩小制度、社会监督和公众的距离，消除彼此之间的沟渠，提高制度的规范性和信誉度。第二，加快建设高校毕业生的就业市场管理体系，规范就业市场的管理。为了保障大学生的就业、创业和未来的顺利发展，社会和相关的劳动就业保障的政府部门必须加快制度调整的步调，对相关的人事和户籍制度进行改革，减少人为因素的阻碍。

这样在整个社会和各级政府相关部门的共同努力下，逐步的规范大学生就业和未来发展规划方面的制度和社会监督机制，使大学生在毕业的时候可以得到更加规范和专业的保障和支持。

（二）营造公平和谐的社会氛围

和谐的社会氛围对于大学生进行职业生涯规划具有深远的影响，如果没有公平和谐的社会氛围做支撑，大学生职业生涯规划的开展就会因为缺乏一个积极的大环境而大打折扣。要想使大学生的职业生涯规划可以更加顺畅地进行和展开就要依托良好的社会文化和氛围，为大学生进行职业生涯规划，营造公平和谐的社会氛围。首先，要充分利用舆论监督这个有效工具。着重引起人们对于职业生涯规划的重视程度，不但要提起在校大学生的重视，更希望已经工作的人员也能够对自己的未来做出规划。形成社会认可并不断重视职业生涯规划的良好氛围。其次，要利用好舆论监督这一利器，充分发挥群众监督的作用，扼杀社会上的各种不正之风、非法的暗箱操作和“潜规则”等歪风邪气，为大学生的就业提供一个相对公平的环境。使大学生尽量避免受不良社会风气的侵染，转变大学生目前错误的思想倾向。在激发大学生自主自愿的规划自己未来职业潜力的同时，使大学生能够树立正确的人生观和价值观。

另外，还要充分发挥和谐良好的家庭氛围对于大学生启蒙时期的影响作用。因为家庭既是社会的最小细胞，也是大学生最初接受教育的源泉，良好的家庭氛围也是社会和谐的一部分，因此家长首先要以身作则，为孩子营造一个积极向上的家庭氛围。这样不仅可以使子女获得更多正面的知识信息，而且可以使孩子在潜移默化中形成正确的人生观。

充分整合各方面的积极因素，共同为大学生有效的规划自己的未来创设一个健康的、相对公平的社会氛围。

二、普及化的教育路径

对于大多数学生存在的共性问题，可以运用普及化的教育路径，对大学生进行普及教育，使更多的学生了解并提高职业生涯规划意识。切实将以人为本、以大学生为本的理念贯穿到学校普及化教育的过程中。普及化的教育路径以高校为依托，使大学生接受职业生涯规划教育的覆盖率尽量提高，而且对于一些学习态度不积极，轻视职业生涯规划的学生具有普及的作用。

（一）构建高校课程辅导体系

1. 开设全程化教育课程

高校作为大学生在校学习期间获取知识的主要渠道，应当发挥其影响面广的优势，开设全程化具有吸引力的课程，抓住大学生的共性特征，加强大学生的职业生涯规划意识，提高其知识的覆盖面。一项调研显示，虽然有 43.9% 的学生所在学校开设了职业生涯规划课程，但是有63.6%的学生认为“效果一般，理论性太强”，并且35.7%的大学生对所在学校的职业生涯规划服务不满意。因此，应该对大学生进行全程化教育，从教育的时间、内容上进行加强。

首先，从教育的时间上看，应该摒弃过去“临时抱佛脚”，等到学生大四毕业要找工作的时候才对学生进行就业指导的模式。这种“临阵磨枪”的教育方式远远不能满足学生的需要，要针对不同年级的特点进行教学。大学一年级为职业生涯规划的尝试期，重点在于帮助学生熟悉大学生活，对职业生涯规划做初步认知。大学二年级为职业生涯规划的发展期，应广泛涉猎各种知识，不断地培养大学生的职业兴趣。大学三年级为职业生涯规划的确定期，培养大学生确定一个明确的目标，并且有意识地加强相关方面的职业素质培养。大学四年级为职业生涯规划的成熟期，在这个阶段大学生要为以后的职业实施做最后的准备，同时转变心态，做好转换角色的准备。

其次，从教育的内容上看，除了涉及职业生涯规划的基础知识和方法以外，还应该加强以下四方面的教育。第一，积极的价值观、职业观教育，强化大学生的职业目标确定性和理想信念。第二，锻炼大学生的意志品质，对大学生进行挫折教育和忧患意识教育，使大学生能够正确地面对未来职业生涯的挫折和失败。第三，加强大学生的独立自主和合作意识教育，培养大学生具有既能独立又能同他人合作克服难题达到双赢的能力。第四，对大学生进行职业道德教育，应对目前社会上缺乏诚信的现象。在签订劳动合同的同时，在心里签订“心理合同”，有效避免“频跳”与“悔约”。

最后，从教育对象上看，应将教育的范围扩大为全部的在校大学生。这样高校在学工办、招生就业办公室、教务处等多个教育管理部门一贯式的协调配合下制订出适合大学生和时代要求的培养方案，通过开设相关课程更好地提高大学生的职业生涯规划意识，实现普及职业生涯规划知识的目的。

2. 完善职业生涯规划咨询服务体系

职业生涯规划咨询服务既要与心理咨询和就业指导相区别，又要相结合。要将职业规划辅导与心理咨询和就业指导剥离开来，不要将三者混为一谈。职业生涯规划咨询服务更侧重于解决学生在职业生涯认知、规划和决策等方面的指导，可以适当地将其与心理咨询有效结合，可以更好地帮助学生调节心理不适和矛盾，但是不能完全依靠心理咨询。进一步建立和健全高校的职业生涯规划咨询服务体系，完善相关的软硬件设施，为学生提供更加全面和高质量的咨询服务，解决大学生在规划过程中遇到的问题。根据不同学生的共性和个性，可将职业生涯规划咨询服务分为团体和个体咨询辅导。

一方面，针对共性问题，借助相关的咨询方式和技术手段采用集中的团体辅导形式对大学生进行指导，解决大学生在准备、制订和实施职业生涯规划过程中出现的困扰，具有覆盖面广的优势。同时在进行团体辅导过程中还可以使学生看到在计划实施的过程中每个人都会遇到这样那样的问题，坚定其信心。另一方面，由于学生之间的差异，为满足学生更多个性化的需要，还要提供有针对性的个性化咨询，切实保护好学生的隐私。

3. 实行学业和职业的双导师制

导师制由来已久，自传入我国以来一直备受学者的关注。导师制是与学分制和班建制并称的三大教学管理模式。导师制是在老师和学生之间建立起一种导学的关系，导师既从管理上对学生负责，又从学习和生活等方面针对每个学生的特点进行指导和教育。

职业生涯规划教育是一项长期性的教育，不是临时的短期指导就可以实现的。因此可以借鉴目前高校教学管理中的导师制的形式，使学生不仅能得到导师学业上的导学帮助，更能得到职业发展和职业信息的帮助，这样使得学生收到的和导师传授的都更具针对性，提高了大学生职业生涯规划教育的时效性。同时要避免导师制流于形式，要真正地将导师制在不同的方面贯彻执行下去。

在实行学业和职业双导师制的过程中要注意以下几个方面。首先，学业和职业双导师的选择。如果导师同时具备对学生进行学业和职业指导的能力，可以由一名老师担任；如果导师只在一方面对学生的成长有帮助，可以同时由两名导师分开对学生进行指导。其次，导师所带学生人数的限制。目前高校大多由辅导员对学生的生活和学习进行帮助，但由于辅导员负责的学生人数较多，不能全面地了解每个学生的特点和问题。因此实行学业和职业双导师制，要严格限定导师所带学生的人数，确保导师对学生具有充分的了解，这样才能有针对性地发现学生的问题进而对其进行教育和帮助。最后，在导师的选择上，组建一支校内外联动的专业指导团队，充分挖掘校内教师资源以及校外企事业单位等资源，最大限度地争取到具有导师资格的人士加入这支队伍中。

4. 依托高校社团搭建体验式平台

将社团活动和校园文化活动与职业生涯规划教育相结合，依托高校的社团活动搭建职业生涯规划的体验式平台。将其知识和理念寓于校园文化活动之中，激起大学生参加的兴趣，通过各种不同形式的社团组织和活动向大学生传递职业生涯规划和就业的知识和信息，能够有效地提高职业生涯规划教育的时效性和吸引力。要将学生的社团纳入学工管理体系中，改变过去学生办活动无人给予正确引领的状况，使学生在进行自主的社团活动时得到相关方面的支持和指导。

目前各大高校的社团组织在学生中间的影响力和覆盖力越来越大，通过设立类似于职业规划工作坊等体验组织，为在校的大学生提供体验的平台，帮助大学生更好地认识和了解职业生涯规划，进而更好地帮助大学生度过角色转变期。

笔者曾参与过类似于职业生涯规划工作坊的社团组织，大致可分为三大类：第一类，学生社团组织邀请各大企业的志愿者到学校授课，对在校大学生进行几周连续的职业规划、求职面试等培训。通过分组团队合作和模拟面试等环节，给大学生提供一个仿真的实战环境，在学到职业生涯规划知识的过程中，自身的素质和能力也得到锻炼和提高，如 JACG 职业生涯发展工作坊。第二类，学生组织与某一企业进行深度合作，通过到企业参观与企业员工到校分享职业经验为主，辅以学生之间的相互分享和交流拓展活动，形成共享互动的良性循环模式，如宝洁俱乐部。第三类，由学校的就业指导中心主导，定期进行学生之间的交流、分享，更侧重对大学生求职方面的帮助和指导，如“琴·瑜·强求职屋”。

（二）构建形式多样的讲座共享体系

1. 校友讲谈

请已经毕业多年的校友回到母校，为在校的大学生讲述自身的经历和职场经验，可以使大学生看到自己未来有可能的发展轨迹，增强大学生对这一职业领域的认知度。由于校友的专业以及从事的行业领域与在校的大学生具有较强的相似度，因此要充分发挥这一资源优势对大学生进行职业生涯规划教育。在进行校友讲坛的过程中除了传统的校友在台上讲，学生在台下听的形式外，还可以采用“圆桌会谈”的方式，更进一步地拉近校友和学生之间的距离。进而进行“你问我答”以外更深入的了解和互动。

定期邀请校友回到学校对大学生举办讲座，分享自己的职场经历，对于职业生涯的有效传播和普及具有重要的作用。首先，校友结合自己的职场经验来讲述自身真实的职业发展过程，更加贴近生活具有真实性，更容易被大学生所接受。从而使职业生涯规划理论和校友的真实经历有效结合，避免了过多理论知识讲授的枯燥局面，增强了职业生涯规划教育的吸引力。其次，通过校友对于自己所从事职业和行业的介绍，使大学生更多地了解到自己的能力和知识结构与未来的职业需要之间的差距，从而可以更有针对性地利用好在校宝贵的时间去充实和培养自身的能力。最后，与校友建立良好的关系，可以帮助在校的大学生获得更多的就业信息和机会，有效地拓展大学生就业指导工作的渠道。

2. 专业人士讲座

社会在快速的发展，人们对于自身未来的发展规划越来越重视，社会上应运而生了很多专门从事职业生涯规划咨询的服务机构。这些机构的专业人士具有较强的理论水平和实际案例的工作经验，因此引入并邀请他们到学校对在校的大学生进行职业生涯规划讲座，比高校从事职业生涯规划指导的教师更具说服力和权威性。目前高校开办的讲座中，这一部分涉及的比较少。

虽然近几年专门的职业生涯规划咨询机构发展得很快，但是他们的服务对象更多的是针对企业的员工和社会人员，很少对在校的学生进行职业生涯规划服务。因此，邀请职业生涯规划的专业人士进入校园、开办讲座，既可以使大学生获得更为专业的职业生涯规划知识和实践经验借鉴，又可以使这些咨询机构更好地了解大学生群体，加深对职业生涯规划的研究，实现双赢。

另外，高校在邀请这些专业人士到校举办讲座的同时，还可以谋求更进一步的合作，对从事职业生涯规划教育的老师进行培训和指导，增强高校相关教师队伍的专业性。

3. 企业家与名人讲座

企业家和名人虽然不像校友资源那样与大学生有着较为相似的专业领域和教育背景，甚至还会和大学生的专业和从事的领域有着较大的差异，也不像职业生涯规划专业人士那样有着较强的理论水平和案例经验。但是知名企业家和名人以其公众人物的身份和成功的经历，对大学生有着巨大的感召力和影响力。

社会上优秀的知名企业家和各界名人以其在各自领域的卓越成绩被大众所追捧，其奋斗过程和经历对大学生的成长和未来有着重要的榜样作用。任何人的成功都与努力分不开，通过社会名人和企业家对自己奋斗史的讲述，可以使大学生看到成功的光环背后鲜为人知的艰辛和磨难，使大学生更容易产生共鸣。同时激发大学生积极奋进的信心，认识到在职业生涯发展的过程中遇到磨难在所难免，要勇敢地面对和正视困难，树立坚强的职业理想和信念，朝着目标坚定地走下去。

4. 同专业学生经验分享会

在对大学生进行的职业生涯规划教育路径问卷调研中发现，有 135 人次的大学生的职业生涯规划知识来源于学长朋友间交流，所占的比重最高。同时还有 96 人次的大学生选择了学长经验交流作为职业生涯规划知识的最佳教育路径，仅次于实习。由此可见，举办同专业学生之间的经验交流分享会较容易被学生接受。但是现实的情况是类似于这样的经验交流分享会只有在每年的毕业季才会开展 1 ～ 2 次，这对于处于迷茫期的在校大学生是远远不够的，因此可以利用课余时间，由学院主办邀请一些同专业的同学对于最近的学习、实习和科研等方面进行交流。

同专业学生的经验分享会更侧重于在校的相同专业的大学生之间的经验交流和分享，有别于已经毕业很多年的校友讲谈交流。虽然这些在校的或是即将毕业的大学生师哥师姐没有已经毕业很多年的校友那么阅历丰富，但是他们以同龄、同辈的过来人身份对学弟学妹进行同专业的经验分享，更加容易被低年级学生接受，更具亲和力。同时由于具有相同的专业背景，通过经验分享可以使学弟学妹少走弯路，提高职业规划的成功率。

同专业学生的经验分享会可以分为两种：第一种是高年级向低年级“传帮带”式的交流和分享，更侧重于学习和对未来规划畅想的交流，每隔一段时间就可以进行一次这样的分享活动。第二种是即将毕业的大学生对同专业学弟学妹的求职经验和分享会，可以在每年的毕业季连续进行几场。由于这样的经验分享会的参与人员还都是在校的学生，因此在时间上较校友讲谈更为灵活。

三、个性化的教育路径

针对大学生在职业生涯规划和学习以及对其进行教育过程中出现的一些个别问题，可以运用个性化的教育路径。对大学生进行灵活的教育，使大学生能够更加便捷和深刻地了解什么是职业生涯规划，从而使大学生落到实处动手去规划自己的未来。另外，个性化的教育路径为那些了解并十分重视职业生涯规划的学生提供了知识扩展的平台。个性化的教育路径一方面可以利用迅速发展的网络和其他新媒体作为平台，更为便捷地向大学生提供职业生涯规划知识和服务；另一方面，它可以提供各种实习和实践锻炼机会，让大学生真实感受职场环境。

（一）利用网络等媒体宣传教育

1. 搭建网络咨询辅导平台

随着我国信息技术的日益快速发展，互联网这一新兴的传播工具被越来越多的人使用，因此要有效地利用互联网这一高效的传播载体为大学生职业生涯规划教育和传播服务。网络等大众传播工具也是思想政治教育的重要载体之一。互联网以其信息负载量大、传播速度快、便捷以及突破传统时空限制等特征受到人们的青睐，利用互联网的这些有益特征与职业生涯规划咨询辅导相结合，建立起更为便捷的网络咨询辅导平台。

借助网络这一工具，咨询和被咨询人员可以不再受时间和空间的限制，不用固定于某一空间进行咨询辅导服务，这样可以使咨询人员更加快速地在线对需要进行规划咨询的学生进行服务。即使学生和咨询人员不见面也同样可以得到专业的辅导和帮助，更消除了学生对于隐私被泄露的担忧，更好地保护了大学生的隐私。而且网络咨询平台除了即时对大学生的问题进行解答外，还具有反馈功能。即使咨询辅导人员不在线，学生也可以通过留言的方式将自己的疑惑提出，专业的咨询辅导人员会及时做出反馈，做到即使问答不同步，也可以使大学生获得帮助。

2. 搭建网络测评体系

社会上的一些专门从事职业生涯规划咨询服务和研究的机构，从国外引进了一系列对人的性格、兴趣和职业倾向等进行测评的系统，并且试图与我国的实际特征相结合，将其本土化。一些企业也在着力开发适合员工特征的职业测评体系。将这些测评系统与网络相结合，可以使更多的人更迅速地得到科学的自我了解和职业倾向的指导。不过同时也可以看到，目前针对大学生的特点开发的职业测评体系和软件还比较少，而且有些测评体系的使用需要付费，使部分大学生望而却步。因此高校要利用好网络测评这一有效手段，加快开发步伐，使大学生得到更加权威和科学的帮助。

通过网络测评体系和软件，可以使大学生获得较为科学的自我了解和职业定位，为职业规划提供一个可信的数据参照量。通过网络向大学生提供性格、职业倾向、职业价值观等测验，从不同的角度对大学生进行剖析和鉴定，帮助大学生更好地了解自身性格与职业的匹配关系，更加科学合理地规划未来。

3. 利用社交网络等进行宣传

社交网站以其强大的分享功能和主页平台，使信息在学生中间更快速地传播。因此可以利用此类社交网站建立职业生涯规划教育平台，对注册的学生传播职业生涯规划知识。

随着网络科技和网站建设的不断发展，大学生在寻找工作的时候除了浏览学校的招生就业网站发布的就业信息以外，还有更多的选择。发布求职信息的就业网站越来越受到大学生的关注。不仅应届毕业生可以从中搜寻到就业信息，其他非毕业班学生也可以在这些网站上获取相关的实习岗位信息。在这些网站上都有相应的论坛，大学生可以在上面交流和分享选择职业过程中的心得体会以及求职面试的心路历程。因此高校可以充分利用这些大学生经常浏览的网站，发布和宣传职业生涯规划知识和方法，给予大学生理论支撑和方向引导。

4. 利用手机新媒体传播职业生涯规划信息

手机不仅是一种通信工具，更是人们日常生活获取信息的重要渠道，而且对于手机的依赖程度也在日益提高。通过短信、手机上网以及手机广播等方式，可以及时迅速地将所要宣传的信息传播给用户，多种便捷功能在手机上得以发挥。手机以其较快的传播速度、不受时空限制、及时获取信息等特点，成为传播信息的急先锋。

因此，高校要充分利用发展迅速而且信息传播速度快的手机媒体，将手机媒体发展成为职业生涯规划知识传播的便捷平台，向大学生即时传递最新的职业生涯规划知识，这样大学生可以不断地获取有关职业生涯规划和就业方面的知识和信息，从中受到教育和影响，在娱乐的同时也能学到知识，更容易让大学生接受。

（二）构建大学生实践锻炼体系

1. 加强对实践课程的考核

实践锻炼法是思想政治教育的基本方法，同时注重实践也是“从做中学”理论重点强调的，因此可以将其借鉴到职业生涯规划教育中来。目前高校对大学生的教育偏重于理论教育，对于实践环节缺乏重视，大学生不能将学到的知识与实践相结合，导致企业在接受大学生以后发现大学生的动手能力太差，不能很快的独立开展工作，从而使企业在雇用大学生时顾虑重重。在职业生涯规划教育过程中也存在同样的问题，往往过多的理论知识讲授会使大学生觉得枯燥进而失去兴趣，这也是大学生为什么在选择职业生涯规划知识传播最佳方式选择实习的要比选择开设课程的人数多的原因之一。要使大学生不断地去实践并调试自己的职业生涯规划，将理论与实际操作相结合。

同时认识论和实践观都认为，实践才是认识得以发展的源泉，毛泽东同志也指出要把理论与实践结合起来，因此高校要加强对理论教学中实践课程的考核。虽然在以往的大学教育中也设有实践锻炼环节，但是这些环节往往被形式化或者是被简单化，考核也仅仅是提交一份实践报告，至于学生是否去实践也不能很准确的反馈。虽然名义上有实践课程内容，但实际上学生并未得到真正的锻炼。因此要完善对实践课程的考核方式，不仅仅是要提交一份报告，更要组织学生分享并讲述自己的实践过程，教师可以穿插提问，给予指导。这样不仅可以发现问题，能敦促学生切实地去实践。高校不仅要在实践内容上下功夫，更要在贯彻实施上找到突破口，拒绝形式主义，使学生能够真正地参与到实践课程中。

通过大学生的亲身实践，有效地将理论与实践相结合。这样理论就不再是空空的文字记在学生的脑海中，而是鲜活的实践案例存在头脑中，更有利于加深对理论的理解。学生通过将理论应用于实践，不仅锻炼了动手能力，更加印证了理论的正确性，从而巩固理论的发展。这些课程的理论实践环节的实施还有赖于高校和教师的不断努力，为学生提供更多的实践专业知识的机会。

2. 建立寒暑假社会实践与参观学习的反馈机制

大学生还未走出校门，对于职业和社会的了解不是很全面，认知度不充足。加之大学的校园环境相对社会而言比较简单，所以大学生普遍依赖性过强和意志力不坚定，经不起挫折和坎坷。平时在校园生活中，大学生以理论课程学习为主，虽然有一定的实践课程但是时间相对较短，不能很深入地了解职业和社会。因此有效的利用寒暑假时间较长的优势，组织学生参加社会实践和参观学习，深入社会去体验不同的职业能起到事半功倍的效果。

参加社会实践，能够使学生尽快了解并不断地去适应社会，从而帮助大学生尽快度过初入社会的不适期。通过社会实践可以不断地锻炼自己的实践操作、协调沟通、社交等方面的能力。在不断地认识社会、认识职业的过程中，发现自身的能力和水平与职业和社会之间的距离，及时地查缺补漏，弥补自身的差距和不足，更加有的放矢、有效并合理地规划自己的职业生涯。

虽然目前很多高校在学期末、放寒暑假之前都要求学生在寒暑假期间深入社会，进行寒暑假社会实践。但是不完善的反馈机制，致使寒暑假的社会实践与参观学习不能有效地发挥其作用。甚至有些辅导员和大学生会认为，寒暑假的社会实践的评判标准是实践报告上是否盖章。将实践与否和是否有章混为一谈，导致很多大学生为了完成“任务”而托关系盖章，这样错误的评价标准和反馈机制扭曲了社会实践的本意。

因此，要建立和完善寒暑假社会实践和参观学习的反馈机制，不仅仅要提交社会实践报告，更要建立跟踪反馈档案。通过与学生社会实践单位的电话、邮件联系，了解学生的社会实践情况。同时还可以要求学生用照片记录下社会实践锻炼的点滴，开学后与同学进行分享活动。有条件的学校还可由辅导老师亲自带队集体进行短期的社会实践与参观学习。通过建立有效的反馈跟踪机制，更好地监督和指导大学生进行寒暑假的社会实践锻炼与参观学习，提高其时效性，避免流于形式。

3. 建立职业生涯规划实习指导基地

目前国内许多高校都在积极努力地寻找适合的企业进行校企合作，建立“产—学—研”的教育实习基地，为大学生提供更多的实习锻炼机会，使企业在接纳实习生的过程中，发现适合企业发展的人才。通过对教育部最新颁布的大学教育培养目标来看，本科甚至是硕士研究生阶段的人才培养都被定位为应用型而不是研究型。所以面对社会的应用要求，高校更应加快校企合作的步伐，使书本知识变成实践操作技能。

虽然目前很多高校都与企业合作建立了一定的实习基地，但是这种合作还不够深入，对于大学生的指导功能还不能充分发挥出来。换言之，大学生去企业和在校实习的含金量不高，技能水平虽有所提高，但是更深层次的指导并未实现。这是在校企合作建立基地过程中存在的重要问题。因此这就要求校企在合作的过程中往纵深方向发展，真正发挥其对大学生职业选择的指导作用，使学生实现“从做中学”。

首先，校企在建立实习指导基地的时候要明确目标，不仅仅为了给大学生提供一个将理论变成实际的“实践场所”，而是要在学生实习过程中发现问题并给予指导，使大学生看到企业的不同侧面，加深对未来职场的了解。其次，在实习的时间上看，实习不宜过短，这样学生只能浅尝辄止的了解企业的表层，不能深入进行全面的了解。我国香港的大学教育中，有一整年的时间让学生去参加实习，通过真实的体验职场，找到并发现自己的职业兴趣和倾向，为毕业更好地就业选择奠定基础。最后，高校通过与不同类型的企业建立实习指导基地，能够使学生更加容易判断自身适合什么类型的企业。目前社会上的企业大致可分为五大类：央企与国企、外企、民企、股份制公司和事业单位。大学生通过在不同类型的企业实习锻炼，发现自身特质与某类企业的匹配度，进而为其择业提供参考。

4. 开展多种形式的志愿服务活动

将大学生志愿服务活动纳入大学生社会锻炼体系中来，高校要利用好志愿活动提供的与社会接触的机会，引导大学生主动参加各种形式的志愿服务活动，并长期坚持。雷锋是志愿活动的典范，每年三月都会在社会上掀起学习雷锋的热潮，但同时也存在着志愿活动不持久的问题。在国外，都有志愿者或社工长期对某些机构进行志愿服务，并且政府也给予极大的支持。高校要积极地引导大学生树立正确的志愿服务意识，激发大学生自愿地进行志愿服务，通过志愿活动不断地认识社会，实现自我价值。

志愿者服务活动的形式也可以是多种多样的，除了传统的支援农村建设、农村教育，还有深入各类博物馆、大剧院以及展览园区等社会公共场所进行志愿活动，各大体育活动赛事的志愿服务，以及到打工子弟学校、福利院、敬老院、社区、街道进行志愿活动。大学生可以根据自身的条件选择适合的机构进行志愿活动，高校也应积极拓展志愿活动的范围，与某些组织结成长期稳定的志愿服务关系。

第六章

大学生创业教育的实施

第一节　大学生创业教育的基本理念

一、大学生创业教育的内涵分析

（一）创业教育的内涵

创业教育提出于20世纪90年代末，是目前国内外教育理论研究和教育实践探索的领域。综合目前的研究成果，创业教育的内涵至少包括了三层含义：通过创业教育，培养青少年自谋职业、创业致富的能力和本领；通过创业教育，培养青少年从事创业实践活动所必须具备的知识、技能、能力和心理品质；通过创业教育，培养具有开创性的社会变革的参与者。这三层含义是逐步递进和逐步深入的，并由此产生了两种创业教育观，即广义的创业教育观和狭义的创业教育观。广义的创业教育是指通过课程体系、教学内容和教学方法的改革，第二课堂活动的开展，培养学生的创新能力、实践能力，提高学生的整体素质以及增强学生的创业意识。狭义的创业教育是指对学生创业能力的培养。通过开设课程、资助资金、提供咨询等方式使学生具备开办企业的能力。广义的创业教育强调了教学改革，培养创新精神、创新能力、创业意识；狭义的创业教育强调了创业技能、资金条件等，笔者认为以上对创业教育的解释是完整意义上的内涵解释。综上，创业教育可以定义为以开发和提高学生创业基本素质为核心的素质教育，是一种培养学生的事业心、进取心和开拓精神、冒险精神，并能从事某项事业、企业和商业规划活动的教育。从本质上说，创业教育就是指培养学生创业意识、创业素质、创业技能的教育活动，即培养学生如何适应社会生存，提高能力，以及进行自我创业的方法和途径。

帮助受教育者培养创业意识和创业能力。通过教育部门的努力，培养出越来越多的不同行业的创业者，就可以为社会创造更多的就业机会，对维护社会稳定和繁荣各项事业就会发挥重大的作用。这既是对加强创业教育的重要性的科学阐述，同时也是对创业教育的内涵的正确理解，为我们在深化教育改革的过程中加强创业教育指明了方向。从这番话中可以看出，创业和创业教育是指广义的创业和创业教育。所谓“不同行业的创造者”就是说，创业不仅仅是指创办企业，而是在不同的行业开创事业，所谓“繁荣各项事业”就是说，创业不仅仅是指为经济发展做贡献，而是在不同的行业为经济社会发展做贡献，为经济、政治、科技、教育、文化等各项事业做贡献。因此，我们提出的大学生创业教育是指广义的创业和创业教育，即开创事业和与此相应的教育活动。根据这种理解，人人都有可能成为不同岗位、不同事业的开拓者，都有可能成为创业者。

（二）创业教育与创新教育、素质教育的关系

1. 创业教育与创新教育

创新教育是以培养学生创新精神和创新能力为基本价值取向的教育，它的本质不是教学生如何创新，而是培育受教育者的创新意识、创新精神与创新能力。而创业教育是开发提高学生自主开创事业基本素质，培养创业意识，形成创业初步能力的教育。创业教育作为一种新的教育理念、新的教育模式，从根本上讲是一种创新教育，是在挖掘人类最高本质的基础上，把创造力的开发作为根本功能的一种全新的教育理念和教育行为。另外，创业教育在实施过程中不仅是突出创业精神和创业能力的培养，更是一个创新教育过程，需要更新高等教育理念、内容、方法和手段，更需要高等教育功能的重新定位，要全面推进高等教育进行全局性、结构性的改革，是教育领域里一种全新的价值追求。从创新教育和创业教育的概念的比较中，我们不难发现，创新教育与创业教育内容结构相互融合，相辅相成。创新是创业的基础，高等学校的创新教育成效，可以通过其培养的学生未来的创业实践来检验，创业是创新的重要载体和表现形式，创业的成败根本倚仗创新教育的根基扎实程度，创新教育注重的是对人的发展总体的把握，创业教育着重的是对人的价值具体的体现二者相互促进又相互制约，是密不可分的辩证统一体。创新教育与创业教育的内容有许多相似之处，但这并不说明二者可以相互替代。因为，仅仅具备创新精神是不够的，它只是为创业成功提供了可能性和必要的准备，如果脱离创业实践，缺乏一定的创业能力，创新精神也就成了空中楼阁，无法落在实处。创新精神所具有的意义只有作用于创业实践活动才能有所体现，才有可能最终产生创业的成功。因此，创业教育应当是创新教育由侧重创新理念培养向侧重创新实践培养的转移和发展，是对创新教育理论与实践的提升和完善。

2. 创业教育与素质教育

素质教育作为现代教育思想、现代教育模式的一种表述形式，其内涵是全面贯彻党的教育方针，提高国民素质为根本宗旨，以培养学生的创新精神和实践能力为重点，造就“有理想、有道德、有文化、有纪律”的德智体美等全面发展的

社会主义建设者和接班人。素质教育的核心内涵就是使人实现全面发展。大学生创业教育从某种意义上说是大学生素质教育和创新教育的有效载体，是把素质教育引向深入的一种新形式。通过创业教育，发展学生的创造思维能力、专业能力、实践能力，培养学生独立学习的品质、开拓创新的意识等，是促使应试教育向素质教育转轨的重要举措。可以说，创业所涵盖的基本素质是素质教育最终的目标，或者说素质教育最重要的部分就是创业教育。高等院校对学生各种素质的培养说到底，就是要使学生既学会做事又学会做人，这样的学生才具有创业的基本素质，或者说是奠定了创业的基础，才有可能在今后各种不同类型的行业或岗位上开创出一番事业。这也是素质教育的最终目标。

素质教育、创新教育与创业教育的实施对象是共同的——学生，目标也是一致的——培养人才，但侧重点不同，解决的是人才的不同层面素质的培养的问题。素质教育的目标是实现人的全面发展，解决的是“成人”的问题；创新教育的目标是培养学生的创新意识与创新能力，解决的是“成才”的问题；创业教育的目标是培养学生的创业精神和创业技能，为“成家立业”做准备。“成家立业”是个人发展的最高目标。

创业教育不是精英教育，而是面向全体学生，高等学校全员参与、全方位覆盖和全过程贯穿教育各阶段的素质教育的系统工程。高等学校在实施素质教育过程中培养学生创新能力，是进行创业教育、培养学生创业能力的内在本质和支撑，实施素质教育过程中进行创业教育培养学生的创业能力，是学生创新能力的具体体现和实践。因此，在大学生中开展创业教育，实际上是大学生素质教育、创新教育的一部分，是素质教育和创新教育的深入和具体化，它应当而且完全可以融汇在素质教育、创新教育之中，但同时应把对创业人才的素质和能力的培养，作为一种具体、特殊的教育模式进行研究，从而使高等院校的素质教育、创新教育得以深入发展。

（三）创业教育与就业教育、专业教育的关系

1. 创业教育与就业教育

就业教育和创业教育是高等学校在探寻满足不同社会发展需要的途径与方法过程中的产物。它们既是两种不同的人才培养模式，也是两种不同的教育质量观。前者以填补现有的就业岗位为价值取向，后者则以创造性就业和创造新的就业岗位为目的。创业教育本身并不排斥就业教育，它包含在就业教育之中。就业应该包含从业和创业两种形式。毕业生通过“双向选择”实现就业目的，是以参与前人业已存在的事业即从业方式实现就业。若能在开创基业的同时获得自己的职业岗位，那便是通过创业的方式实现就业。应该说，自主创业的就业观是我们应提

倡的一种比自主择业依附性更小、主体意识更强的就业观。如果我们站在就业的角度，把以解决受教育者的就业问题作为直接目的的教育称作就业教育，那么创业教育无疑是从属于就业教育的，创业教育理念在高校的形成和确立，将大大拓宽就业教育的发展空间。

2. 创业教育与专业教育

专业教育是指与普通教育相对，对教育者实施专门的职业技术教育和专门的劳动技能教育的活动。专业教育是创业教育的基础内容，因为人的创造性必须通过现代科学知识和人文知识所包含的文化精神的熏陶和教化才能潜移默化地形成，没有这个基础，创业教育只能是无源之水、无本之木。创业教育中的所创之“业”与专业教育是紧密相连的。创业教育是建立在融合学生所学的基础知识、专业知识基础之上的，通过各种创业实践、设计、模拟构想的实际操作，以达到培养学生创造、创新、创业的精神和技能的能力教育。创业教育应该从专业教育的特点出发，努力培养学生符合专业发展方向、适应未来创业需要的能力结构，使创业教育与专业教育相辅相成。

当然，创业教育也有发展为专业教育的可能。如美国百森商学院就开设有创业学专业，培养高层次的创业人员。创业教育在我国目前正处于研究、探索阶段。我国创业环境艰难、创业文化稀缺、创业意识淡薄等特点，决定了我国目前还不具备把创业教育作为专业教育来开展的条件，它的实施需要借助于某种具体的教育类型作为载体，如基础教育、职业教育、成人教育、高等教育等。

二、大学生创业教育的目标

创业教育的目标是根据社会发展需要和人的发展需要综合确定的，创业教育的培养目标和要求，是实施创业教育的基本依据，是创业教育选择教育内容、明确教育方法、实施教育举措的出发点和归宿点。

大学生创业教育的目标是充分挖掘学生潜能，开发学生创业基本素质，培养具有创业意识、创新精神和实践能力的具有开创型个性的人才。为此，高等学校创业教育的目标应该在两个层面上开展，第一个层面是以强化全体学生创业意识、丰富学生创业知识、提高学生创业能力和技能、培养学生创业心理品质为重点的创业基本素质教育，这也是实施创业教育的共性目标；第二个层面是以少数学生为对象实施创业教育来培养学生开创性个性，这也是实施创业教育的个性目标。通过创业教育培养大学生的主体意识、市场开拓意识、合作精神和团队意识、创新与超越意识、承受失败的挫折意识，使之具有基本的创业意识、创业知识、创业心理品质、创业能力，形成主动性、研究性学习的意识和习惯，具备独立生活、工作的能力和较高的发展潜力、竞争能力和较强的社会适应能力。

三、大学生创业教育的内容

高校创业教育的内容包括创业思想教育和创业技能教育两个方面，主要是以培养大学生的创业基本素质为目标，培养受教育者的全面能力，尤其是创造能力，建立培养大学生从事创业实践活动所必须具备的意识、心理品质、能力和社会知识结构等的教育体系。它是进行创业教育的依据，是实现高校创业教育目标的一个重要保证。

（一）树立自主创业意识

创业意识，是指在创业实践活动中对人起动力作用的个性心理倾向，包括创业需要、创业动机、创业兴趣、创业信仰和创业世界观等心理因素。创业意识集中表现了创业素质中的社会性质，它支配着创业者的创业态度和行为，规定其态度和行为的方向和力度，是创业素质的重要组成部分。创业教育的首要任务就是应该培养大学生积极探索、开拓创新的改革意识，锐意进取、敢为天下先的竞争意识和励精图治、自强不息的奋斗精神，使大学生树立独立自主、艰苦奋斗、勇于竞争的自主创业意识，这是高等院校创业教育最重要的内容。培养自主创业意识实质就是让受教育者“愿创”，即通过创业思想教育，端正创业思想，使大学生树立自主创业意识，使他们愿意创业，乐于创业。弱者等待机遇，强者把握机遇，智者创造机遇，从“工作找我”到“我找工作”，再到“我创造工作”，这不只是就业方式的转变，更是深层次的观念转变。当代大学生应该树立这样的意识创业不是个人行为，而是合作与表率创业，不是攫取私利，而是奉献与无私创业，也是就业，是更高层次的就业创业者，是坚定的爱国者，富有激情的实践者，艰苦创业的实干家。

（二）培育创业心理品质

创业心理品质是指对创业者在创业实践过程中的心理和行为起调节作用的个性心理特征，它与人固有的气质、性格有密切的关系，主要体现在人的独立性、敢为性、坚韧性、克制性、合作性等方面，它反映了创业者的意志和情感。良好的创业心理品质是创业成功的前提和条件，是支撑艰辛创业道路的精神支柱。而一个人的心理品质又是可以在后天的训练中得以培养和提高。针对我国大学生的特点和弱点，为适应未来经济、社会发展的需要，要特别重视独立性、敢为性、适应性、合作性等心理品质的塑造。由于意志和情感过程是上述心理品质的核心，因此要将培养学生对事业追求的决心和信心，敢于冒险不怕失败的勇气，坚忍不拔、持之以恒的品性和热爱生活、热爱工作的情感，帮助学生学会理性分析问题、善于适应不同的环境和善于交往、合作的心理品质作为重点。

（三）提高自主创业能力

创业能力是一种以智力为核心的具有创造特性和较高综合性的、能顺利实现创业目标的特殊能力。创业能力是一种核心能力，是创业成功的充分条件，它既是创业教育的核心内容，同时又是培育创业意识的重要途径。创业能力包括：①学习能力，即获取知识的能力，包括对知识的接受、转化与应用。②创新能力，即把创新思想转化为现实的科研、管理和实践动手能力，化解外界风险，取得竞争优势。包括技术创新、决策创新、管理创新。③经营管理能力，经营管理能力是一种人、财、物、时间、空间的合理组合、科学运筹和优化配置的心理能量的显示，是对拟选择的创业领域的体悟、把握、创意和运作水平的总和。包括经营决策能力、分析判断能力、社会沟通能力、指挥协调能力、抵御和化解风险的能力和信息处理能力。它在较高的层次上决定着社会实践活动的效率和成败，因此是一种较高层次的创业能力。

（四）形成创业知识结构

创业是一项系统工程。创业教育在培养大学生的创业意识、创业心理品质和创业能力的同时，还要使大学生具备一定的社会创业知识。①应具备扎实的专业知识和丰富的非专业知识。只有这两方面知识相结合，才能正确分析形势和事物的发展趋势，把握事物发展的全局，产生精辟独到的见解和谋略，从而树立并实现自己的创业目标。②应具备相应的商业知识，如商品交换、商品需求、商品流通等知识。③应具备一定的管理知识，如人事管理、资金财务管理、物流管理、生产管理和市场营销管理等知识。④应具备相关的法律知识，如工商注册登记知识、经济合同知识、税务知识、知识产权保护等法律知识。

在人的全面素质中，不仅包括了思想素质、基础文化素质、技术和职业素质，还包含了创业素质。大学生不仅应做到德智体全面发展，而且应成为社会主义现代化建设的开拓者、创业者。而所谓创业者，不仅要能创个人、家庭之小业，而且要能为壮大集体经济、促进社会经济发展，为祖国繁荣富强大业创造或提供新的工作岗位，这就需要我们的新一代具有层次更高、综合性更强的创业素质。

四、大学生创业教育的基本特征

（一）创业教育是一种主体性的教育

创业教育就是要把学生培养成社会实践活动的主体，强调受教育者社会行动能力的培养，强调受教育者在实践中学会生存，学会处事，从而更好地适应和融入社会。加强社会实践活动是创业教育的一个重要环节，在此环节中强调学生“自学”“自悟”“自为”，要求大学生不仅成为认识主体，更要成为实践主体和创造主体。因此，创业教育充分尊重学生的人格和学习的主体地位，最大限度地激发学生的积极性、主动性、能动性和创造性，发挥学生学习知识的主体作用，培养学生对知识、问题主动思考的质疑态度和批判精神，并应用所学的知识解决实际问题，使学生了解和掌握创业规律和特点，以及创业主体所应具备的基本素质。

（二）创业教育是一种高层次的素质教育

当今时代是一个开放的时代、竞争的时代、变革和创新的时代，新的时代呼唤新型的、具有开创性的教育理念和教育模式。现阶段，要想有效改变高校素质教育与应试教育貌合神离的“两张皮”现象，只有大力加强大学生创业教育。创业教育特别强调人的“学习能力”与“做事能力”的统一，强调知识、技能与情感的结合。通过创业教育，发展学生的创造思维能力、专业能力、实践能力，培养学生独立学习的品质、创新开拓的意识等，这是促使应试教育向素质教育转轨的重要举措。因此，创业教育是高层次、高质量的素质教育，是素质教育的最高体现。创业教育的高层次还体现在创业教育的目标是素质教育真正的落脚点。创业教育所要培养的创业型人才的素质，全面涵盖了素质教育提出的培养目标，是素质教育的高级阶段。同时，社会实践活动贯穿于创业教育的始终，可以随时为素质教育的成果提供评价。

（三）创业教育是一种健全人格的教育

创业教育强调以人为本，充分尊重学生身心发展的客观规律和特点，注重发展学生健康、健全、完整统一的人格。创业教育以培养学生的创业意识和创业能力为重点，以形成创业基本素养为目标，注重开创性个性发展，强调培养学生良好的创业心理素质。通过创业教育，可以培养大学生的自立自强、勤劳勇敢、诚实守信、积极向上、善于合作、敢为人先、开拓创新等良好品质。任何人的创业成功都离不开环境和机遇，但最根本的因素还是在于创业者自身素质的高低，在于其是否具有非凡的人格魅力。创业教育把对学生的知识传授、能力培养和人格塑造有机融为一体。因此，创业教育归根结底是一种健全人格的教育。

五、大学生创业教育的作用和价值

（一）促进社会进步发展与和谐

创业教育作为一种教育活动，对社会的发展起着重要作用。在我国高等教育初步实现大众化的发展阶段，开展大学生创业教育，培养具有开拓性、创新精神和国际竞争力的高素质人才，不仅可以有效解决大学生就业难题，避免人力资源的浪费，增进社会和谐稳定，而且可以促进高校办学与社会的衔接，有利于深入推进产学研一体化，为社会经济快速发展做出更大的贡献，更好地体现以人为本的和谐社会要求。高校开展创业教育既是主动适应社会和经济结构调整时期人才需求变化的需要，更是积极应对知识经济时代对创新创业人才培养要求的需要。大学创业教育要运用现代自然科学和社会科学发展的最新成果，针对学生成长与发展中出现的新问题，通过专业课程教学中创业教育的实施和第二课堂创业实践活动的广泛开展，培养具有开拓创新精神、创业意识、创业知识、创业能力与创业心理品质的创业型人才，使大学生不仅成为一个知识的拥有者，一个社会财富的创造者，而且成为一个具有开创性的社会发展的推动者。

（二）促进高等教育改革与发展

创业教育是一种教育理念，是一种深层次、根本性的教育体制改革，对高等教育的持续、健康发展起着重要作用。大学教育如何走出传统教育理念的局限性，培养出具有开拓性、创新精神和国际竞争力的创业型人才，当务之急是创新教育模式。创业教育就是要改变以往就业教育思维模式，克服长期计划经济形成的就业依附性，使高校学生不仅成为求职者，而且逐渐成为岗位的创造者。从而既可以解决自身就业问题，还可以为更多的人创造就业机会，在一定程度上缓解大学生的就业压力，改善大学生的择业质量，形成良好的社会舆论，成为发展经济、推动社会进步、保持社会稳定的积极力量。大学创业教育要树立科学发展观，通过确立与创业教育相适应的人才培养模式，通过改革现有的专业教育和课程体系，通过教学内容、教学方法与评价方式的创新，通过教学管理体制的探索，适应市场经济对人才培养规格的要求，适应知识经济对知识型、科教型创业人才的需要，适应世界高等教育改革与发展的新趋势，不断实现高等教育新的跨越式发展。在大学生中实施创业教育，既是适应知识经济发展、拓宽学生就业门路和构建国家创新体系的长远大计，也是高等教育功能的扩展。

（三）促进人的自由而全面的发展

创业教育既是一种生存教育，更是一种人生成功发展的教育，强调培养学生的首创精神、冒险精神、创业能力、独立工作能力以及技术、社交和管理技能，对人的全面发展起着重要作用。促进人的自由而全面的发展，是建设有中国特色社会主义的本质要求。使大学生不再仅仅是求职者，而首先将成为工作岗位的创造者。大学生创业教育坚持以人为本，高扬人的主体性和自由个性，注重开发潜能，培养学生具有创新性的思维方式和良好的个性，提高其创造力、学习力、适应力、竞争力与成功效率，在实践中获得新的知识、能力和健康的身心，使大学生具备生存能力、竞争能力，真正成为充满活力的社会个体和群体，走向社会担负起创业的重任，进而实现自我价值。综上所述，学生在创业教育和创业实践环境中，既能培养健全人格，又能发展知识和能力，从而有益于人的全面发展，成为推动经济、社会进步的源泉。

第二节 大学生创业教育的发展概述

一、大学生创业教育的发展现状

在我国，创业教育起步较晚。国内高校对大学生进行的创业教育系统性还远远不够，可以说只是起步阶段，无论是师资队伍、理论研究、课程设置、教材建设，还是实践基地等都不健全，还没有形成系统完善的创业教育理论与培训体系。虽然在这一领域进行探索的院校与专家不在少数，但没有形成一套适合中国国情与教育发展现状的行之有效的方案。到目前为止，创业教育在中国的发展可以大致分为两个阶段。

第一阶段是各高校自主探索阶段，从 1997 年至 2002 年 4 月。在这一阶段中许多高校都做了有益的自发性探索。比如，清华大学开展的大学生创业教育探讨与实践，形成了创业教育以学生创业计划竞赛为载体，拓展学生课外学术科技创新活动为目的，充分发挥大学生个性发展和综合素质的特色。复旦大学则将创业教育融入教学之中，让学生获得创业的基础知识和基本技能，并设立专项基金，支持学生参加社会实践和科技创新活动，对有志创业的学生还提供专门指导。华东师范大学尝试开设了“创业教育课”，武汉大学通过实施“三创”教育——创造、创新、创业教育，来提高教学质量，培养创业人才。北京航空航天大学对在校学生进行创业教育，用创业解决部分就业这一方面，也做了一些有益的探索与尝试。

第二阶段是教育部创业教育试点阶段。2002 年 4 月教育部确定清华大学、北京航空航天大学等 9 所大学为我国创业教育试点院校，给予政策和经费的支持，探索我国高校学生创业教育的基本方法和发展模式。从 2002 年至今这个阶段，创业教育在中国的发展进入政府领导下的多元化发展阶段，试点院校分别通过各自不同的方式，对创业教育的开展进行实践性的探索，其中有以课堂教学为主导来进行创业教育的，如中国人民大学。学校强调创业教育重在培养学生创业意识，构建创业所需知识结构，以学生整体能力和素质提高为重点，将第一课堂与第二课堂相结合来开展创业教育；学校调整教学方案，改革教学方法和考试方法，开设“企业家精神”“风险投资”“创业管理”等创业教育课程，形成以专业为依托，以项目和社团为组织形式的“创业教育”实践群体，强调培养学生创新精神和创新意识，完善综合素质。此外，还有以提高学生创业知识、创业技能为侧重点的创业教育。它主要采取课堂讲授与实践相结合的方式，通过“创业管理培训学院+创业导师+科技孵化器”的教育模式来进行。如建立大学生创业园，教授学生如何创业，并为学生创业提供资金资助以及咨询服务，其代表是北京航空航天大学。该校有专门从事创业教育研究与实践探讨的教师与专门的机构——创业管理培训学院，同时还设立了300万元的创业基金，对学生的创业计划经评估后进行种子期的融资。还有综合式的创业教育。即一方面将创新教育作为创业教育的基础，在专业知识的传授过程中注重学生基本素质的培养，另一方面，为学生创业（创办公司）提供所需要的资金和必要的技术咨询，其代表为上海交通大学。该学校以“三个基点”（素质教育、终身教育和创新教育）和三个转变（专才向通才转变、教学向教育的转变、传授向学习的转变）为指导思想，确立创新人才培养体系的基本框架和内容，以社会活动为依托，以竞赛活动为载体，注重学生整体素质的培养和提高，推动创业教育的发展。从总体来说，创业教育在中国还只是处于起步探索阶段，鉴于高校之间的实际情况不同，加之创业活动本身的复杂性和多样性，各高校创业教育应立足自身实际，走特色化的创业教育之路。

二、大学生创业教育中存在的主要问题

一是重能力，培养轻意识引导，创业教育观念有待于改变。从目前来看，我国高校创业教育的重点基本上都放在了学生的创业技能的培养上，着重动手能力的培养，而忽视对学生创业意识的培养和引导。实际上，创业意识是创业情感、创业精神的综合体现，是学生对自己未来发展的一种主动的憧憬和希望，是发自内心的期盼，是人生理想和个人价值寻找实现的途径。

二是大学生创业教育的理论体系不健全。一方面，由于高校创业教育的理论研究不够，系统理论论述薄弱，加上对创业教育实践经验总结不够，导致理论研究不能够充分发挥对实践的指导作用；另一方面，大学生创业教育与学科专业教育分离。我国高校目前的创业教育，由于没有融合于高等学校整体育人的体系之中，与学科专业教育的开展并未形成有机联系，是在“正规教育”之外，利用课外时间进行的“业余教育”。这一舍本逐末、注重形式的做法，使创业教育失去了学科专业这一最有力的依靠，致使创业学子们激情有余而内功不足。

三是创业教育动机误差。高校开展创业教育的动机不应该仅仅只停留在缓解大学生就业压力这个层面上，而应该着手于教育本身，通过创业教育来帮助学生树立起远大的职业理想和目标，树立起人生基本信念，培养学生正确的职业理想和人生价值观才是创业教育的题中之意。创业教育实施的是“以学生为本”的现

代教育，它以促进学生综合素质的提高为目的，把培养人的全面发展作为具体目标，以教育学生做人为核心，使受教育者具备合理的知识结构、开阔的文化视野、创新的思维品质和健全的人格等。

四是大学生创业教育的师资建设不完善。一方面，大学生创业教育缺乏具有创新、创业意识的师资队伍，老师普遍缺乏创业的意识、创业精神、创业知识和创业能力。从国外的情况看，在英国的所有创业教育教师中，有 21% 是兼职教师，98% 的教师曾经有过实业管理经验，高达 70% 的教师曾经创办过自己的企业。因此，国内高校必须改变创业教育师资现状，要从目前的“知识型”“传授型”向“智能型”“创新型”“全面型”的人才转化。高校应采取有力措施解决创业教育中专业化师资匮乏的问题，这是影响创业教育成败的又一个重要因素。

五是创业教育的开展范围不广泛，仅局限于少数学生。我国高校的创业教育开始于创业大赛，自开始就刻有极强的精英化痕迹。创业教育关注的是少部分人的骄人业绩。各个高等学校设立的学生创业机构，无论是大大小小的“创新实验室”“学生创业俱乐部”“科创中心”，还是面向未来的“21 世纪人才高等学校”，都是精英化的机构，大部分高校关注的仍然是少数人的“创业个案”而不是多数人的“创业实践”，大部分同学因各方面条件的限制而只能成为袖手旁观的“看客”。

六是大学生创业教育的工作机制不健全。目前我国多数高校内部的培养目标、工作制度、激励导向、评价体系、文化氛围都未能向创业素质培养倾斜。在高等学校里无法感受到一种积极向上、不畏困难、勇于探索的创新创业气氛，有的只是一种归于平庸、虚度年华的窘态或是一种一心只读圣贤书的“书呆子”形象。大学生本应是具有朝气，赋有激情的创业中坚，如果置身于这样一种封闭的、静态的、循规蹈矩式的“弱势文化”氛围中，必将掩埋掉大学生的创业激情和斗志。

七是高校在创业教育的专业实践教学中还存在不少问题。一是高等学校的教学设置缺乏灵活性与互动性。由于很多高等学校还是沿用以前的教学模式、课程设置和教学内容，在此之上生硬地添加了创业教育，没有根据学生专业化、差异化及社会化的需求，对创业教育的内容进行更为详细的分类和归纳。这就导致了创业教育和学生的专业结合不紧密，没有针对性，而且由于学生在传统教育模式下的低动手实践能力和低创造性，从而造成了创业教育取得的成效并不理想。因此使创业教育和学生专业学习相结合、相呼应变得十分重要；二是高等学校缺少专业实践基地。大学生的创业教育应当与专业联系起来，多参加专业实践活动，而目前我国高校的实习基地较少，尤其是贵州地区，由于经济落后，高等学校资金紧缺等问题，不能具体安排学生参加专业实践活动。因此迫切需要国家对高校专业实践基地的建设重视起来，加大经济的支持力度，使创业教育中的专业实践教学能够得到更好地实施；三是各高校师生对专业实践教学重视不足。现在高校的主要教学还是实施着传统的教学方式，以在课堂上向学生传授理论知识为主，没有真正地把专业实践教学当成一项十分重要的教学方法来看待。在这种观念下，造成了专业实践教学成了一个空洞的口号，一个只属于少数人的实验型教学模式，并没有被广大的高校所接受和应用，大部分高等学校只是把专业实践教学作为辅助教学的一种方式，而并没有成为学生学习过程中的一个重要组成部分。

三、大学生创业教育中存在问题的原因分析

大学生创业教育中存在问题的原因是多方面的，概括起来有以下两方面：

（一）高等教育体系弊端的影响

我国现行的教育体系存在脱离社会、脱离实际的状况，如部分高校有些专业设置滞后，培养出来的学生不适应社会发展对人才的需求，并且存在着专业设置过窄、人文教育薄弱（尤其是理工科院校）、教学内容陈旧、教学方法手段落后、教学模式单一等弊端，这样的教育体系对人的发展表现了极大的约束性及对文化多元发展的窒息性，培养出来的学生素质普遍不高，对国家和社会的依赖性有余，开拓性和主动性不足；传承能力有余，创新精神不足，容易趋于保守，缺乏自主能力和创新能力，难以适应复杂多变的社会生活和难以预测的外部环境。大学生创业教育正是克服上述弊端的有效探索，然而在现实中，高校把创业教育仍然置于高等教育体系之外，没能把创业教育纳入人才培养方案中，没有建立起真正的创业教育机制，为学生提供较好的创业教育条件和环境。

（二）高等学校传统教育模式的影响

1. 考核制度不利于创业教育

我国高校的考核制度实质上还是应试教育体制下的知识本位的考核制度。对于学生而言，考核制度是主要的指挥棒，高等学校考什么，学生学什么，高等学校如何考，学生如何学，在“片面追求升学率”的应试教育制度下，学生的创新能力存在着严重的“先天不足”。在知识经济和经济全球化的背景下，我们不再以培养博学之士为目标，而是以培养具有合理的知识结构、良好的能力结构和健康的心理结构的、全面发展的、能解决问题的人才，作为我们的培养目标。而现行的大多数考核方式方法、评价体系，把学生从知识水平分为三六九等，不利于学生创业素质的培养，如英语教育的考核以笔试过级为主，使学生沉迷于背单词，做试题，虽然过了四六级，但仍是哑巴英语，不会在实际学习、生活、工作中运用。因此，在这样的情况下，高等学校不重视甚至意识不到创业教育，更不用说

加强创业教育的理论研究、人才培养、课程体系建设了。

2. 教育方式依旧封闭落后

在高等教育教学中，学生一般都处于被动接受的地位，在课堂上下主要以教师讲授为主。在这种教育方式下，学生的积极性被严重忽视，直接导致了其学习主动性的逐渐丧失，学生的思想和行为受到很大的束缚。在缺乏积极的启发与讨论的情况下，学生的独立思考能力和创新能力得不到提高。教学中通常还是一块黑板、一支粉笔，单一的教学形式逐渐使学生丧失了学习的积极性和主动性，使学生学习越来越没有活力。这就造成很多学生虽然经过高等教育，由于对所学的知识不能进行有机的联系，知识吸收僵化，不能在实践中加以运用，这也使学生很快遗忘所学过的知识。

3. 素质教育依旧匮乏

高等学校实施素质教育旨在全面提高全体学生的基本素质，开发人的潜能，使学生得到全面、和谐、充分的发展，而创新教育则是素质教育的核心。因为创造力是人的一种最宝贵的高品位素质，每一个正常人身上都具有创造的潜力，人的整体素质的提高，其核心就是创造潜力的开发。我们培养的人才只有具有创新和开拓的应变能力，才能适应未来社会的各种挑战和竞争。而创业教育又是在素质教育和创新教育的基础之上建立起来的教育模式，是素质教育、创新教育的具体化和再深入。然而反观现实的素质教育，在实施的过程中呈现反复的现象，距离理想和目标当中的素质教育还有很大的差距。

4. 高校对大学生创业教育的重视程度不够

当前许多高校对开展创业教育还停留在口头层面，对创业教育的重视程度严重不足，由此导致在实施过程中的应付、变调等问题的出现。对创业教育重视程度不足，直接反映在：没有理解创业教育的真正内涵和重要意义；没有形成完备的创业教育课程体系；创业教育仍处在“竞赛”的初级阶段；创业教育还停留于毕业生就业指导层面；图书馆关于创业教育方面的书籍和资料十分缺乏等。所有这些问题直接导致创业教育形式单一，缺乏多样性、系统性与层次性，无法得到真正有效的落实，影响创业教育的实际效果。高等学校的声誉归根结底要靠毕业生就业创业的实力及就业、创业后做出的成绩。然而，大多数高等学校从高等学校管理者到教师，都没有从高等教育大众化、大学生未来就业及世界高等教育发展的趋势角度，来认识创业教育对培养社会经济文化发展所需要人才具有的重要意义，普遍缺少对高等学校实施创业教育的价值认识，没有认识到“以创业促就业”对提高就业率的积极作用，忽视创业教育的根本作用。

总之，面对经济社会发展的新形势、新要求，创业教育作为一种新的教育理念和模式，不但体现了素质教育的内涵，而且突出了教育创新和对学生实际能力的培养，它必将引导和推动高等学校办学指导思想的根本性转变。高等学校要全面推进创业教育，必须突破传统教育模式，建立以大众教育为背景、以素质教育为基础、以通才教育为依托、以开放教育为手段、以能力培养为核心的新型教育模式。

第三节　实施大学生创业教育的体系构建

一、创业教育理念的把握与确立

创业教育理念是大学生创业教育体系的灵魂，从根本上来说，它应该包含以下几个方面：以人为本的教育理念，以大学生为主体的教学理念，促进大学生全面发展的质量理念，培养创造型人才的教育价值理念，坚持终身学习的学习理念。

要使创业教育的理念成为高等教育改革与发展的全新理念，首先要转变教育观念，明确创业教育目标，树立创业教育的教育价值观。观念制约行动，目标指明方向，理论指导实践。创业教育能否顺利实施，最主要的是创业教育的思想必须在高等学校的管理者、教师和学生中达成共识。

我国大学生创业教育是要培养大学生创业意识、创业知识及相关的能力与品质。创业教育可以弥补创业经验的不足，可以系统地发展创业技能，最终目的就是要使学生毕业以后能够大胆地走向社会、面对市场，自主择业、自我创业。高校应树立知识与精神、能力整体和谐发展的教育观，彻底改变高校人才培养中重智育轻德育、重理论轻实践、重知识轻能力、重共性轻个性、重理工轻人文、重专业轻基础、重功利轻素质等现象，在传承文化的基础上进一步研究和创新文化，在发展智力的基础上进一步培养能力，在专业教育的基础上逐渐拓宽知识领域，在灌输教育的基础上逐步实现自我教育，充分重视学生个性、主体意识和创造能力的培养，把培养学生的创新精神与能力置于中心地位。同时，大学生创业教育应面向全体学生，关注个体差异和专业差异，顺应知识经济时代特点，全过程实施、全方位实施。

高等学校管理者要把握世界高等教育发展的总趋势，转变旧的、僵化的教育观念，树立现代教育思想，变应试教育为素质教育、创新教育，改革人才培养模式，清醒认识高等教育在培养民族创新精神和培养创造性人才方面肩负着特殊的使命的重要意义。尤其是要帮助受教育者培养创业意识和创业能力，通过努力，培养出越来越多的不同行业的创业者。在高等学校的各项工作中全面贯彻创业教育思想，从提高学生的基本素质、创新能力入手，在教学内容、方法、课程设置及考试制度等方面进行改革，将创业教育纳入人才培养计划中，加强学生创业能力的培养，为学生提供创业环境和机会，帮助学生做好自己的职业规划。

教师是实施创业教育的主要力量，教师持有何种教育观念决定着实际培养出来的是就业型人才还是创业型人才。在国家大力提倡创业教育的今天，通过宣传教育和教育思想大讨论的方式，通过政策的宏观调控，转变教师传统的教育就业观，树立以创业为核心的、面向未来的新观念，引导教师主动参与到创业教育的改革实践中。

大学生要正确认识当前的就业形势，突破传统意义上“就业”的思维定式，使“创业”成为生存、发展和价值实现的首选项，要转变“等、靠、要”的思想观念，树立自主创业意识，把创业作为一种人生追求，一种挑战自我的方式，一种自我发展、自我完善的完美形式，要认识到培养创业精神、提高创业能力、树立创业人格的重要性和紧迫性，了解创业素质的必备条件，以及如何具备这些条件。在此基础上综合分析，对未来职业生涯进行合理的规划，主动自觉地配合高校教育，确立创业理想，明确创业方向，提高高等学校创业教育的针对性和有效性。

二、加大高校教育教学改革力度

（一）构建科学的学科课程体系和教学模式

要构建科学的学科课程体系和教学模式，要形成新的促进培养学生创新能力的教育氛围，改革目前的课程体系、教育模式、教学方法及教育评价机制是关键。

1. 构建科学的课程体系

学科课程体系的建设、教材及内容的选择必须以市场需求为导向，以发挥学生的主观能动性和创造性为核心，逐步实现课程弹性化、国际化、实践化、特色化、个性化，从而促进课程的综合化，教学内容的选择不能固定不变，要有开放性和灵活性，让师生共同参与探索知识的过程。高等学校可以根据不同类型学生的需要，选择不同深度和广度的课程。各高校在设置创业课程时还应结合高等学校的特点和学科优势，不同高等学校争取形成各具特色和优势的创业课程。

2. 转变教育模式

教育模式由精英教育向大众教育转变，由传统灌输式教学向创造性教学转变，由培养专才向培养通才转变，由“知识加智力”向“智能加创新”转变，由封闭式教育向开放式教育转变，由应试教育向素质教育转变。以大学生全面素质的培养和提升为基础，在基础知识教育和专业教育中有机地融入创业精神、创业意识、创业素质和创业技能的培养教育。

3. 丰富教学的方式方法

结合创业教育特别注重实践和实务的特点，应当采取活动开展、系列讲座、案例教学、实验实习、混合讨论、模拟创业等多种形式，给学生传授创业经验和技能。在教学过程中逐渐培养学生的灵活性、敏锐性和独创性，弥补学生社会经验的不足和高等学校创业课堂的局限。一般来说，大学生的创业教育宜采用贯穿式与项目式相结合的方式进行，对于创业知识的获取和创业意识的培养，应采用全程贯穿式教学，根据大学生不同年级特点开设不同的创业知识课程，进行不同方式的创业思想与创业品格教育，对于大学生创业技能的培养应采用项目式教学，让学生通过项目的展开逐步获得创业的基本技能。

4. 完善创业教育评价体系

大学生创业教育目标的实现需要通过完整的评价体系加以检查，我们应主要从评价方式的选择、评价标准的制订、评价操作系统的设计等几个方面来构建大学生创业教育的评价评估体系。特别是教学效果的评估要以运用知识解决实际问题的能力、获取信息和处理信息的能力、运用知识和信息进行创新的能力、合作竞争的能力，以及专业技能与创业的结合能力作为重要指标，同时应将创业教育纳入考试改革的范畴，并建立相应的考核体系和机制。只有这样，才能保证创业教育落到实处，抓出成效。

（二）深化教学管理和学生管理制度的革新

高校在加强创业教育的时候，应该深化教学管理制度和学生管理制度的改革和创新。在教学管理方面，要大力改革和完善学分制，实施弹性学习制度，营造一个开放宽松、有利于学生个性充分发展的育人环境和创业环境，让学生充分发挥自己的兴趣与专长，使学生拥有广博的学科知识，具备创业的基本素质。学生在校期间，可以根据自身实际情况，申请创业、就业，实行工学交替，分阶段地完成学业。在学生管理方面，在规范的基础上，要更多地使用激励机制，激励学生进行创业训练，培养创业意识和能力，从而进一步激发大学生的创业热情。

（三）建立具有创新能力的专业化师资队伍

（1）高校创业教育师资应采取选拔聘用制，向全社会敞开大门，充分挖掘和利用社会资源和校友网络，从校外各领域聘请一批具有实践经验又有一定管理理论修养的企业经营管理人才、成功企业家、孵化器的管理专家、风险投资家、咨询师、技术专家，以及其他理论知识与实践经验、操作技能均十分优秀的人才，担任兼职讲师或作为“创业导师”，让他们走上创业教育讲坛，向学生开设讲座和进行咨询辅导，让学生体味直接来自实践的真知灼见。

（2）高校应大力组织培养优秀的创业教育师资。一方面高校要遵循教学规律和人才成长的规律，采用民主推荐、个人自荐、竞争选拔、课题带动等方法，把有专业特长和发展潜力的学科带头人选拔出来，承担创业教育和科学技术研究的重任。另一方面高校要通过培训、校企合作、国际合作、挂职锻炼等形式提高创业教育师资的理论水平，并创造条件适当鼓励教师参与企业咨询、创办经营企业以及各种研究活动，增加其管理实践经验，提高其创业意识和创业实践感知。同时转变教师的教学方式，通过互动式、案例式、讨论式、实践式教学，既教给学生创业必备的知识，又能从思想上深入激发学生创新创业的欲望，从而调动他们的潜能，从事创新创业活动。

总之，高校必须采取一切可行的办法来切实提高教师的创业素质，造就一支具有崇高的职业理想、积极的探索精神、开阔的人生视野、扎实的创业能力的专业化教师队伍。

三、加强大学生创业教育的组织和领导

（一）建立高等学校创业教育领导小组

高等学校成立由学校党政领导、督学、有关职能部门及各教学单位负责人组成的全校创业教育领导小组，负责领导、协调全校创业教育工作，对推进创业教育中牵涉全局的规划、政策、表彰等重大事宜拥有决策权力，负责对全校创业教育工作和下级创业教育组织或团体进行宏观管理和监控。形成一个党委统一领导，行政具体负责，主要领导挂帅，部门分工合作，学生工作部门为主，党政工团齐抓共管的高校创业教育与推广工作格局。

高等学校领导是创业教育的领导者和决策者，负责创业教育理念、目标的确定和相关政策的制订；教务处是创业教育的主要管理部门，负责制订符合创业教育要求的专业培养方案和学业评价标准以及监督创业教育的质量；学工部是创业教育的重要管理部门，负责制订学生课外、校外创业教育活动要求和管理办法以及组织、指导学生的创业教育活动；校团委、学生会是创业教育的重要执行机构，负责按照创业型人才培养要求和教务处、学工部制订的要求，组织学生积极开展各项创业教育活动；宣传部是创业教育的主要宣传机构，负责宣传高等学校有关创业教育的理念、政策、制度和动态；人事部门要制订创业教育师资的规划、培训、选拔聘用、职称评定和福利的相关政策和制度；科研部门要制订创业教育科

研的扶持与奖励的相应制度；创业教育研究指导中心要加强对创业教育的研究与指导，并与人事、教务部门共同负责对创业教师的培养；各教学单位是创业教育的实际执行者，负责培养方案的落实、教学计划的执行、各项创业教育活动的具体实施以及本单位创业教育的研究与探索；教辅单位和后勤部门要为创业教育提供服务与保障。

（二）成立创业与创业教育研究中心

高等学校创业与创业教育研究中心是进行创业与创业教育学术研究的机构，负责组织人员进行创业与创业教育的理论研究及课程开发；组织申报各类创业与创业教育研究课题；定期组织召开创业与创业教育学术研究会议，并积极组织创业与创业教育论坛；建立广泛的外部联系网络；为创业和创业教育的理论研究和交流提供园地。

（三）建立大学生创业指导中心

高校大学生创业指导中心是高等学校促进校企文化结合、扶持大学生创业的机构。负责宣传大学生创业政策和信息，普及创业教育；校内各教育机构的协调组织与管理；校内创业文化氛围的营造；学生创业项目的审查和辅导；开展创业指导和专题讲座，推广成功创业者的经验；负责创业社团的管理，风险投资的争取与管理工作。

总之，高校的各个部门和各级领导要把大学生创业教育作为高等教育改革、提升办学质量的重要载体来抓，纳入年度和中长期的发展规划中，进一步明确大学生创业教育的使命和地位。要进一步统一思想，在高校形成人人重视创业教育，人人贯彻执行创业教育理念的良好氛围，凝聚起高校推广创业教育的合力。

四、建立健全创业教育保障机制

高校创业教育基于创新性教育和创新性学习，重在培养学生创造力，应从多个层面建立系统有效的保障机制，形成一个高校、社会、企业、政府四方面良性互动式发展的创业教育生态系统，有效开发和整合社会各类创业资源，以保证创业教育持续、健康地发展。

（一）构建大学生创业平台和实践途径

大学生创业素质的培养，最终要通过创业实践活动得到巩固和发展。在创业教育的课程体系中，创业实践活动能使学生进一步巩固知识，激发研究欲望，提高所学知识和技能转化为实际运用的能力，还能培养情感和意志，塑造人格个性，树立坚定的社会责任感，进而实现创业所需的综合能力的全面提高。从创业实践角度，我们当前应该做到：

1. 开展科技创新和经济管理活动

此活动受资金、专业等条件的局限较多，主要是创办各种形式的创业园，指导学生自主设计、创办、经营商业企业或科技公司等。

2. 开展各种形式的创业教育活动

如组织“创业计划大赛”，开展“创业沙龙”“创业教育论坛”“人才论坛”“青年创业大讲堂”“成功创业者报告会”活动，成立“创业俱乐部”“创业训练营”“创业教育网站”，开展学术报告、研讨、辩论、科研竞赛和创业交流，开设创业教育课讲座和创业管理培训班等。

3. 开展课内外创业实践活动

无论是理工科学生，还是文科学生，从培养学生在未来社会中的生存能力和创业能力的角度看，除开展大学生课外科技活动外，各种专业、各种特长的学生都可以接受创业教育，开展创业实践活动，如各种竞赛活动的实施方案、一种刊物的策划与创意、一个社团的组织与管理、一次公共活动的设计与组织、一个科研的立项起草与申请、一个项目的运作管理、一种专利或技术的发明与使用、一种法律实践或金融实践的模拟等，都是创业实践活动的重要内容。

（二）建立大学生创业支持与服务体系

创业支持与服务体系是十分重要的环境因素，是由政府、学术机构、中介组织及个人共同参与建设，旨在直接促进创业与中小企业健康成长的服务网络。当前我们应该做到：

1. 在组织层面上，着重建立指导机制、活动机制和激励机制

一是要加强对大学生创业教育活动的组织领导，制定配套政策，确保活动开展有宽松环境；二是高等学校要对教师的教学、科研和创业辅导工作予以支持，经费上给予保证，以科研促教学，以创新促创业；三是要为在校生和毕业生的创业，努力提供多方面的支持，创造条件，设立创业基金和创业促进会、联谊会等组织结构，在资金和咨询辅导上为学生和毕业校友提供一定的帮助；四是要普及创业计划竞赛等活动，使学生的创业计划竞赛等活动规范化、制度化；五是要提供有利于年轻教师和学生发展个人兴趣、特长和脱颖而出的土壤，建立公平、公正、合理的奖励制度，这在很大程度上能调动教师与学生开展创业活动的积极性，促进创业教育在高等学校广泛的开展；六是丰富创业教育资源。高等学校应搜集与提供更多的学习资源，扩大学习资源的边界，弥补创业教育资源的数量和质量方面的不足；七是要建设有利于创业的舆论环境。高等学校要广泛利用广播、电视、校刊、校报、板报、校园网站等宣传工具，大力宣传创业的重要意义，宣传创业的经验，宣传成功创业的典型，树立勇于创业的榜样，

弘扬创业精神，在校园形成讲创业、想创业、崇尚创业、以创业为荣的校园舆论氛围，引导形成鼓励创新、开拓进取、宽容失败、团结合作、乐于奉献的校园创业文化氛围。

2. 在制度层面上，着重建立政策保证机制和经费保障机制

应着眼于形成创业教育理念，调动师生开展创业教育的积极性，使高等学校和学生形成合力。改善创业教学与实践的软硬件设施条件，为学生创业提供政策、项目、资金和环境支持和保证等，为学生开展创业活动提供良好的基础环境，充分发挥学生自主性和开拓性，自觉开展和自主开发各种创业活动。建立大学生科技创新基金和创业启动基金，鼓励学生进行科技创新活动和创业设计，扶持大学生创办高科技企业，建立创业公司。

3. 在条件层面上，着重建立基地支持机制、技术支撑机制和学习交流机制

建立校内外产学研实习基地，创办科技创业园区，开放教学科研实验室和工程技术研究中心，构筑大学生实践创新的平台。加强国际交流，组织国内高校到国外创业教育搞得好的高等学校学习，借鉴先进的经验，尽快缩短与国外创业教育的差距，促进国内创业教育的发展。

（三）加大大学生创业教育的政策保障

1. 政府优化大学生创业政策和建立健全相关法律法规

创业政策是指为了刺激创业而采取的有关政策，创业政策重在改善创业活动的文化和环境。目前国家虽然在大力提倡和鼓励个人创业，但现实情况却不太乐观。有创业者表示，严格的登记制度、烦琐的审批程序、沉重的税费负担等，使原本就势单力薄的中小企业不得不面临悲剧，也使很多创业者不堪重负。

可见，政府需为大学生创业提供高效率的行政服务。在过去出台的一系列优惠政策的基础上，政府还应继续积极创造条件，制定推行创业的扶持政策和措施，为创业提供相应的法律和制度保证。创业政策应该尽量减少限制、降低门槛、简化程序、方便快捷、搞好服务。政府应将大学生创业纳入社会创业的系统中，让大学生在创业方面享有“国民待遇”。通过贷款担保、基金支持，简化审批手续并制定相应的税收减免扶持政策，并对有创业愿望和创业能力大学生提供专门的创业培训，进行开业指导、政策咨询、项目论证、跟踪辅导等服务，帮助他们解决创业管理中出现的各种问题，提高其创业成功率。

2. 高等学校制订推进创业教育的指导性意见

高等学校要参照国家的有关文件精神，制订推进创业教育的指导性意见，明确高等学校创业教育的指导思想和目标、实施原则、要求和对策。在校园内形成对创业教育的统一认识。

3. 高等学校制订推进创业教育教学方案

高等学校要把创业教育纳入高等学校教育过程，要研究制订创业教育教学方案，这是高等学校推进创业教育的载体与依据。要通过重新整合和创新创业教育的人才培养方式，研究制订创业教育教学方案，确定创业教育课程类型、设置课程的门数、教学时间的分配、学生学习方式及创业教育教材的选择。同时与社会各界保持多方位、多渠道的联系，积极争取和充分运用社会资源，建立起广泛的专业实践和社会实践基地。

4. 高等学校制订鼓励和推进大学生创业的政策

高等学校要制订鼓励和推进大学生创业的政策，并设立大学生创业基金，为经过专家论证具有良好前景的创业项目提供资金扶持，为创业团队提供初始创业基金。同时高等学校要积极利用政府的政策，为学生创业提供税收、融资、房租的优惠，鼓励学生进行创业实践，并对在创业过程中做出成绩的学生给予表彰和奖励。

第四节　大学生创业教育的实践途径

一、实施具有创业教育特色的人才培养模式

创业教育的关键是建立起既有创业理论基础知识，又有较强的创业意识和创业能力的创业型人才培养模式。高等学校要培养出具有创业意识和能力的创业型人才，必须做到：

（一）调整高校人才培养目标

要从培养就业型人才向培养创业型人才转变。过去我们高等教育的培养目标比较重视知识的掌握和技能的训练，强调人才对现实社会的被动适应。这种适应要求学生对外部环境做出削足适履般的自我调整，较少考虑如何充分发挥学生的主观能动性和创造潜能。这种人才观在劳动力供不应求的社会条件下，对维护社会的稳定、促进社会的发展是有益的。但是，一旦劳动力供过于求，它的优越性就难以体现，对社会的稳定与发展将起阻碍作用。因此要及时调整高等教育培养目标，树立新的人才观，促使就业矛盾的缓解，否则受制约的不仅仅是经济、文化的发展，高等教育自身的发展也将受到制约。所以，根据经济、社会发展的客观要求，按照专业教育与素质拓展、理论教学与实践教学、共性提高与个性发展的“三结合”原则，适时地调整高等教育培养目标是实现创业教育的先导性问题。

（二）实行创业教育的教育方案

1. 制订实施创业教育教学机制

按照开放、灵活、以学生为本的管理理念，改革和完善教学管理制度和学生管理制度，构建有利于实施创业教育的教学管理模式和学生自主学习的管理制度。

完全学分制是西方发达国家高校较普遍实行的富有“弹性”的教学管理制度。如美国加州理工大学在实行学分制的过程中，允许学生在导师指导下自己设立学习方案；法国巴黎高等师范高等学校则更加灵活，要求学生遵守的纪律只有一条，那就是自由：学生自由选择专业、拟订计划；江苏理工大学开江苏省之先河，实行完全学分制，形成相对开放的弹性教学系统，为学有余力的学生创造了提前毕业的机会，对想停课创业或参与科研的学生，允许其延长在校时间，最长期限为8年，教育教学取得较好的效果。我国的高校教学是管理型、封闭型的，新时期高校教学应努力实现培养模式的多样化、培养方案的个性化，把培养目标与多样化、个性化的教育结合起来，制订教学计划将刚性与弹性结合起来，加大选修课程的比例，增强课程的选择性与弹性，全面推行选课制度，允许大学生跨学科、跨年级选课，拓宽学生自主选择的空间，因材施教。我们的教学管理制度需要给予学生宽松、自由、灵活的学习条件，让学生更加主动更加自主地学习。

实践证明，在教学管理体制上，从注重过程管理转变到注重目标管理，推行完全学分制的教学管理模式，有利于学生自主创业意识、责任意识和探索精神的培养。

2. 构建新型创业教育教学模式

改革单一、僵化的教学模式，更新教学手段，改进教学方法，构建起更能提高学生创业素质和能力的新型教学模式。在教学过程中，要把学生作为真正的教育主体，充分运用现代教育技术，将计算机辅助教学、多媒体、网络信息应用于教学中，教师在讲授教材的同时，应注入知识含量更高的内容，增加新的科学知识、经济知识、社会知识，注重培养厚基础、宽口径、高素质人才，搭建使大学生脱颖而出的平台，为学生提供一个系统的、具有时代气息的知识结构和智能结构。对学生来说，与创业有关的知识、技能必不可少，但更重要的是强烈的创业欲望以及自信心与进取精神，因而需要在教学过程中营造一种民主平等、开放宽松的、有利于学生个性充分发展的教育氛围。

在教学方法上要立足于学生创新精神的培养，注意强化学生学习的主体意识，提高学生参与教学的积极性和学习兴趣，破除陈旧的教学模式，改变一言堂、满堂灌的教学方法，采取讨论式、情境式、问题式、探究式、参与式、模拟式的教学方法，以实践教学为主，通过案例教学、课堂讨论和答辩等形式，充分运用视频、音频、课件、网络等现代化的教育手段，将单一的课堂讲授扩展到指导学生自学、讨论、科研和实践，使方法、知识、活动和体验融为一体。同时应加强教师与学生的双向交流，引导学生在课堂上积极主动地开展学习，切实提高教学质量和效益。要注意将科研引入教学过程，训练科研方法，提高学生的思考研究能力和科学思维水平。对一部分有创业精神、创业能力的大学生，要专门为他们制订教学计划，配备指导教师。鼓励学生敢于创新，敢于提出新的观点和新的思想，以增强学生的创新精神和创造能力，努力做到因材施教，因人而异，从而构建起更能提高学生创业素质和能力的新型教学模式。

3. 建立新型创业教育课程体系

课程是高等学校教育教学工作的核心。人才培养目标的确定和表述是进行课程选择的基础，而课程设置又是实现培养目标的途径和手段。学生的全面素质教育包括主体性和创造性能力的培养以及个性的发展与完善，归根结底要落实到课程设置之中。也就是说，是实施就业教育还是创业教育，在高等学校的课程设置中就能够得到真实写照。前者强调学生对既定课程的服从与接受，因而较多地表现为学年制课程设置，课程类型的选择倾向于学科课程，课程形式主要是必修课；后者强调和尊重学生参与课程设置的权利，因而较多地体现为学分制课程设置，课程类型的选择倾向于综合课程，课程形式主要是选修课。但是，创业教育学科课程不是在高等学校学科课程体系外另起炉灶，而是用创业教育思想向学科专业课程渗透。一般来说，文科类学科专业主要渗透“智力创业”思想，理科类学科专业主要渗透“技术创业”思想。

高校要按照创业教育目标，改革现行的课程体系，调整课程结构，设置由创业教育学科课程、活动课程、环境课程和创业实践活动等构成的创业教育课程模块，构建就业教育与创业教育相融合的课程体系，并在实施共同创业教育课程的基础上，确定不同专业、不同创业方向所涉及的不同课程。并与有创业实践经验的企业家联手开发创业教育课程，搭建创业教育实践课程平台，为学生进行创业实践提供条件。在课程设置上，应该从“刚性”向“柔性”转变，按照“少而精”原则设置必修课，削枝强干，增加选修课比例。在课程设计上，其一应避免学术性僵化的弊端，强调课程的灵活性和可操作性，课程结构不宜过分结构化，内容不必过分追求系统性、理论性，而应注重实践性，要让学生在更多的不确定环境下，分析环境变化的趋势和问题存在的原因，提出与环境协调的最佳解决方案；其二应把握 3 个原则：一要以学科渗透为原则，将创业教育与学科课程有机结合，设置有关创业的课程和学分，强调创业教育重在培养学生创业意识，构建创业所需知识结构，完善学生综合素质；二要坚持第一课堂与第二课堂相结合的原则；

三要坚持理论与实践相结合重在实践的原则，以教材为线索，以实务为重点，以案例分析为主轴，辅以大量的课内模拟创业讨论，全面提高大学生创业知识技能。努力使高等学校的创业教育形成文化课、专业课和创业课相互渗透、功能互补，并能从理论到实践的一个完整的、立体多元的课程体系，为学生成功创业奠定良好的知识和能力基础。

（三）改革高校人才培养方式

当前，我国的高等教育已从“精英化教育”进入“大众化教育”阶段，严峻的就业形势迫使高校在人才培养模式上进行反思。我们应本着“以学生为本，以学生为中心”的教育指导思想，依据创业者应具备的素养、知识和能力，制订创业教育教学实施办法，选择有效实施创业教育的途径，改革传统的应试与就业教育模式，改革传统的“纯专业”教育模式，坚持贯彻学生自主学习的个性化原则和多元化的教育质量观。变“被动”为“主动”，致力于提高学生的综合素质，注重学生差异性，因材施教，在教学过程中特别重视学生的“主动性”“潜在性”和“差异性”，在教学指导中建立平等、友好、合作的师生关系，使学生在学习过程中树立自尊、自爱、自信、自强的信念，激发学生的积极性、主动性、创造性和智慧潜能，消除教育教学过程中压抑创造思维和个性发展的弊端，充分尊重、爱护和培养学生的创新精神和创造能力。一般来说，科研型大学对人才的培养应注重学生创业精神的教育，教学型大学应注重对学生的岗位创新与创业品质的培养，高职院校应更多地倾向于学生的创业技能实践教育。

二、营造浓厚的校园创业文化环境

校园创业文化是指全体师生敢于开创事业的思想意识以及相应的价值观念和鼓励创业的社会心理。创业文化作为一种文化力，不是一般的文化知识水平或个人学术修养，而是与创业有关的社会意识形态、思想观念和文化氛围，其核心是引导和鼓励人们追求财富、崇尚创造、激励奋斗。首先，高等学校要在精神和舆论上将创业提升到为社会创造财富、为社会分忧的高度，让创业成功者成为新时代大学生心中的榜样和英雄；其次，高等学校创业文化的形成要借助制度化的活动形式，使之成为一种具有长效影响的文化力量。为此，高等学校在推进创业教育，培育校园创业文化过程中。

（1）要通过在培育大学精神、更新办学理念、宣传办学指导思想、凝练校训、培育校风等大学精神文化建设中，凸显创业教育思想，促使创业教育成为高等学校办学新理念、教师教学新思想，创业成为学生学习的新境界。

（2）要通过以高等学校的组织建设和制度建设为载体的大学制度文化建设，

形成保障创业教育思想得到落实的政策、组织、制度和培养方案，实现创业教育与素质教育的有机融合。

（3）要通过以高等学校标志、文化设施和环境建设为载体的大学物质文化建设，在校园内应有鼓励学生创业的标志性的人文景观、创业成功人士宣传画廊、创业教育标语条幅等，营造创业教育环境和创业文化氛围。

（4）要通过高等学校领导工作作风、教师教风、学生学风为载体的大学行为文化建设，渗透创业思想，形成有利于引领学生想创业、敢创业的行为文化。使创业教育思想在校园内达到“宣传媒介中有、师生意识中有、人文景观中有、实际行动中有”，让大学真正成为大学生充分展示人的价值和实现人生价值的精神家园，努力营造校园内“尊重创业、勇于创业、乐于创业”的创业文化氛围。

（5）要努力提高校园文化品位和格调，开展丰富多彩的校园文化活动建设。在改革课程体系和课堂教学的同时，要加大第二课堂建设力度，开辟新的教育资源，做到课内与课外相结合。通过开展一些与创业有关的讲座、论坛、模拟创业活动等形式，使在校大学生生活在一个有创业文化氛围的环境中，并通过耳闻目睹、文化熏陶，培养其创业意识，激励其创业精神，增强其创业素质，提高其创业本领。

（6）要构建宽松和谐的人际氛围，加强校园人文环境建设。以学生的发展为核心，构建高校的制度文化，以人为本，无为而治，形成宽容的教育管理气氛；加强校风、学风建设，营造一种民主、科学、尊重个体创造和追求真善美的高等学校氛围，潜移默化地影响大学生的心理；建立相互尊重、彼此亲和的师生关系和学生关系，促进学生人际关系的和谐与人际关系能力的提高。

三、通过第二课堂活动实施创业教育

目前，虽然我国的教育改革取得了一定成效，但传统教育的缺陷仍然存在：在培养模式上不够灵活；在教学模式上强调统一教学计划；在教学内容上专业面狭窄，知识结构单一；在教学方法上缺少学生主动求知的机制等。运用学生乐于接受、形式灵活的第二课堂活动这一载体实施创业教育，不失为一条有效途径。

首先，从受教育者知识的连贯性、创业教育工作的连续性、创业教育的效果等方面来看，高等学校应该明确第二课堂的具体组织机构，负责组织实施这项工作，制订常年的工作计划，保证工作的有效落实。

其次，完善的创业教育应是对创业全过程所需要知识和实际操作进行跟踪培养的教育。因此，高校利用第二课堂进行创业教育不仅包括实践性环节的训练，更应该有相对完善的教育模式的规划。围绕创业教育的内容，在第二课堂活动的开展上应该突出创业意识、创业心理、创业技能、创业实践和创业成果的良性循环和相互渗透，因此，从内容的安排上，我们应该开展以下活动。

（1）开展“创业论坛”活动，以激发创业意识，增强创业信心。高等学校应充分利用校内外教育资源，组织高质量的“创业报告”“创业论坛”“创新论坛”“企业家课堂”和“成功校友创业成功报告会”等活动，用专家、教授、企业家丰富的知识和独到的见解及成功的创业历程，激励学生，增强其创业的信心和决心。

（2）开展“创业感触”活动，锤炼创业心理品质。一个合格的创业者要有艰苦奋斗、知难而进、锲而不舍、自强不息的精神品质和敢于面对困难、失败和挫折的优良心理素质。可以通过学生的“社团组织”“勤工助学服务中心”“大学生素质拓展中心”“大学生心理咨询中心”“大学生创业中心”等组织，有针对地开展“心理训练”“创业研讨”“创业模拟”等活动，锤炼创业者应有的心理品质。

（3）开展“创业培训”活动，以完善创业知识结构。专门成立“大学生创业素质培训班”，面向全校招收有志于创业的学生，设置科学合理的课程体系，使学生掌握创业应具有的综合知识。

（4）开展“创业实践”活动，以培养创业实践能力。充分挖掘和开辟校内外创业市场，提供机会，打造平台，整合资源，既可以通过市场化运作社团活动、项目化运作社会实践、课余假期大学生勤工助学、求职体验、参与市场调查与策划、试办公司、参与职业培训等事项完成，也可以通过创建电子商务网站、谋划书刊出版事宜、尝试做自由撰稿人等多种方式来完成。总之，高等学校应借助各种平台引导与帮助学生，有效实施创业教育。

（5）开展“创业竞赛”活动，以展示创业实力和成果。通过开展“创业计划大赛”“科技作品竞赛”“电子设计大赛”“计算机技能大赛”“创业创意竞赛”等活动来集中展示学生的创业成果，科学评价学生的创业能力，积极帮助学生吸引风险投资，适时推出比较成熟的创业团队和创业项目，完成学生创业从高等学校到社会的顺利转化。比如，浙江大学组织的“蒲公英”学生创业计划大赛，每届赛事均有近150支以上的团队报名参与，直接参与学生在1000人以上。同时，高校开展创业竞赛的鼓励政策和奖励措施也要到位。如对组织的竞赛活动要制订评优评奖的措施，并给予相应的学分，记录进《大学生素质拓展证书》等。

四、通过创业计划竞赛实施创业教育

大学生课外科技活动是创业教育的有效途径之一。通过课外科技活动，可以发挥大学生个性发展和综合素质培养方面的育人功能，使学生最大限度地发挥自身爱好、能力和特长，激发出能动性和创造性，实现个性的充分发挥。同时，借此还有利于大学生根据自身的特点、优势和能力状况，选择正确的创业目标。为了使学生能尽快掌握创业过程的实质，模拟社会创业的实际，增长创业经验，高校应借鉴国外的成功经验，通过“创业计划”竞赛活动的开展导入创业教育。

创业计划竞赛是对大学生进行创业模拟练习和创业专题培训的有效方式，可以涵盖理论知识和实践两部分内容，它能为那些渴望创业的学生提供一个模拟的平台。在虚拟的环境下进行创业，一是可以获得创业带来的满足感，二是可以在“零风险”的前提下体验创业的艰辛和不测，积累经验和教训，从而锻炼学生的能力和素质，引导学生树立正确的人生观和价值观。在创业计划竞赛过程中，学生要经过组队、选项目、培训、市场调研、完成创业计划书、答辩、项目签约、公司创立等阶段。“挑战杯”中国大学生创业计划竞赛以“勤奋学习、锐意创新、积极实践、勇于创业、团队合作、迎接挑战”为宗旨，学生通过参加竞赛可以获得模拟创业经验，体验创业经历可以学习积累创业知识，提高分析和解决问题的能力，锻炼组织管理和交流沟通能力，培养合作意识和团队精神可以激发学生的创业精神和事业心，培养创业意识和财富意识，引导学生树立正确的人生观和价值观。

创业计划竞赛作为大学生科技创新创业活动的新载体，在培养复合型、创造型、创业型人才，促进高校产学研结合，推动大学生创业教育方面发挥着越来越积极的作用。对于参赛的学生来说，在参赛的过程中激起了创业热情，获得了丰富的策划、财务、营销等知识，并得到能力的极大锻炼。对没有参赛的学生而言，创业计划竞赛也是一种氛围的熏陶，使其对创业有了一些感性认识。充满青春热情的年轻大学生具有追求成就、实现自我的强烈愿望，在目前的创业年代，自主创业无疑是大学生实现梦想的途径，而创业计划竞赛正是为大学生提供了一个展示自我的机会，一个实现梦想的平台。

（一）引导和帮助大学生学习创业知识，培养创业能力

在参加创业计划竞赛的过程中，学生通过参加讲座、培训、市场调查、实地了解、与人接触等方式，可以学习到如产品或服务设计、管理、经济、财务、法律以及实际运作等方面的相关知识和技术。同时，许多参赛学生认为，只要参加过创业计划竞赛，不管是否得奖，都会有“脱胎换骨”的感觉。其奥秘就在于，无论何种专业的学生，只要他参加一个创业团队，必定会接触到市场营销、市场调研、财务分析、宏观经济、产业分析、法律方面及工科技术方面的知识，并且要对其有所了解和掌握。而目前还没有一门课程能如创业计划竞赛那样，能把按

专业分割在不同院系的课程进行横向整合；还没有一个学习方式能如创业教育竞赛那样，使各类学科知识背景的学生充满激情、满怀兴趣的交流、沟通与学习。这种知识的整合与沟通的能力恰好是大学生今后走向社会，实现创业梦想所需要的综合素质与能力。

（二）培养和提高大学生的团队精神、沟通交流和组织管理能力

大学生创业计划竞赛不是普通意义上的大学生的专业比赛，不是单纯的、个人的、集中在某一个专业领域的学生竞赛，而是以实际技术为背景、跨学科的优势互补的团队之间的综合较量。一个人的力量是很难完成一份高质量的商业计划书的。在围绕着完成商业计划书而做的市场调研、讨论、演练、修改、答辩等过程中，团队成员各司其职，交流沟通，共同工作。他们之间取长补短，互相学习，相互理解，磨砺了意志，培养了团队意识、合作精神和配合能力，提高了沟通能力、说服能力和组织能力。

（三）培养学生的分析和研究能力，提高学生的综合素质

创业计划竞赛中最关键的一环是要形成一份优良的创业计划书，以赢得风险投资。创业计划一般包括执行总结，产业背景和公司概述，市场调查和分析，公司战略，总体进度安排，关键的风险、问题和假定，管理团队，企业经济状况，财务预测，假定公司能够提供的利益 10 个方面。一份良好的创业计划书不仅需要多方面的知识，更需要对各种问题的研究、分析以及最后的决策。所以形成计划书的过程是学生发现问题、思考问题、分析问题、解决问题的过程。在这一过程中学生要充分调动大脑，运用各种知识，进行综合分析。另外，创业计划书不可能躲在图书馆里或教室里完成，必须走出学校，与市场打交道，与风险投资商接触，这使学生能彻底走出校门，从书本走进社会，从理想回归现实。通过参与创业计划竞赛，使学生在调查、分析与研究的过程中得到自身能力与素质的最大提升。

（四）激发学生追求财富的意识

我国是一个财富意识淡漠的国度，也是一个对追求财富觉得“难以启齿”的国家。这与我国长期以来形成的历史文化传统有关。早在《论语》中就有“君子喻以义，小人喻以利”的为人观念，在当今社会中“小富即安”思想也有深厚的社会根基。这种状况削弱了人们追求财富的不竭动力，也减缓了人们勇于开拓、积极竞争、艰苦创业的脚步。富有理想、热情的大学生在这种文化氛围的熏陶与忽视财富意识的教育下，追求财富、创造财富的意识被压抑。创业计划竞赛中对未来蓝图的展望，对将要盈利数字的预算，对现在市场机遇的分析，对生产运作过程的规划，鲜活的数字，生动的过程，极大地调动了学生潜在的对财富的欲望与追求，而这也正是创业者勇于开拓、不断进取的不竭动力。但财富意识的培养也将是对传统教育观念的极大挑战，也将是一个长期的过程。总之，创业计划竞赛是一场没有失败者的竞赛，只要认真参与，学生就能获得宝贵的模拟创业经历。学生参赛的过程就是一种较为全面的能力培养过程，每一个步骤都是一个大的锻炼。高校在探索创业教育模式的过程中，可以利用创业计划竞赛这个载体，构建培养模式和训练体系，激发学生的创业精神和事业心，培养学生的创业意识，提高他们的创业技能。

五、建立健全校园创业服务体系

（1）要制定鼓励大学生创业的有关政策，并形成一种创业制度，激发大学生的创业欲望。

（2）要利用校园计算机局域网，加强校园创业信息服务网络建设，为学生创业提供创业项目、创业资金、创业导师、创业资源、创业政策等信息咨询服务，并通过网络平台，实现大学生创业群体的沟通和交流，增强创业大学生的集体归属感，营造良好的校园创业文化氛围，强化大学生创业意识。

（3）要通过建立的大学生创业指导中心，负责组织校内外有关专家和管理咨询机构，为创业学生提供企业管理、财政、税务、工商、外贸商务、法律法规等咨询服务和人员培训：负责对创业项目进行评审；协助创业团队办理工商注册、税务登记，提供物业管理、法律、企业管理咨询等服务；组织学生参加各级创业竞赛；组织对外宣传最新成果，对外承接各类课题和业务；负责利用创业奖励基金，对入驻创业团队评审管理并择优予以支持；帮助成熟的创业团队联系地方创业基地，帮助做好入驻工作，为创业团队提供接待洽谈室、会议室、培训教室等公共设施服务；协助创业团队疏通融资渠道，争取有关的扶持资金、专项贷款和风险投资。

（4）建立学校—院系—社团多管齐下的创业指导与服务体系，并且将该体系纳入高校就业指导与服务体系中。高等学校要加强对学生社团的管理工作，充分重视和发挥学生社团的作用，经常性地、有针对性地对其开展创业指导和培训工作，有意识地把创业教育引入社团活动之中。通过成立“大学生创业协会”以及开展形式多样的社团活动，宣传大学生创业政策和信息，普及创业教育，开展创业指导和专题讲座，推广成功创业者的经验，开展技能培训和小规模的创业实践，使社团活动成为一种积极的创业模拟活动和创业研讨活动，从而有效地锻炼和提高大学生的创业能力。

（5）成立“创业者俱乐部”或“创业者联盟”。“创业者俱乐部或联盟”

是准备创业和已经创业的大学生之间交流、沟通和学习的平台。通过这个平台，准创业者和创业者可以获得诸如培训、风险投资、项目、技术、孵化等方面的支持，帮助学生创办企业或者新创企业的成长管理。我们可以通过这个互动的平台把风险投资机构、企业、科技园、孵化器以及政府有关经济管理部门联系在一起，争取获得它们的支持和参与，使大学生创业活动具有一个很好的生态环境。在这个创业生态系统中，既可以加强高校与社会、企业之间的联系，又可以密切学生与风险投资界、企业界等的联系，从而丰富学生的创业学习和实践，放大高校的创业教育功能。

（6）要建立大学生创业园，为学生创业提供实践基地。高等学校应利用科技创业园、工产业园等实践基地，搭好“舞台”并提供全面配套服务，做好相应的示范指导促进工作，使创业者有更多精力致力于科技与运作方式的创新，有力地提高大学生的创业素质，孵化培养创新创业人才。同时创业园要形成源头活水，可以先通过扶植创业，再靠成功企业的回报扩大创业基金，从而形成一个良性循环、逐步壮大的建设过程。

第五节　大学生创业教育的拓展与创新

一、将创业教育融入大学生思想政治教育的全过程

在大学生思想政治教育中融入创业教育，并将其作为新时期加强和改进大学生思想政治教育的重要内容，是新形势下培养大学生创业精神、创业意识、创业品质，提高他们的综合素质，更好地把创业教育和思想政治教育相结合，实现创业教育和思想政治教育的科学性、针对性、实效性的重要途径。

将创业教育融入思想政治教育内容之中，并非要求把大学生全都培养成自主创业者，而是利用创业教育的特点完成以“人的全面发展”为目标的思想政治教育，创业教育培养学生成为全才的过程，同时也是促进其全面发展的过程。一方面思想政治理论课的教育内容和知识层面，广泛涉及哲学、经济学、社会学、伦理学、管理学、心理学及其他人文学科，通过思想政治理论课教育完全可以整合、完善大学生的知识结构，为培养创业型人才奠定基础；另一方面创业教育的实施可以有效地克服传统思想政治教育培养的学生存在依附性人格的弊端，可以更好地实现思想政治教育以人为本的教育功能，贴近大学生的思想实际、学习实际、就业实际、心理实际和生活实际，可以使学生具有更强的社会适应性和独立生存与发展的本领。这样的教育更能体现教育的人文关怀，培养出的人才才是更加符

合未来社会发展要求的人才。

为此，我们应在传统思想政治教育内容中着力开展以下工作：

（1）进行就业价值观教育，帮助大学生树立创业意识、营造创业文化、培养创业素质。这就要求我们要调整思想政治教育目标，建立全面的素质教育观念，把注重培养大学生的创业素质纳入大学生思想政治教育的目标体系当中，改变高校中“专业教师只管知识传授，思想政治教育只管思想”的现象，用创业教育思想把各种教育结合起来，服务于人的全面发展，帮助学生树立起新的就业价值观。

（2）重视挫折教育，帮助大学生培养创业品质、塑造健康人格心理。以内隐的方式培养大学生的情感和意志，使之具有独立性、敢为性、坚韧性、适应性、合作性，养成良好的个性品质，这既是思想政治教育的根本内容，同时也是大学生在创业实践中必须具备的精神和素质。

（3）实行开放式教育，帮助大学生培养创业能力。高等学校必须把握经济社会发展对人才需求的变化，面向社会开放办学，加强各类社会实践活动，努力提高大学生的创业意识和创业技能。

（4）进行创新教育，帮助大学生建立创造性思维品质。注重学生培养方案个性化，帮助其构建合理的、多元化的知识系统，为创新能力的形成提供坚实的基础。

（5）主张自我教育，发挥大学生的主体作用。创业教育与自我教育相结合，要充分发挥大学生的主体作用，建立民主、平等、和谐的教育环境，调动他们在创业素质培养过程中的积极性、自觉性和创造性。首先要注意培养大学生的自我教育、自我管理、自我服务能力，使他们学会自理、自护、自信、自强、自律，打好创业基础，同时要注意研究大学生身心发展的规律，根据不同阶段、不同专业、不同性别的大学生的特点，由浅入深、循序渐进地施展教育影响，谋求较好的效果。我们一定要将创业教育内化为大学生心中的稳定因素，成为他们的观点和信念，只有这样才能促进他们创业素质的形成。

（6）强化“两课”的思想政治教育作用。通过调整“两课”课程设置，强化“两课”实践教学，改革“两课”考试制度，将“两课”教学与大学生的创业教育有机结合起来，切实提高“两课”教学的德育功效。帮助学生正确客观的认识自身和社会，学会运用马克思主义的立场、观点、方法辩证地分析就业形势，树立科学的职业理想和创业目标，培养理性的创业激情和高尚的创业情操，帮助学生形成社会责任感、使命感和义务感，树立为祖国、为集体、为中国特色社会主义事业艰苦奋斗、勇于开拓、不断创新的远大理想和宏伟志向。我们可以通过开设《大学生综合素质与修养》课程、将学生参与实践教学纳入课程成绩考核等方法来增强“两课”教学的针对性、现实性和实效性。

二、重视大学生创业教育中社会适应能力的培养

大学生作为社会未来的专门人才，作为社会未来的劳动者或管理者，必须先对社会有所适应，在社会的大潮中站稳自己的脚跟，才有可能去进一步改造社会，进而实现自身价值。对大学生进行社会适应性教育，培养大学生的社会适应能力既是社会发展的要求，也是大学生社会化的重要目的，更是大学生自我发展的需要，它不仅有利于大学生个性的形成和完善，同时也有利于大学生培养和发展健康的心理。

在当今社会，增强大学生的社会适应能力不仅是必要的，而且是可能的，是具有可操作性的。笔者认为，在现今条件下，高校实施的大学生创业教育是对大学生进行社会适应性教育的有效途径和载体。创业能力是一种“特殊的能力”，这种特殊性就表现在创业能力不是先天的，无法通过遗传基因以潜能的形式先天获得，也不能通过单纯智力活动的或者通过专业、职业活动的训练来形成，创业能力只能通过社会实践活动来培养，它是知识、智力加实践的结果。大学生的社会实践活动是沟通高等学校“象牙塔”与社会“大市场”的极好的通道。通过大学生创业教育中的主渠道—社会实践活动的开展和进行。首先，可以验证、巩固、深化大学生在课堂上学到的理论知识，促使学生运用所学知识和已具备的能力去分析问题、解决问题，加速知识向能力的转变；其次，可以使大学生脱离传统依赖性，增强社会责任感和事业心，合理调节自我期望值，纠正自我意识的偏差和失误，强化自立能力，缩短与现实社会的差距；最后，可以培养大学生行动的自觉性、果断性、自制力，增强他们的挫折承受能力和自控能力，从而增强大学生的社会适应能力。

（1）通过创业教育中各项社会实践活动的开展，可以增加大学生对社会环境复杂性对其心理影响的免疫力，从心理上为将来更好地适应社会做出准备。当今社会环境的复杂性使得社会成员有着很大的不适应感，甚至造成心理上的困惑、迷茫和无所适从。进行社会实践活动，可使学生感同身受，对社会有一定的感知和认知，在心理上和思想上对社会现象、社会矛盾或问题产生一定的耐受性，进而建立一种正确的理解、认知和态度，以减少将来大学生走向社会后心理上的困惑和迷茫。

（2）通过创业教育中各项社会实践活动的开展，可以使大学生了解到社会对于人才的需求情况以及自身的缺陷和不足，以便将来更好地规划自己的学习和职业生涯，更好地适应社会、立足社会。通过社会实践活动，大学生可以了

解到社会发展对人才需求的趋势，以及社会对人才需求具体的、细微的情况，据此，学生可以根据这些趋势和情况，再结合自身的实际状况，在知识结构、素质养成、能力锻炼等方面做出自己的规划或设计，使自己将来能更好地适应社会的需求。

（3）通过创业教育中各项社会实践活动的开展，大学生可以演练自己的适应和改造社会的能力，为将来投身社会奠定基础。以小见大、以模拟推演真实，学生通过各项实践活动的尝试和探索，积累经验，锻炼身手，增长了适应社会的知识和才干。

三、在大学生创业教育中强化大学生心理素质的培养

想创业的人，必须是认知能力较强、有愉悦情感、坚强意志和果断行为的心理健康的人。创业要求创业者必须具有良好的心理素质，培养良好的心理素质应是大学生创业教育的前提和关键。所以，这就需要我们在各项工作中，从理论和实践上注重对大学生心理健康的教育，培养学生在心理上进行自我保健、自我预防、自我调节、自我矫正的能力，努力提高大学生心理素质，其中应特别着重对学生“逆商”心理素质的培养。

（1）教育者要充分认识到大学生心理健康教育的重要性，将大学生心理健康教育列入创业教育重要内容，充分利用高等学校的广播、电视、计算机网络、校刊、校报、橱窗等校园媒体的宣传功能，宣传普及心理健康知识，让大学生了解心理健康和心理调适能力培养的内容，了解常见心理问题产生的原因及主要表现，以科学的态度对待创业中出现的各种心理问题，使大学生一方面懂得创业是对人的全面素质的检验，尤其是对人心理素质的考验；另一方面懂得心理素质是影响人能否创业的主观前提因素，也是制约人创业能否成功的关键因素。

（2）各高校成立大学生心理健康咨询机构，定期开展学生心理健康普查工作，建立学生心理档案，了解大学生心理状态的发展变化，及时发现和解决问题。应通过个别咨询、团体辅导、心理行为训练、素质拓展训练、书信咨询、电话咨询等形式，采取倾听、认知、疏导、激励等方法，同时运用一些科学的测量方法和心理疗法，有针对性地向学生提供经常、及时、有效的心理健康指导与服务，帮助大学生克服心理上的疾病和障碍，让大学生学会通过心理咨询促使自我心理健康和人格完善。

（3）积极开展有益于大学生心理健康的第二课堂活动。通过加强校园文化建设，营造积极、健康、高雅的校园气氛，培养浓厚的学习风气和学术风气，激发大学生的创造性思维，使大学生在充实的校园生活中促进心理健康发展培养大学生高雅、广泛的兴趣爱好，加强人文素质的修养，学会以适当的方式排遣内心

的不良情绪，学会自我调适内心平衡，自觉培养良好心理素质，陶冶学生高尚的情操。给大学生充分的自我发展空间，支持和引导学生开展各种有益身心健康的活动，充分发挥学生的主动性和积极性，开发学生的创造性，促进其全面发展和健康成长。鼓励学生利用假期参加各类社会实践活动，接触社会，在感受社会的激烈竞争中提高自身的心理素质，锻炼他们的意志品质，提高他们的心理承受能力适当提供实践机会或模拟创业的情况，让大学生从实践中加强对创业的体验，增强创业的心理准备，形成良好的创业心理品质。

四、加强大学生创业实践教学

大学生创业实践教学是创业教育的特定课程模式，是课堂教学的有力补充和拓展，也是培养大学生创业意识、创业心理品质和创业能力的具体途径，是毕业生适应社会、求知择业的重要环节。它对于增强学生实践动手能力，提高学生的整体素质，培养具有创新能力的高素质人才有着非常重要的意义。

创业实践教学作为创业教育的主要课程方式之一，具有新的内涵和特点：

（1）创业实践教学通过教育化的改造，体现了创业教育的意义和价值，被加工和规范成为既符合教育教学规律，又符合学生身心发展特点的教育方式和手段。

（2）创业实践教学作为一种课程方式，做到了教师和学生的“双边活动”，有导师行为和学生行为的规定要求，有师生之间相互作用的特定方式，有教育教学的特定空间和时间组织方式，有判断和评价教学效果的特定材料和价值观念。

（3）创业实践教学是以学生的自我教育、自主学习为主线，充分发挥学生的主观能动性和积极性，独立发现、分析并解决问题，在做中学、学中做、学做结合、动脑与动手结合，构筑起学生自我教育和自主学习的教育实践活动序列。

由于各个专业学科中都蕴含着丰富的创业教育内容，所以，创业教育除了进行传统的课堂授课之外，还应该与学生的具体专业结合起来，在学科教育中，特别是在专业实践教学中渗透和加强创业教育，增加专业实践环节，是培养大学生创业素质、提高大学生创业能力的有效途径。在教学实践中，创业教育不求打破现有的课程体系进行专门的创业教育，主要是在现有课程中挖掘、开发、增强创业教育的内容，通过渗透、结合、强化的方式，加强学生创业意识的培养，强化专业教学中各项技能与素质的训练。并根据学生个性化的需求和不同发展阶段的学生需求，有针对性地、具体地开设多学科的实践教学。我们可以在教师的指导下，组织学生面向社会参与科研开发和技术服务，或协助教师共同进行课题研究，也可以适当吸收学生直接参与高等学校产业公司的经营和管理，指导学生按程序体验创业过程的演练；高等学校应利用假期时间多开展社会实践，与企业建立联系，让学生进行参观，并加入企业的运作当中，对企业运行和发展进行调查与分析，结合自己的专业知识对企业的不足之处进行评价，累积创业经验。

创业实践教学是创业理念实施的一种模拟，是创业的“试验室”，它正是通过创设一种特殊的文化环境来实现课堂讲授以外的教育目的和教育效果，把创业教育从单一的课堂教学活动扩展到学生自学活动、科学研究活动和现场的生产实践中去，目的是让学生在一种接近实际的氛围中锻炼成才。这种目的和效果将潜移默化地影响学生，并逐步内化为学生的素质，增强学生的求知欲望，从而激发学生的创业意识与思维，提高学生的创业能力。通过创业实践教学环节，提高实验课、实习课、设计课、研讨课等实践课程的地位，把课堂教学、生产实习、社会实践、社会调研以及毕业设计等教学环节有机结合起来，强化学生的实际动手能力和实践技能的培养，实现从科学知识型人才向科学知识实用技能型人才的转变。由此可见，作为创业人才培养的重要环节和有效途径，创业实践教学在整个创业教育中起到非常重要的作用。

创业实践教学一定要形成合理的机制，高等学校和学生个人应当形成一种有效的合力。高等学校的侧重点是通过深化教育改革，培养学生的自由个性、自主学习的能力、创新能力、综合人文素质和国际竞争力，并且为学生自主开展创业实践提供资金、环境、政策和其他条件方面的支持和保证；而学生方面的重点是在熟练掌握所学专业技能的基础上，充分发挥自主性、自由个性和开创性，不拘泥于某一种创业实践方式，尽可能自主地开发和开展各种创业活动。我们可以通过创办“模拟公司”、举办“创业设计大赛”、开展“校企合作”、加强“专业实习和毕业实习”、成立“创业孵化中心”和“小企业中心”等形式，提供机会，打造平台，整合资源，开展各种创业实践教学活动。在教学中把“学”与“用”融为一体，可以采取“请进来、走出去”“现场教学”“实动体验”“主题报告”“案例分析”“提供咨询服务”“创业导师指导”“模拟企业管理”等方法，给学生提供实践教学平台。一种刊物的策划与创意、一个社团的组织与管理、一个科研的立项起草与申请、一个项目的运作管理、一种专利或技术的发明与使用、一种法律实践或金融实践的模拟等，都可以让学生在求学过程中能与社会、高校、企业、导师在时间、空间方面“零距离”对接，充分运用所学知识，提升分析解决问题的能力，培养适应能力和实际操作能力，同时可以锻炼自身吃苦耐劳、坚韧不拔的意志和爱岗敬业的精神，做到明自身、知社会、务实功，培养创业意识，增强创业能力。

五、加强大学生职业生涯规划教育

职业生涯规划，是个人对自身的主观因素和客观条件进行分析、总结和测定，确定自己的事业奋斗目标，并选择实现这一事业目标的职业，制订和安排相应的工作、教育和培训的行动计划，并付诸行动，实现职业生涯目标的过程。职业生涯规划可以发掘自我潜能，增强个人实力可以增强发展的目的性与计划性，提升成功的机会可以提升应对竞争的能力。因此，职业生涯规划实质上是学生未来职业理想的确立、职业目标的定位、职业分析过程和职业训练实践的全面展开。

和最初的职业指导相比，职业生涯规划辅导在高等学校已不只是指导学生选择职业或就业，而是重在以正确的人生观、人才观和职业观引导学生，让他们能从社会需要出发，结合自己的特点，掌握合理选择专业与职业方向的能力。大学生自主创业是进一步加强大学生素质教育和推进高等教育社会化、提高毕业生的社会适应能力、拓宽就业途径的现实措施。只有将大学生创业教育和职业生涯规划教育有效地结合起来，才能使学生在自身职业规划中，结合自身和社会实际，自觉把创业变为实现自身价值的一个重要途径，明确创业方向，并最终使创业理想扎根于头脑之中。为此，我们可以说，创业教育是职业生涯规划教育的一个重要内容，职业生涯规划是实施创业教育的一个重要载体，高等学校可以以职业生涯规划教育为主线来实施创业教育。通过职业生涯规划教育既可以培养学生的创业意识与责任感，还可以培养学生与创业相关的品质与能力。

大学生职业生涯规划教育应该从大学一年级开始实施，贯穿大学教育全过程。高等学校可以成立“职业生涯俱乐部”，为学生提供全方位的服务，通过各种讲座活动、研讨交流、电子杂志、网站，以及针对个体的咨询辅导等多元化的途径，为广大学生建立一个专业的促进职业发展的交流空间和支持平台。将创业教育与大学生职业生涯辅导相结合，以重视个性培养、促进个体发展为根本目的，注重引导个体以更加广阔的视野审视个人职业选择与人生发展之间的内在联系，帮助大学生入校之后就开始进行职业生涯的探索、规划、选择、决策和实施，并在明确努力方向的基础上制订出实现每一个目标的相应措施，帮助学生全面了解“职业与生活”“职业与社会”“职业与人生”“职业与创业”的一般常识、基本知识和相关实践体验，认识各职业群体的基本要求，养成初步的生存意识和创业向往，并在此过程中逐步培养他们的创业意识和正确选择适合自己发展的创业项目的能力，从而实现自己的职业理想。高等学校的教学计划设计应致力于构建完善的教学、咨询、辅导体系，教师作为促进者应提供尽可能多的信息帮助与活动机会，使学生在不断的尝试、摸索、反思中学会对个人职业目标进行自我设计、自我选择、自我评价、自我管理，从而不断增强就业意识和职业生涯规划意识，实现毕业时的顺利就业或创业，并为今后个人的职业发展奠定良好的基础。

六、大学生创业教育中的网络资源的利用

教育信息化不仅能整合资源、提高效率，而且能够促进教学现代化、教材多媒体化、学习自主化、管理自动化、实验虚拟化，是创业教育的重要而有效手段。高校应该加强校园网及电子图书馆的建设，建立创业教育综合服务网站，充分利用网络资源，加强信息交流，实现资源共享。我们可以通过网上设立创业教育案例库，开展网上教学、网上讨论、网上咨询、网上宣传等多种方式对大学生创业教育进行教学和管理。如我们可以让比较成熟的，尤其是创业教育试点院校经典创业“课程”实行网上教学，在校际间相互承认学分的基础上实现创业课程资源共享，让学生有广阔的课程选择空间，提高创业教育质量可以设置“网络创业”文库，分类精选具有典型意义的创业案例，分析成败得失和经验教训，切实培养和提高学生的创业素质建设“电子图书馆”，汇集创业教育方面大量知识性、技巧性阅读材料和音像资料，供大学生依托互联网自助学习。这些不仅为创业教育的宣传引导和教学手段打造新的模式，也为网络教学的发展提供了有力证据。

高校要建立大学生创业网站，利用网络培养大学生的创业精神和创业能力。中南大高等学校建立了研究生创新园网站、中国大学生创业网站等网站。其中，中国大学生创业网立足于创业素质养成和创业精神培养，定位于创造平台，教育培养，沟通互动，咨询帮助，参与提高，以“点燃创业理性，释放创业激情”为宗旨，瞄准大学生创业，服务于大学生自主创业、求职就业、人生理想设计、素质提高等教育目标，设有创业教育、创业环境、自我设计、实践尝试、异域文化传播、创业乐园 6 个栏目，推进大学生创业活动的科学化和规范化。该校还利用网络的即时效果好、参与性强、覆盖面广等优势，推出一系列网上咨询活动，邀请知名学者、专家和商界成功人士，做客创业网站，就人生与人才等问题进行交流，激发了学生的创业热情和创业欲望。走向社会的第二课堂是培养学生创业能力、提高创业素质的重要渠道。这样，通过拓展第二课堂教育空间，营造了浓郁的校园文化氛围，推动了校园文化与网上活动的有机融合，有利于创业型人才的培养。

华中科技大学的大学生科技创业开放式网络教学平台开创了我国创业教育和网络教学全面结合的先例，其教学功能包括：

（1）“培训动态”包含培训通知和动态信息；“创业培训”包括课程推介、创业导师、关于网络；“创业课程”包括教学大纲、课程设置、课程安排、创业导师。“创业论坛”面向导师和学生创业的论坛。

（2）“创业文库”含案例、理论文章，含文本、视频资料。文库里的文章已将近千篇，教师们在每次的讲课后，也会布置思考题、提供参考书目，引导学生在“创业文库”中学习，有效地激发了学生对知识的探索欲望，并引导学生自觉、主动地从事学习活动，使学生养成良好的学习习惯，掌握科学的学习方法，提高学习能力。

（3）“学生中心”包括状态查询、创业团队、创业计划。网络平台实现的全面教学管理，特别是评分、考勤，使学生的考核公开化、透明化。创业论坛也使学生和导师的沟通有了新的方式。

七、建立和充分利用大学生创业实践基地

建立大学生创业教育实践基地，其一可以创造多元的教育环境，让学生适当参加社会实践活动，满足学生形成职业理想的需要，树立职业目标，增强创业意识；其二可以开拓“理论—实践”的教育途径，让学生带着书本知识去检测自我能力，寻找完善自我的目标，促进学生做到知和行的统一，发展专业特长，提高创业能力：其三可以挖掘教育资源，探索开展大学生专业教育和思想政治教育的有效渠道。高等学校对建设创业实践基地应给予人力、物力、财力上的保障。

充分利用校内资源建设创业实践基地。一是高校的科研实验室、国家重点实验室可向学生开放，使学生了解学科前沿，演示高精尖设备，展示最新科研成果，同时接纳一部分优秀学生参加课题的研究，有利于大学生创业实践动手能力的提高；二是高校大学生社团市场化运作，充分利用校内资源组织大学生进行创业体验。社团活动、大学生勤工助学、社会实践、干部挂职锻炼、产学研合作等都可以作为大学生校内创业的载体，高等学校可以成立由学生自主设计、自主管理、自主经营的科技服务与开发公司或经营性商业服务企业，让学生实际从事和体验商业经营、技术服务、科研开发、成果转让等创业实践活动，比如可以建立学生超市、学生书亭、学生家教部、计算机维修部、网络维护站等实体，在教师指导下，让学生在实体中处于主体地位，体验创业全过程，从而培养他们的创业精神和创业能力；三是建设高校科学技术“孵化器”和创业示范基地，如建立大学生创业园，为学生创业提供资金、资助和咨询服务。

创建校外大学生创业实践基地。创建校外大学生创业实践基地，是培养大学生创业能力的有效办法，对此许多高等学校作了积极探索，也逐步得到企业和社会的认同。一是建立产、学、研一体化教育模式，与企业开展合作教育，让学生进入现场，深入岗位，感受创业氛围，增长创业才干；二是大学生挂职锻炼，利用大学生的专业优势，选派优秀学生利用假期或专业实习、毕业实习期参与公司

企业、工程项目、商务促销、社区服务、结对扶贫、模拟创业等形式的挂职锻炼，进行实践训练，这样既拓宽了学生的专业实践培养途径，又提高了他们创业的综合素质；三是鼓励并组织大学生积极参加社会调研与实践活动。有计划、有目的地组织大学生到社区、工厂、农村等地参观考察，使大学生了解社会、了解市场，加强感性认识，深化理性认识，培养艰苦奋斗精神，提升组织管理能力，锤炼创业意志。如针对社会创业热点及企业、地区发展相关经济环境开展市场调研，了解实际状况，发现、分析并解决问题，写出调研报告。在此过程中既可以提升学生的创业素质，还可以理性地修正学生的创业目标。

第七章

就业准备与求职方略

第一节　就业准备概述

一、就业准备的含义及重要性

劳动就业是社会形态中的一个重要组成部分。目前，由于我国劳动力总体供大于求，就业形势十分严峻。为了能找到一份理想的工作，在激烈的就业竞争面前经得起考验，我们必须面对现实，做好就业前的准备工作。

所谓就业准备，就是指求职者为了能从事某种职业或获得某个职位，在一个相当长的时期内所做的就业准备工作。它是劳动者就业的基础和前提，因而是非常重要的。只有进行了必要的就业准备，才有可能产生相应的求职择业行为。做好充分的就业准备还有助于选择一个理想的、合适的职业，实现就业目标。随着社会和经济的发展，社会职业对从业者的身体素质、心理素质、科学文化素质等提出了新的要求。这就决定了只有做好充分的就业准备，才能适应社会发展对人才的客观需要，更好地为社会作贡献。

二、就业准备的内容

1. 确定合理的就业目标和择业标准

要做好就业准备，首先要确定合理的就业目标和择业标准。所谓合理的就业目标，就是指选择的职业既符合个人的特点，也符合社会需要，体现人职合理的匹配，能充分运用自己所学知识，发挥个人优势，多为社会作贡献的就业目标。每个人都有巨大的潜能，能否正确地定位自己的发展方向，关键在于能否全面认识和了解专业的综合优势。在目前的就业形势下，最大的可能是从事与所学专业相关的职业。因此把与本专业知识对口的职业作为自己就业的主要目标，既符合教育的培养目的，又能充分运用自己的专业知识，发挥专业特长。同时结合经济社会发展形势，合理调整自己的知识结构，根据自己的兴趣、爱好，利用课余时间，通过自学等途径学习有关知识，培养多种能力，选择相适应的就业目标。

2. 知识、能力和技能储备

知识是就业的基础，招聘单位选择人才，不仅重视其专业水平，还重视基础知识。为了提高就业者素质，要求求职者要经过专业培训教育，在就业前做好知识、能力和技能等方面的准备。进行就业培训的途径主要有两个：一是各类学校正规化就业培训途径，经过几年的理论和职业技能的学习，考试合格，获得专业教育毕业证书和技术等级证书，从此具备了职业资格。二是参加各类就业训练机构的适应性就业训练，以获得培训合格证书，具备求职资格。

3. 心理准备

市场经济机制是具有竞争性的体制，双向选择的就业制度是一种竞争性的就业制度，劳动者在就业前要做好充分的竞争意识的准备。竞争是一种多人共同参与的社会行为，需要一定的社会规范，要求公正、公开和公平。作为就业竞争的参与者，要遵守竞争规则，客观地评价自己和他人，不得自我吹嘘，不得恶意贬低、诋毁他人。在市场竞争就业形势下，不断提高自己的就业竞争能力，才可获得满意的就业岗位。求职失败是难免的，有时是“屡战屡败”，但还要“屡败屡战”，这就需要增强自身的心理承受能力。人们在求职过程中，遇到了障碍而导致需求不能满足、行动不能开展、目标不能实现；一个人要谋求某个职业但却屡次不能得到；获得某个职业后因不能适应岗位要求而被迫辞职；想要发挥自己的才能却未遇见“伯乐”，这都是求职过程中常见的事，关键是如何对待。劳动者在就业前，要做好充分的心理准备，失败乃成功之母，生活中的挫折可以锻炼意志、增强能力，也是造就人才的好机会，是强者缔造职业生涯辉煌的必经之路。在求职遇到挫折时，应冷静思考一下失败的原因，有针对性地采取措施，调整目标，制订新的有效方案，增强自身的能力，重新踏上求职之路。

第二节　获取就业信息

一、就业信息概述

1. 就业信息的内涵

劳动者在做好充分的就业准备后，多方获取就业信息也是十分重要的。所谓就业信息，就是指与就业有关的消息和情况，包括经济发展形势与趋势、国家就业形势、国家和地方的就业政策、市场需求情况、用人单位情况等。信息是择业的基础，是走向用人单位的桥梁。谁获得了更多的就业信息，谁就获得就业竞争的主动权。要想成功就业，就应该把握一切机会，通过各种渠道和方法，主动收集就业信息。

2. 获取就业信息的目的

（1）了解就业形势。从全国的就业形势来看，劳动力总量供大于求的局面将会长期存在。高校应届毕业生逐年增多，失业人员数量居高不下，农村富余劳动力转移规模逐渐增大等，在一定程度上加大了当前就业工作的压力和难度。在今后一个较长的时期内，我国总体的就业形势仍会比较严峻。劳动者自主择业、市场调节就业、政府促进就业是我国当前的就业方针。

（2）关注市场需求。人力资源市场对各类劳动者的需求是不断变化的，求职者在求职过程中要用发展的眼光来考察就业领域，在对各种现存和新兴职业有了清楚的了解后，通过综合权衡，合理地做出自己的职业选择，找到有利于个人发展的理想职位。

（3）考察用人单位情况。用人单位情况是收集就业信息的核心内容。求职者首先要了解用人单位的基本信息，如准确名称、所有制性质、隶属关系、联系方式等。其次要对用人单位的招聘情况作进一步了解，包括用人单位准备招聘的专业、人数和岗位，以及用人单位的用人要求等。

二、获取就业信息的渠道

（1）学校就业指导中心是各高校毕业生求职的一个重要渠道。学校就业指导中心与上级教育人事主管部门、社会各界以及用人单位均保持广泛而密切的联系。通过学校就业指导中心来获取就业信息的优点在于就业信息量大、针对性强、准确及时、成功率较高，而且竞争对手相对少一些。高校毕业生应好好利用这一渠道，与就业指导中心的老师保持联系，为自己寻找尽可能多的机会，在激烈的竞争中胜人一筹。

（2）人力资源和社会保障部门开办的人力资源市场、人才市场。各级人力资源和社会保障部门除承担行政事务性工作外，其业务重点就是提供信息服务，建立和发展就业市场，开展就业指导和培训，其信息来源安全可靠，是当前和今后求职的主渠道。

（3）经人力资源和社会保障行政部门批准的机关、企事业单位、社会团体、个人开办的职业介绍机构。目前除人力资源和社会保障行政部门开办的人力资源市场外，机关、企事业单位、社会团体和个人也允许开办职业中介机构。根据《中华人民共和国就业促进法》第四十条规定，职业中介机构应当具备以下条件：①有明确的章程和管理制度。②有开展业务必备的固定场所、办公设施和一定数额的开办资金。③有一定数量具备相应职业资格的专职工作人员。④法律、法规规定的其他条件。

符合以上条件后，经人力资源和社会保障行政部门审批，发给《职业介绍许可证》，并到当地同级工商行政管理部门办理《营业执照》。因此，求职者到上述职业介绍机构求职时，要看其有没有人力资源和社会保障行政部门颁发的《职业介绍许可证》和工商行政管理部门颁发的《营业执照》。

（4）招聘会。目前的招聘会主要有两种，一种是大型综合招聘会，一般选址在大型的展览中心、体育场所，可以吸引几百家甚至上千家各种行业和类型的企业前来现场发布职位信息并与求职者见面。另一种是规模比较小的专业人才招聘会，参加的公司企业都是来自特定行业，前来的求职者也多是以该行业和职业类型为求职目标。和其他方式相比，招聘会具有规模大、层次高、需求广等优势，求职者应抓住这一时机积极参与，收集就业信息和选择工作单位。

（5）互联网。随着我国现代化建设的不断提高和电子通信技术的广泛应用，网络也逐渐成为获取就业信息的一个重要渠道。网络信息和网络求职以现代科技手段为依托，信息量大、成本低、方便快捷。但是由于网络信息庞杂，求职者一定要仔细过滤、筛选招聘信息，尽量选择一些大型网站，如中国国家人才网、中国劳动力市场等。此外，访问你希望去应聘的公司网站，可能也会有意想不到的收获。

（6）报纸杂志开办的求职专栏。在报纸和杂志上寻找就业信息也是最常见的求职方式之一。报纸招聘的显著特点就是地域性比较强。每个地区的大众报纸一般都开辟有相关的分类广告版面，刊登大量的本地区招聘信息，这些职位都是针对本地报纸的读者发布。目前国内许多地方性报纸刊登的招聘广告一般都是当地中小公司中技术含量不高、工作难度不大的工作。而影响力比较大的报纸上也可以看到大公司对中高级职位的招聘信息。另外，一些行业的专业刊物也是比较好的求职渠道，尤其是对寻求专业对口的技术类职位而言。

（7）亲朋好友介绍。依托人际关系寻找工作是一种比较传统的方式。求职者应充分建立和利用各种社会关系网络，获取就业信息和谋求工作机会。事实上，目前有许多劳动者都是通过亲朋好友介绍而找到工作的。

三、使用就业信息

1. 整理信息

面对通过上述渠道获取的就业信息，首先要进行认真整理。信息整理所要完成的工作共有三项：

（1）把原始信息转换成为便于观察、传输、分析的形式。

（2）对初始信息进行去粗取精的筛选，并加以分类、整理、编辑、浓缩、提炼以及做必要的统计。

（3）把某些信息集中并储存起来。信息整理力求及时、准确、实用和经济。

2. 分析信息

在对就业信息进行整理的基础上，要进一步分析就业信息。由于就业信息的来源和获取方式不同，其中难免会有一些虚假信息。因此，求职者要通过分析，从中筛选出自己感兴趣并且能够胜任的职位。然后对这些信息的可靠程度进行进一步分析。一般来说，由学校、政府部门和亲朋好友处获取的信息可信度比较高，可以作为择业的参考依据。

3. 使用信息

在认真整理和科学分析信息的基础上，求职者要及时向信息发布者反馈自己的信息，抓住时机与用人单位见面，从而通过双向选择，争取尽快达成就业意向并签订就业协议。

第三节　形象设计

获取就业信息只是求职的第一步，要想得到一份理想的工作，面试的过程是无法避免的。要想在面试中获胜，对自我形象的设计是十分必要的。通过这些手段，可以充分将自我展现在用人单位面前，从而给用人单位留下一个好的印象，获得用人单位的信任，最终成功就业。

一、服饰选择

1. 着装的基本要求

穿着不仅是个人文化修养的体现，也是社会发展和自我发展的要求，还是一个人内在美的外在体现。俗话说人配衣裳马配鞍，这大概是古人对形象的最直接、最朴实的理解，可见服饰在形象设计中的重要性。由于服饰是一种视觉感观的直接再现，所以表现得最为直观，能体现人的情操与修养、性格与品德，还蕴含着丰富的寓意。在生活中，每个人成长的环境不同，因而性格也就各异，审美倾向也就不同。在求职过程中，服饰的选择要遵循两个基本原则，即整洁、干净。求职者的穿着不必过于讲究，庄重得体，整洁干净，合身就好。

2. 服装色彩、款式选择

服装的色彩、款式应与应聘职位相吻合。在竞争激烈的商业社会，面试必须穿着专业。面试前最好先考察一下未来的工作场合或即将从事工作的性质：在要求严谨的公司或政府机关工作就需要一套西服，深蓝色、蓝色比较合适，显得很端庄，很职业。建议大家不要穿黑色、灰色，黑色会给人一种压抑感和威胁感；灰色给人的感觉是呆板，缺乏创意。可配白色衬衣，深色领带。在普通公司上班，着装应比较平常，鞋子和衣服整个色调是一致的就可以了。如果你应聘的公司很注重创意，比如一些广告公司，可以稍微穿得休闲一些，时髦一些，在轻松自由的搭配上显示出你的创意来，但不要表现得太另类、太前卫。另外，切忌上衣和裙子都是花花绿绿的，应避开大红、大紫或粉红、粉紫等颜色；不要选择有许多装饰物、褶边或蕾丝款式的衣服；衣服尺码一定要合身，太宽显得随便，太窄显得寒酸；男生的袜子最好不选浅色的；同时避免衣服档次太高给人留下生活奢华的印象。

3. 佩饰的选择

当前很多女士喜欢佩戴一些项链、腰链、手链等装饰品来彰显自己的个性。但在面试时一定要注意，此类装饰品的选择一定要含蓄精致，不可佩戴过多，绝不能“未见其人先闻其声”。另外，选择一个精致的拎包，可以使你的着装显得更加整洁、更加职业化。年轻女士挎上很有韵味的手提式拎包，显得比较干练，适用于管理人员、办事人员等；手提式背包适用于中老年人，显得沉稳端庄。同时，选择手袋（包）要考虑到衣服的颜色，白色或黑色手袋可配任何颜色的衣服。身材高大的女士，不宜用太小的包；反之，娇小玲珑的女士不宜用太大的包。男士在面试时可以选择拎一个公文包，但要选择软质的拎包而不是硬质的箱包，更不要选择夹包，它会让你看起来更像老板而不是应聘者。

二、仪容设计

1. 发型的选择

大多数人关注一个人，目光首先落点到对方的头发上。因此，在求职期间，务必要注意保持头发的清洁，并选择一个适合自己的发型。发型不仅要符合美观、大方、整洁、方便生活和工作的总体原则，而且要与自己发质、脸形、体形、年龄、气质、服装以及环境等因素很好地结合起来，才能给人以整体美的形象。

发型设计可以使人活泼年轻，也可以让人变得端庄文雅，起到修饰脸形、协调体形的作用。就不同的脸形来说，椭圆形脸是东方女性的标准脸形，可选任意发式。长脸看起来面部消瘦，发型设计上应适当遮住前额，并设法使双颊显得宽一些。圆脸形的人应将头顶部的头发梳高，使脸部在视觉造型上增加几分力度，并设法遮住两颊。而方脸形应设法掩饰棱角，使脸形显得圆润些。额部窄的脸形，应增加额头两侧头发的厚度。长脸形的人不宜留太短的头发，下巴较长的人可以留些鬓发，矮胖或瘦小的人头发不宜长，瘦高的人应留长一点的发型。女性如果再在头发的适当部位装饰花色款式、质地适合的发夹、发带或头花等饰物，那么就对整体美起到“画龙点睛”的作用，从而增添无限魅力和风韵。但要注意饰物不可过多，色彩也不能过于光亮耀眼，形成堆砌，否则将给人一种俗气的感觉，反而失去自然美。男士的发型也要体现出一个人的性格、修养和气质。短发型可以体现男士朝气蓬勃的精神面貌，具体来看，寸发适合于头型较好、面部饱满的男生；前额较宽的人应该梳“三七开”的分头，以便更多的头发能够遮盖前额；选择“四六开”或“中分”发型的男生面部一般都不会过长，而且发质偏油性的较为合适。

2. 面部妆容

在妆容上，建议女士稍化淡妆，略修眉毛，体现整洁、自然的轮廓。采用自然色系的口红或唇彩，如橘红色、桃红色或玫瑰红，映衬健康、青春的肤色。相比而言，眼影、睫毛膏不太必要，但若所应聘的职位相对轻松活泼，不妨尝试与肤色相近的色系。男士在面试前最好刮刮胡子，给人以清爽、整洁的印象。

三、形象设计中需要注意的几个问题

除了上述几个基本要求外，在形象设计中还需要注意以下几个细节问题：

（1）任何时候请保持衣服和鞋的洁净。

（2）女士穿着短裙配凉鞋时可不着袜或着长筒丝袜，切忌短丝袜。

（3）男士穿西裤时，哪怕是休闲西裤，都最好不要配旅游鞋，应该配皮鞋。

（4）男士不要穿西装打领带却配牛仔裤。

（5）切忌穿着明显是假冒的伪名牌服饰。

（6）女士穿紧身牛仔裤时，最好不要配松糕鞋。

（7）男士穿皮鞋时，最好不要穿运动袜。

（8）男士不要穿运动休闲服却打领带。

（9）女士不要穿套装或套裙却配双肩背包。

（10）女生切忌穿长裙、短裙时配一件外套。

总之，如果你想在求职面试中给人以良好的第一印象，一定要注意穿着适合自己的服饰，保持优美的仪容。

第四节　简历制作

在获得了就业信息后，一份制作精美的简历对于求职者来说是必不可少的。一份完整的简历主要包括简历、求职信、附件等。

一、简历撰写

1. 简历概述

简历是概括介绍个人情况的文字材料，是求职者的技能、成就、经验、教育程度、求职意向等的简洁的概述。其格式是灵活多样的，一般来说，可以分为完全表格式、半文章式、小册子式、时序式等类型。其内容一般包括个人资料、学校及专业情况、学习和工作经历、获奖情况、求职意向、自我评价、联系方式等。

2. 简历的基本要求

（1）内容真实。在制作简历时，一定要遵循真实性原则，这是最基本的要求。有许多求职者，为了给用人单位留下一个好的印象，往往会给自己的简历“造假”，如提供假成绩、假证书、假职务等。在招聘过程中，如果一旦被用人单位发现简历有造假的现象，应聘者的人品道德就会完全丧失，也注定无法找到优秀的雇主。

（2）针对性强。对于不同的企业、不同的职位、不同的要求，求职者最好应当事先进行必要的分析，有针对性的设计简历内容。盲目地将一份标准版简历大量拷贝、发放，效果会大打折扣。求职者应聘不同的企业，一定要用不同的简历，建议应聘者结合要应聘的企业制作自己的简历。

（3）简单但厚实。简单的意思是，一般情况下，简历的长度应以一张 A4 纸为限；简历越长，被认真阅读的可能性越小。高级人才在某些时候可以准备两页以上的简历，但是也需要在简历的开头部分有简洁清楚的资历概述，以方便阅读者在较短时间内掌握基本情况，产生进一步仔细阅读的愿望。千万不要把简历写上五六页，一般人力资源部门负责第一轮简历筛选的人，根本没有那么多的时间看。厚实是指简历内容要丰富，传递的信息量必须大。要把自己的教育背景、工作经验、能力优势都一一表达清楚。

（4）重点突出。写个人简历要着重表现自己有利的方面，如果你的学历低，就写自己的工作经验或特长。如果你不年轻，就要显示你的成熟。你所写的个人简历要真实（稍重点突出）地反映你自己，只要看了你的简历，就有一种吸引力，为赢得一份工作创造较好的条件。

（5）评价客观。简历中通常都会涉及自我评价，应当力求客观公正，做到诚恳、谦虚、自信、礼貌。避免过分虚夸，也不要过于自卑。

（6）制作精美。一份优秀的简历，除了内容上的要求外，精美的版面设计也是一个十分重要的因素。段落不要过长，字体大小适中，排版端庄美观、疏密得当。不要因为省钱而去使用价廉质粗的纸张。

3. 撰写简历的几点注意事项

（1）尽量以第三人称写作，避免使用代词“我”。

（2）不要出现任何拼写、语法、标点或者打印错误。

（3）联系方式应具体，保证用人单位可以在第一时间与自己取得联系。

（4）最好附有近期照片。

二、求职信撰写

求职信也称应征函。与简历一样，都是用来把自己“推销”出去的一种商业信函。撰写求职信的最终目的是实现成功就业，求职者应针对自己的求职目标，具体陈述自己的主要成绩、专业优势、技术特长、兴趣爱好等，引起用人单位注意，促使求职愿望顺利实现。

1. 求职信的格式

（1）标题。写在正文正中上方，可直接写“求职信”或“自荐信”。

（2）称呼。一般来说，收信人应该是用人单位直接负责人事的人，要特别注意该人的姓名和职务，书写要准确。如对其姓名不熟悉，可在求职信中直接称呼其职务头衔。称谓后的问候语一般应为“您好”，而非“你好”。

（3）开头。主要说明写信缘由，表达求职愿望。要用能够激发对方阅读兴趣的开头语，力争在几秒内抓住对方的注意力。

（4）正文。正文为求职信的重点，要简洁而有针对性。一般写法是先谈自己求职的理由、目标，说明愿意为该单位效力的理由。接着要重点介绍自己应聘该项工作的条件，这是求职信中的核心部分。要参考用人单位的招聘条件，突出自己的重要成绩、特长、优势，强调自己对该单位的价值和能够带来的效益。还可以简单谈谈如被录用后准备如何开展工作，借以表明自己的工作态度和工作设想。要做到重点突出、理由充分、言简意赅、语气自然。

（5）结尾。进一步强调求职的愿望，表示希望得到明确答复。要注意用词恰当、得体，以免给用人单位留下不好的印象。

（6）致敬语和落款。一般都采用向对方致敬的词语，即在正文结束以后，紧接着在下一行空两格的位置上写上“此致”二字，后面不加标点，再在下一行顶格书写“敬礼”二字，后面加感叹号即可。在致敬语的右下方签署求职者的姓名及具体日期。

2. 求职信的撰写要求

（1）实事求是。求职信是一封推销自己的信件，应尽量突出自己的优点与长处，并且表示出对这份工作很感兴趣。但切忌对自己的优点过分虚夸，不要说大话、假话，不能让人感到是在自我吹嘘。

（2）文字简练。求职信要开门见山，简明扼要，切忌套话连篇，浮词满纸。求职信不在于长而在于精，精在内容集中、明确，语言凝练明快，篇幅短小精悍上。专家指出，求职信的篇幅以 800 字左右为宜，不宜超过一张纸。

（3）针对性强。最好事前仔细阅读招聘广告列出的雇主要求，逐项针对性地撰写。信的内容中最好提及该用人单位及其招聘岗位，这样会使对方产生亲切感。

（4）文字流畅。求职信中切忌有错字、别字、病句及文理欠通顺的现象发生，以免影响用人单位对你的印象，而错失面试机会。若能写一手好字，应亲笔撰写求职信，以体现自己的优势。

（5）富有个性。书写一封求职信，正如精心策划一则广告，不要拘泥于通俗写法，要立意新颖，以独特的语言及多元化的思考方式给对方造成强烈的印象，引人注意。一封求职信，无论内容多么完备，如果吸引不了对方的注意，则一切枉然；对方如果对你的陈述不感兴趣，则前功尽弃。

3. 撰写求职信的注意事项

撰写求职信时一定要注意，求职信不是简历的翻版。简历的内容要求完全实事求是，而求职信则重在突出介绍自己的能力和素质，以及对应聘单位的极大热情。只有做到正确地“推销”自己，才能迅速得到对方的认同和接纳。

三、附件

在简历和求职信之后，还应有相关的附件，主要包括学历证书、职业资格证书、计算机和外语证书、汽车驾驶证书、获奖证书、身份证、户籍等文件或证明的复印件，用于反映个人的学历及能力等。附件是简历、求职信中关键内容的证明。这些资料与简历及求职信是一个整体，应该装订成册。

第五节　面试技巧

一、面试的概念

面试是指在特定时间、地点进行的、预先精心设计好的、明确目的和程序的谈话。通过测评者与被测评者双方面对面的观察、交谈等双向沟通的方式，了解被测评者的素质特征、能力状况以及求职动机等情况的测评技术。

二、面试的特点

与其他的人员素质测评方法相比较而言，面试这种方法具有以下突出的特点：

（1）面试以谈话和观察为主要手段。在面试的过程中，谈话是主要工具。测评者不断地向被测评者提出各种各样的问题，而被测评者主要是针对测评者的问题进行回答。观察是面试过程中另一项主要工具。在面试中，测评者要善于运用自己的感觉器官，特别是视觉和听觉获取来自被测评者的信息。

（2）面试是一个双向沟通的过程。面试是测评者与被测评者之间一种双向沟通的过程。在面试的过程中，被测评者并不是完全处于被动状态。测评者可以通过观察和谈话来评价被测评者，同时，被测评者也可以借此机会来了解自己所关心的问题。面试的双向沟通性还表现为面试的主客体双方的互动。面试并不是就一些事先拟定好的问题进行提问，当测评者向被测评者提出一个问题之后，被测评者作出回答。测评者的下一个问题往往要取决于在这个问题上被测评者所作出的回答，测评者还可以顺势对被测评者进行追问。被测评者也可以通过测评者对自己的回答所做出的反应来调节自己面试中的行为表现。所以，这种交流方式是一种双向互动式的交流。

（3）面试谈话的特殊性。面试是一种特殊意义上的谈话，不同于一般的面对面交谈。首先，这种谈话具有明确的目的性，测评者的问题旨在发现被测评者的一些与工作相关的特征，因此不是漫无目的的，而是有的放矢的。其次，这种谈话是预先精心设计好的，在设计得较好的面试中，面试所要测评的要素以及通过哪些问题来测试这些要素都是预先计划好的，在平时的有些谈话中，尽管有时目的也很明确，但谈话的过程却是相当随机的，没有一个很严格的程序。最后，在这种谈话过程中，测评者和被测评者是处在一种不同的地位上的。尽管前面提到了面试是一种双向沟通的过程，但这并不意味着主客体双方是平等的，测评者处在观察者的地位，地位较高，也较主动，被测评者则是处于被观察者和被测评者的地位，相对来说，地位较低，也较被动。在整个谈话过程中，测评者都是在引导着谈话的方向，控制着谈话的节奏，被测评者则处在测评者的引导下。

（4）面试对象的单一性。面试的形式有单独面试和集体面试。在集体面试中多位应试者可以同时位于考场之中，但主考官不是同时向所有的应试者发问，而是逐个提问逐个测评。即使在面试中引入辩论、讨论，评委们也是逐个观察应试者表现的。面试的问题一般会因人而异，测评的内容侧重个别特征。

三、求职面试的基本程序

（1）沟通情况。了解用人单位的用人情况，向用人单位表示求职意愿。

（2）弄清需求。根据了解用人单位的用人情况，弄清其需要的人数及条件，向对方表明自己的有利条件。

（3）向用人单位提交自荐书。

（4）填制申请表。填制申请表有如下要求：①注意字迹工整；②保证实事求是，客观、真实；③弄清表格要求，绝不能仅凭个人理解，有疑问及时向用人单位询问；④重点要突出，以显示个人胜任职业的优势；⑤语言要准确，不能妄自称好；⑥格式要规范，体例适当，不要太随意，也不要太呆板。

（5）递交申请表，并询问申请表是否符合要求。

（6）如用人单位收下申请表，可能被告诉等待消息。

（7）如若在约定的期限内没有消息，就表明本次求职未成功。期间可以每隔几天，打电话询问一下，注意打电话时间一般不要在上午 8~9 点，此时管理人员需要安排工作，下午 5~6 点时尽量不要打电话，因下班前时间仓促。

（8）若收到用人单位通知，可能是再次约见面谈，进行重要考察。

（9）等待录用消息，如果录用单位决定录取，就进入签订劳动合同程序。

（10）求职者与用人单位签订劳动合同。

四、面试前的准备工作

1. 心理准备

（1）面试是对自己素质的检验，成败乃兵家常事，保持一颗平常心。

（2）用人单位关键需要高素质人才，自己具有哪些专业和优势，力求把素质和能力展现给对方才是最重要的，因而要有自信心。

（3）市场经济体制下的就业必然是激烈而残酷的竞争，自己只有敢于争取，才有可能实现就业的梦想，从而保持必胜的信心。

2. 信息准备

（1）了解用人单位需要什么条件的人（包括职业岗位）、从业年限、年龄、性别、专业技术职务或技能等级。按其要求衡量一下自己符合不符合条件。

（2）了解用人单位招收多少人，用此信息评估一下自己被录用的概率。

（3）该用人单位值不值得我成为其员工，该单位主业或主要工作内容和性质、经营管理现状、未来发展前途、缺岗结构及自己擅长或愿去的职业岗位，工资、社会保险待遇，个人发展的可能性。确认自己的职业方向和去向。

（4）了解面试官基本情况信息。面试官有几个，谁是主要负责人，面试官之间怎么分工的，各是什么性格，自己如何与他们沟通才能达到最佳效果。

3. 仪容准备

（1）举止大方，避免过分华丽和过分随便。

（2）有礼有节，言行周到。

（3）态度中肯，不卑不亢。

4. 认真面试

（1）有礼貌地主动与面试官打招呼，按主考官的约定时间到达，按指定位置落座，不过于拘束和散漫。

（2）听面试官把话说完，弄清意思再回答，不要匆忙作答。

（3）要跟主考官面对面，两眼要望着对方。

（4）答话时要观察面试官的表情，看对方是否在注意听你讲，如果对方有所思，请留出对方插话追问的间隔。

（5）无拘无束地谈，让对方感到你很放松，在说心里话。

（6）先询问面试官需要自己讲哪些情况，若面试官让你随便讲你想说的话，就应该讲自荐信中的内容。

（7）面谈时主动讲出自己的专业技术能力特长、优势，到该单位后如何做好本职工业，以及愿意去该单位的理由。若该单位产业前景看好，领导层能力素质好，要客观地夸一下领导的可依赖性和面试官的长处，表现出你的眼光和信任度。

五、面试的技巧

1. 自我介绍的技巧

自我介绍是求职面试中一个必要的环节，自我介绍时需要掌握以下要点：

（1）举止端庄、大方，讲到自己时可将右手轻放在自己的胸前。不要慌慌张张、毛手毛脚，不要用手指指向自己。

（2）表情坦然、亲切。眼睛应注视着对方或环视大家，不要显得不知所措，目光游离不定、面红耳赤，更不能摆出一副随随便便、满不在乎的样子。

（3）介绍的内容应该言简意赅，实事求是。可以介绍一下自己的姓名、身份、学历、专长、兴趣和经历等。

2. 集体面试的技巧

目前，国际上不少大公司都喜欢在招聘人员时采用集体面试的形式，从中选出较为优秀的人才进入第二或第三轮个别面试。要在集体面试中突围而出，提高受聘机会，最重要的是既不可默不作声，又不可以过分“出位”。

（1）抢先发言。对于每位小组成员来说，机会只有一次，如果胆小怯场、沉默不语，那就失去了表现的好机会。如果能在组织好资料的基础上第一个发言，势必会给用人单位留下深刻的印象。

（2）思维严密。考官借小组讨论考查应聘者的语言能力、思维能力及业务能力。夸夸其谈、不着边际、胡言乱语，只会将自己的缺点暴露无遗。话不在多而在于精，观点鲜明、论证严密、一语中的，可以达到一鸣惊人的效果。

（3）尊重他人。在集体面试中要尊重队友，友善待人，不要过分表现自己，对他人不要横加指责、恶语相向，要注意团队意识。

3. 言谈举止的技巧

求职者从进入求职公司起就应该展现出礼貌和风度，将“请”“谢谢”“麻烦您”作为口头禅，热情地与前台接待打招呼，面试时自觉敲门，并主动向面试官问好、握手或鞠躬致敬，面谈结束后记得将座椅归位，同时注意面部表情、目光、手势、坐姿等细节。

（1）面部表情。接受面试时表情要自然大方，富有生气。如果你过于腼腆，羞怯或面部肌肉僵硬，面色发灰或苍白，面试主持人就有可能误认为你没有真正的本领，从而将你当作滥竽充数的“南郭先生”而不予重视。同时，他会认为你很可能是一个缺乏胆略没有开拓精神的人，你的发展前途不大，不值得录用。

（2）目光。接受面试时如何同主持人保持必要的、有效的目光接触，这也许是应聘者感到困惑的问题，无论是仰着头看天花板，或是低着头看自己的脚尖，还是两眼茫然地盯着墙上桌上的某处，或者笔直地盯着目光接触，都是不适当的。心理学家认为，应该以对方的鼻尖为中心，在想象中画一个20英寸的电视屏幕大小的四方形，再将对方的头部嵌入其中。你的目光就在这个“屏幕”范围内移动，就能做到既尊重对方，又不至于因为紧盯着对方的眼睛而使对方总觉得不自在，而彼此间的交谈也就顺利展开了。

（3）手势与身姿。走进举行面试的办公室及走向主考人时，步履不要慌张，头要抬起来，胸要平直。若对方同你隔桌而坐，并无与你握手的意思时，不必主动向前伸手与其握手，当主考人为女性时，尤其要避免主动握手。若对方邀你入座，切勿自行受宠若惊而不敢入座。入座时要先道谢，坐下时，上身要略向前挺，做倾听状。坐在椅子或沙发上时，不要弯腰弓背，缩成一团。男性不要跷二郎腿，女性则不要将双腿张开。此外，入座时不要自作主张地把椅子向前或向后挪动，如果你的就座之处离对方办公桌很近，也不要将随身携带的上衣、皮包或雨伞之类的物品放在办公桌上，这些东西应拿到手上或放在自己的大腿上。你的双手应自然地放在双膝处或大腿上，而不要有意识地搓弄手中的东西而分散对方的注意力。此外，你的双肘也不能大大咧咧地搁在对方的桌面之上。

4. 聆听的技巧

面试过程中，主持人往往会把他们单位的基本情况或有关招聘情况向你作一介绍，这时你要认真聆听，要听出其所说话的言外之意。

（1）要做到精神专注，但面部表情又不能过于严肃。

（2）在恰当之处要与对方交流一下目光，或加重点一下头，或以“哦”“对”“不错”之类的感叹词或者应答语作出反馈，以表示你在认真听其讲话。注意听其讲话时不要东张西望，流露出不以为然之意。

（3）如果有必要，你也可以就主考人所言做一点简短补充或者引申，以表明你对某些问题也有个人见解。不过在表述个人见解时，态度一定要谦虚，所说也不能过多过繁，切忌有喧宾夺主之嫌。

（4）在合适的时候，以恰当的方式就其所言作简短提问，通过提问即可暗示对方，你对其所言深感兴趣。

（5）在面试结束之时，若主考人仍未明确告诉你何时可以获知是否录用的结果，你可以礼貌地请求对方作答，并且要以诚挚的语气感谢对方公司或企业给予这样一次机会，同时也要向主考人表达你的谢意。

5. 寻求转折点的技巧

在面试前，求职者往往都做了精心准备，对自己的仪表、语言和动作都十分注意，力求给对方留下深刻的印象，对对方可能提出的问题都有所准备。对于一心想求得职业又没有任何经验可言的人们来说，这一点极具共性。但事实上这样做的效果实在是平淡无奇，因为大家都这样。对主考官来说，他并不太在意，而求职者由于自己预先设定的思维框架，很难创造性地发挥，常常不能给对方留下独特的印象或在竞争中脱颖而出。

面试中遭遇不利问题是常见的，关键是要沉着应对努力寻求一个转折点，让考官的思维迅速扭转，对你重新关注。

六、面试时应注意的几个问题

1. 态度诚恳

在面试过程中，应聘者的言谈举止都要表现出真诚与谦虚，但谦虚却不能表现为故作媚态或自我菲薄，对意欲应聘的职务，要通过言谈应对自然表露出积极向往的态度。此外，在回答对方的询问时，只要不是涉及个人隐私的问题，皆应坦率以告，而不能闪烁其词、答非所问或故作深沉，显得胸藏城府，不可接近，要以发自内心的诚恳，送出脸上的微笑，给面试主持人以可亲近感、可信任感。在回答主持人的询问时，尤其要力戒以下五种不正确的态度：

傲慢——招致面试主持人反感，认为你将来不易接受管理。

慌乱——易导致面试主持人的轻视，会认为你尚未成熟，难以委以重任。

卑屈——面试主持人会低估你的能力，而认为你无足轻重，可取可不取。

冷漠——面试主持人会认为你热情不高，也不善于处理人际关系。

随便——面试主持人会认为你求职心不诚，即便遭到淘汰，也无足可惜。

2. 克服自卑心理

英国哲学家培根说："自信是走向成功的桥梁。"在面试应答时，应聘者一定要充满自信，要自觉地摆脱消极的态度和自卑的心理。有些想法如："我没有任何人事关系，能获得这一职位吗？""名额这么少，竞争这么激烈，好机会会降临到我头上吗？"此类想法，虽然都是客观存在的反映，无可指责，但就参加面试而言，却都是自灭威风的消极考虑。面对人才竞争和双向选择这样一个客观形势，必须鼓起勇气，满怀信心去参与竞争。

3. 话语清楚响亮

应聘者在接受面试时，若主持人用英语发问则用英语作答；若用普通话发问，则以普通话作答。但无论是英语还是普通话问答，你都应吐字清楚、话语响亮，不能哼哼叽叽，声轻若蚊。尤其是以英语作答时，不要担心出错而不敢大声作答。只要你应聘的不是英文翻译、英文秘书或涉外商务谈判代表之类以英语为主要交际工具的职位，那么，你说的英语即使有个别之处措辞失当或语调欠准，对方也不会苛求。在用英语回答对方询问或叙述有关事项时，语速不宜过快，可以在开口之前略作思考，想想先说什么，再说什么。此外，切忌使用过多的"呢、啦、吧"或"大概、可能、好像"等语气词、副词或口头禅，这样会使招聘人员对你产生自信心和准备不足的印象。总之，你说的每一句话在逻辑上要衔接有序，不能颠三倒四，语无伦次，使对方产生误解。

第八章

实现稳定就业

第一节 努力提高素质

职业素质是指以从事某种职业所需要的知识技能为核心，通过学习和实践而形成的，在职业活动中经常发挥作用的基本品质。

用人单位评价员工的职业素质，主要从职业意识与职业技能两大方面进行评论，因此养成良好的职业意识与较强的职业能力是稳定就业的基础。

一、培养职业意识

职业意识是指人们对职业岗位的认同、评价、情感和态度等心理成分的总和，其核心是爱岗敬业精神，即能够在本职岗位上踏踏实实地做好工作。良好的职业意识不仅可以激发员工的活力和创造力，而且能够成就卓越的企业。职业意识包括规范意识、责任意识、服务意识、质量意识等。

1. 规范意识

所谓规范意识就是从业者按照所在单位成文的规章制度和企业文化所认同的不成文的文化习惯的规定，自觉履行岗位职责、规范自身言行的意识，是价值观的具体化。随着市场经济的发展，在激烈的社会竞争中，各企业、各单位如果没有严格的纪律约束，随意放纵、任其发展，企业、单位的大局将受到致命的冲击。从业者要懂得，个人的命运与企业的前途是紧密相连的，个人的利益和企业的发展是息息相关的。自觉遵守企业的职业规范，是从业者最基本的职业素质。规范体现在细节上，每个人都应时时、事事、处处规范自身言行。遵守规范是一种美德，遵守规范的人将获得更多的成功机会。

2. 责任意识

责任意识是指自觉地履行岗位职责，按照岗位要求认真落实各项工作任务的意识。责任意识涉及的内容非常丰富，并且与其他职业意识的联系非常紧密。责任意识是一个人成就事业的基本保证、造福社会的基本前提。一个人要在社会中立足，就必须具备责任意识。良好的责任意识是每个人必备的优秀品质。

培养责任意识还要注意不要给自己制造任何借口，不要逃避责任。这是经常被从业者忽视的一点，也是十分重要的一点。没有借口应该成为指导每个人的行为的最好典范。人们应该在日常生活中就树立一种责任意识，这样，责任意识才能成为人们的一种长久的素质存在，才能让人们在工作中自然具备责任感，从而成为值得信赖的员工或企业管理者。每一位从业者，无论做什么事情都要负责到底，“虎头蛇尾”会给自己带来遗憾。

3. 服务意识

服务意识是指愿意把自己所从事的工作以及给其他人带去方便和快乐当作自己该做的事情。具有强烈的服务意识，才能把工作当作快乐的事。

4. 质量意识

质量意识，顾名思义是以质量为核心内容，即自觉保证工作质量的一种意识。质量这个词有数量和程度两层含义。所以保证工作质量就是指按时、优质地完成工作。只有优质的工作才是优质的产品和服务的保障，才能使个人和企业更有竞争力。

二、培养职业能力

职业能力是一种综合能力，在不同岗位上有不同的具体表现。具有较强的职业能力是求职者立足社会、自我发展的基础条件。要想在职场中立于不败之地，受到用人单位的好评，必须加强职业能力的培养，适应岗位要求。

1. 给人良好的第一印象

在没有详细了解的前提下，求职者的外在表现，如服饰、发型、言行、举止等，往往会给他人留下深刻的印象。万事开头难，给人良好的第一印象是十分重要的。要做到“面必净，发必理，衣必整，纽必结。头容正，肩容平，胸容宽，背容直。气象勿傲，勿暴，勿急。颜色宜和，宜静，宜庄”。外在美是树立良好职业形象的先决条件。而与外在美相比，内在美的境界更高，更能够持久树立良好的职业形象。和善的态度、谦逊的作风和诚实守信的为人，是内在美的主要表现。第一印象是职业形象的特定组成部分，它在职业形象中具有特殊的地位和作用，良好的职业形象是职业成功的重要条件。

2. 建立新的人际关系

人们在社会活动的一切领域都不可避免地发生个体之间的相互作用和联系，这种在社会活动中所形成的、建立在个人情感基础上的相互联系就是人际关系。

良好的人际关系将成为人生重要的财富之一。“多一个朋友多一条路，少一个朋友少一座桥”，在这种复杂而又充满竞争的社会环境中，职场新人要特别注意处理好各种人际关系，这样才能更好地适应工作的需要，为今后施展才华打下坚实的基础。

不仅要有整洁庄重的形象，更要有独立与合作的意识，能够独立思考，独当一面，又不自视清高。善于与他人交往和合作的人，无论在什么岗位工作，都会受到欢迎。年轻人涉世浅、阅历少，在实际工作中难免会与人产生一些矛盾，应时常提醒自己保持开阔的心胸，心底无私天地宽。

3. 适应职业环境，树立主人翁意识

刚踏上工作岗位的年轻人，办事常常比较被动。如果能够把自己当成主人，把自己的前途与单位的命运连在一起，提高工作的主动性和责任感，个人的潜力就可以得到充分发挥。如果缺少主人翁意识，工作上就会应付差事，马马虎虎，久而久之，就会失去了年轻人的活力，缺少了年轻人的进取心。

从平凡工作做起。初入职场的从业者，能力还没有显示出来，潜力还没有发挥，往往只分配到一些简单的、普通的工作。这实际上是对新员工综合素质的一种考验，认认真真做好每一件平凡的小事，才能够为自己的将来奠定扎实的基础。

培养进取的工作作风。在计划时间内完成本职工作，在工作中做到服从安排，谦虚认真，做事有条理，工作有计划，尽可能地在提高工作效率的同时，保证工作质量达到最优。进取的工作作风，会成为每个人事业成功的铺路石。

4. 增强职业素质，提高工作能力

职业能力是完成本职工作的能力，不同的工作岗位要求从业者具备不同的职业能力，但其中有一些是共同的能力。所谓共同的能力，就是每位从业者都应该具备的基本职业能力，具体包括执行操作能力、团队合作能力、沟通表达能力、创新能力、自我发展能力。能力在实践活动中形成，在实践活动中表现，因此，实践活动是了解自己所具备能力的最好途径。

在了解自己的职业能力的同时，还需要进行职业能力的自我培养和提高。学习能力是在学习活动中形成的。首先要学好基础知识、专业知识和专业技能，在此基础上做到学以致用；其次要积极参加社会活动，培养自己与人沟通的能力和团队合作意识，增强自己的服务意识和组织管理能力。实习期间是培养职业能力的最佳时期，一要在工作中踏踏实实、任劳任怨，向前辈们学习丰富的经验，不断提高业务能力、实际操作能力；二要妥善处理同事关系，进一步强化与人沟通的能力；三要做一个有心人，善于观察、善于发现、善于总结，提高综合素质。

职场新人在步入工作岗位后，要尽快适应新环境，充分发挥自己的能力，在不断学习的基础上，开拓进取、不断创新，全面提高自己的各项职业能力，为将来的事业发展打好基础。

三、提高文化修养

1. 科学文化素质的内涵

科学文化知识是人类在实践的基础上对自然和社会环境以及人类自身的认知成果，是人类活动经验的概括和总结，他可以存在于书本、磁带、录音、录像等实物性媒体中，可以用文字、语言、图像以及其他符号性工具来表现。科学文化素质则是指人们对自然科学、社会科学、思维科学等人类文化的各种基本知识的认识和掌握程度，是人们对一定科学文化知识内化后，形成的相对稳定的身心特征及结构。科学文化素质不能脱离活的人体而独立存在，他同人的生命及其活动是联系在一起的。因此，要具备一定科学文化素质，仅依靠了解一些科学文化知识是不够的，还必须将其内化为自身的品质。

2. 科学文化素质的重要性

科学文化的教育已经逐渐走向系统化、制度化、规范化。科学文化素质教育作为一种新的教育理念被更加普遍地接受和实践，人们的科学文化素质已经开始影响到现代人的生活质量，具备一定的科学文化素质，已经成为现代社会对每一个公民的要求。

专业知识结构是由从事各种专业所需要的共同知识、相应的专业知识和辅助知识等构成的。这种知识结构的形成，应建立在起码的科学文化素质的基础之上。科学文化素质越高，专业知识结构就越坚实。努力提高科学文化素质，这是时代对我们每个人的要求。

现代职业变化日新月异，职业对从业者的要求不断提高，许多从业者已经意识到要想不被职业淘汰，就必须树立终身学习的观念。只有不断学习新知识，才能适应社会发展的需要。学校教育固然重要，但它仅是终身教育的一部分。学校以外的延伸教育和重新学习，如通过成人高考等途径继续提高自己的文化修养，从而全面提高自身的综合素质，对于选择和重新选择职业岗位，取得职业成就，具有非常重要的作用。许多在工作领域中取得工作成就的从业者，往往得益于其扎实的科学文化素养。因此，提高自身的科学文化素质具有十分重要的意义。科学文化素质的基本内容包括两个方面：

（1）具备较强的科学精神。只有具备较强的科学精神，拥有扎实的专业知识，才能在工作中脚踏实地、勤于思考、勤于探索、勇于创新、善于合作；相反，如果缺乏科学精神，不仅工作方法上难以创新，工作质量上难以提高，而且难以抵制伪科学和反科学思想的侵袭。概括起来科学精神主要包括求实、创新、进取、怀疑、协作、献身等。科学精神是人们创造性地完成工作任务的根本保障，是科学文化素质的重要内容。

（2）具有浓厚的求知欲和创新意识。求知、创新是一个民族繁荣昌盛的动力所在，也是衡量一个民族科学文化素质高低的重要标志。强烈的求知欲望表现在许多方面，如不耻下问、敢于向权威质疑、善于在实践中发现问题等。除此之外，强烈的求知欲望还表现在热爱书籍上。书籍是人类进步的阶梯。世界上凡是科学文化素质较高的民族，没有一个不是酷爱读书的民族。

四、掌握专业技能

很多行业和岗位注重的是实际操作能力，而非学历。一般来说，学历意味着更好的理论技能。学历不高的劳动者可以利用业余时间加强专业技能的学习，参加与提升技能相关的社会实践，并参加一些与专业相关的培训等，他们实际的技能并不一定比学历高的人差。而对大多数企业来说，在用人方面是很实际的，在综合考虑学历和技能的情况下，一些操作性强的工作宁肯要一些学历虽然较低但有一定技能基础的劳动者。

学好专业知识掌握专业技能，取决于对专业的热爱和浓厚兴趣。参加职业培训的劳动者，必须培养自己的职业兴趣，抓住机会，努力学好专业课，用人单位通常要求所有的员工必须具备过硬的专业知识，没有扎实的专业知识就很难适应工作岗位的需求，但只拥有在学校学习的专业知识是远远不够的，还需要通过业余学习来丰富自己的专业知识。一方面可以进一步学习专业知识，达到与社会需求接轨；另一方面可以学习一些与专业相关的技能，达到多才多艺。专业知识是基础，有了专业知识还要有过硬的专业技能。

五、综合素质的提升

虽然学习专业知识很重要，但越来越多的企业需要的是复合型人才。如果能力单一，那你的发展也会受到限制，所以劳动者应尽可能多掌握一些工具类的技能，如计算机、外语等。应该通过不断地学习和积极参加各种活动来提升自己的沟通技巧、人际能力、团结协作能力等综合素质。

第二节 客观评价自我

自我评价是自我意识的一种形式。一个人如果能够客观地、真实地认识和评价自己，就能正确地对待和自理个人与社会、集体及他人的关系，有利于自己克服缺点、发扬优点，在工作中充分发挥自己的作用。实事求是地评价自己是进行自我教育、自我完善的重要途径之一。

自我评价是对自己的思想、愿望、行为和个性特点的判断和评价。这种评价可能是积极的，也可能是消极的。自我评价是自己行为的主要调节器。自我评价较高的人往往具有较高的抱负水平，可以取得较高的成就。积极的自我评价有助于保持身心健康，有助于适应新环境，有助于摆脱孤独。

一、自我评价的原则

（1）适当性。自我评价应该适当。过高的自我评价往往使自己脱离现实，意识不到自身条件的局限，由自信走向自负；过低的自我评价往往忽视了自己的长处，是缺乏自信心、过于自卑的表现。过高或过低的自我评价不仅是对自己的不公平，而且会严重影响求职的成功率与就业后取得职业成功的可能性。

（2）全面性。所谓自我评价的全面性是指学会从自身发展的正反两个方面分析、评价自己，而不是强调优点，回避缺点。每个人都既有优点，又有缺点；既有能力较高的方面，又有能力较低的方面。在自我评价时，既要看到自己的优点和长处，也要看到自己的缺点和短处；既要对特殊素质进行具体评价，又要对全面素质进行综合评价。不能孤立地、片面地、不分主次地评价自己。

（3）客观性。在自我评价中，要以客观事实为基础和依据。怨天尤人、自暴自弃的态度都是不可取的。每个人都应该客观分析影响自己成败的原因，学会先从自身内部找原因，并尽量找自己可以控制的原因。虽然是对自己进行观察、分析和评价，但也需要以客观事实为依据，这样才能客观、真实地评价自己。

（4）发展性。在自我评价时，要有发展眼光。发展性是主张面向未来、面向社会的发展。发展性评价的核心是重视过程，评价是主客体之间的互动过程，不但应当对自己的现实素质做出适当、全面、客观的评价，而且应该着眼于未来的发展变化，要用发展的眼光预见性地评估自己的发展潜力和前景。

二、自我评价的方法

1. 寻找自我优势

如果对自己没有正确的了解和认识，很可能将才干用错地方并导致与成功失之交臂。那些成就了大事业的人，往往是一些看似普通的人，他们并非比别人更聪明、更能干，但是有一点可以肯定，那就是他们不仅发现了自己的优势，还善于利用和发挥自己的优势。

怎样利用并发挥这些优势去积极适应社会，这是每一个人都必须认真对待的重要问题。

（1）综合素质较高。通过职业教育培养的学生通常具有较高的综合素质。这些学生在校学习期间，不仅能够学到扎实的专业知识，而且能够通过系统的思想教育、就业观教育、沟通技能和团队意识的训练，使自己的综合素质得到提高。职校生一般具有较高的文明素质，对人有礼貌，工作较踏实，上进心较强，吃苦耐劳，有责任感，具有一定的爱岗敬业精神。

（2）适应能力较强。上岗适应能力较强，这是用人单位对参加过职业培训的学员的总体评价。近年来，广东深圳等地的大型公司认为参加过职业培训的学员比本科生动手能力强，比高中生知识结构优，熟悉现场的整套技术要求和工艺流程，上手快。大部分参加过职业培训的学员在实习期间表现出踏实肯干、操作技能熟练、可塑性较强的优势，他们愿意从基层做起，且便于管理，稳定性强，能留在实习单位专心工作。

（3）择业标准务实。首先，寻求能够发挥个人才能和施展特长的职业，以突出自我发展、追求长远的人生发展为择业动机。其次，在注重经济利益的同时，更要寻求适合自己性格和自身条件的岗位，力求在今后的工作岗位中得到发展。虽然有些工作工资并不高，但是从基层做起并不意味着没有升迁的机会，相反，在熟悉业务中厚积薄发正是走向成功的必经之路。

（4）择业意识较强。随着毕业生就业制度改革的深入和劳动力就业市场化的发展，以及职业的多样化发展，劳动者的自主择业意识、竞争意识越来越强了。他们摆脱被动依靠、消极等待的思想，树立正确的择业观念，勇敢地走向就业市场，积极主动地参加就业竞争。通过竞争，寻求理想的职业；通过竞争，实现个人的职业目标。

（5）自身能力过硬。随着市场竞争的加剧，如今大部分劳动者已经意识到，学历与能力是择业的基础和前提，要想在就业竞争中获胜，就必须努力提高竞争的实力。因此，他们发奋学习，全面提高自身综合素质，注重各种能力的培养和提高，为适应市场需要做出了积极的努力。

（6）择业观念不断更新、择业渠道多元化。随着就业的进一步市场化发展以及竞争的日益加剧，人们的择业观念也发生了很大变化，并且日渐时尚。在求职者日益适应供需见面、双向选择的就业制度，就业观念不断更新的新形势下，求职者求职择业的渠道也形成了多元化的趋势。除了通过人力资源市场和各种招聘会落实就业去向外，有的利用社会上的媒体、中介组织获得就业信息；有的借助于家长、亲朋好友的推荐获取就业信息；有的选择先参加短期培训，技能提升后再寻找就业单位；还有的选择了自主创业的道路。

（7）技能证书齐备。不少求职者都乐于通过参加各类培训考取中高级技能证书，大大增加了自己的就业竞争力。有资料显示，技能型人才供不应求的局面短期内将不会改变。

2. 正视自身不足

（1）认清自己的现状。换一种方式理解“比上不足，比下有余”，由于“比上不足”，人们会激起奋发图强、努力向上的心志；由于“比下有余”，人们会产生安详和谐、自得其乐的心情。反之，效果就完全不同了。认清自己的现状，正确评价自己，能够产生积极的效果，从而奠定成功的基础。假使总是抱怨目前的处境，不仅于事无补，而且浪费精力。其实，认清现状对于求职者来说是非常重要的。不必掩饰自己的劣势，勇敢而坦诚地承认它，但是切不可放任劣势扩大。当你在抱怨自己的时候，所比较的标准往往是理想中的完美人。但是，人毕竟是人，强者有许多弱点，弱者也有许多优点。对待自己，就要像对待一个朋友一样容忍他的缺点，同时鼓励他去改善。很多人创业获得了成功，但在初办企业时，他们可能并不具备创业所需的所有素质和技能。技能可以学习，素质可以培养，条件可以改善，应当克服自己的弱点，并努力将其转变成为自身优势。

（2）化劣势为优势。没有工作经验是年轻求职者的弱项，但同时还有有利的一面，那就是他们在工作中接受新鲜事物快，不受固有的条条框框的限制，更利于开拓创新。年轻人缺少工作经验是正常的，只要在工作中做个有心人，就可以一点一点积累起经验。“我学的那些知识太浅了，能适应当前的工作吗？”有这样的想法是要求上进的一种表现，也可以成为日后努力学习的动力。在工作岗位上边干边学——向师傅学、向同事学习、买书自觉钻研……只要做到爱岗敬业、勤学苦练，就能很快适应岗位的需要。大家可能还会有很多的顾虑。但应该记住的是，凡事都有两面性，不要只看到消极的一面。每个人都有自己的劣势，聪明的人不会使它成为自己发展的绊脚石，反而善于将这些劣势转化为优势，更利于自己的发展。

三、适应岗位要求

职业岗位对从事本行业的工作人员，越来越重视其专业能力的培养，同时还须具备一些共性的基本能力，主要有以下几种能力：

（1）培养良好的决策能力。决策是人类社会活动的一个重要环节，决策涉及各个领域，大到国家的政治、经济、军事、文化等，小到家庭、个人……所谓决策能力，就是对未来实现目标的决断和选择的能力。良好的决策能力可以对实现目标的手段做出最佳选择。人们的决策过程是一种活动的思维过程，其中核心环节是选择，要对各种方案做出优劣判断、进行取舍。对于求职者来说，选择何种职业走向社会，是人生的一个转折点，面临求职择业，何去何从，是对自己决策能力的一种检验。因此，平时训练和培养自己的决策能力是十分重要的，培养决策能力要从小事做起，不要事事让别人拿主意，要养成多谋善断的习惯，才能不断地提高自己的决策能力。

（2）培养良好的创造能力。创造能力是指人们在改造自然和改造社会的活动中所具有的发明创造力。能力人人皆有，只是水平高低、作用大小不同而已。只有那些思维敏锐并富于创新精神的人，才能在自然和社会的发展过程中披荆斩棘。培养创造能力必须做到有强烈的创造欲望和胜不骄败不馁的创造精神；有敏锐的创新精神；有批判、继承和开拓创新的精神。

（3）培养良好的社会交际能力。所谓社会交际能力，就是通过语言和非语言符号与他人传递思想感情与信息的能力。在现代社会中，培养良好的社交能力是一个人事业成功的重要条件。在社会上从事各项工作都需要一定的交际能力，许多事业成功者都是借助于良好的人际关系，促使自己的事业得以成功的。

（4）培养熟练的操作能力。实际操作能力是专业工作者必须具备的一种实践能力。为了提高自己的操作能力，应该多看、多练。看得多、接触得多，才有可能提高自己动手操作的技巧和能力。

（5）培养较强的组织管理能力。组织管理能力不仅领导干部、管理人员要有，其他专业技术人员也应当具备。现代科学技术已经综合化、社会化，科研规模日益扩大，协作趋势日益加强，这就有一个组织协调问题。同时，现代社会的科学技术高度发展，每一项工作完全依靠一个人去完成是不可能的，都有一个相互协调、相互配合的问题。如果没有一定的组织协调能力，专业技术工作也是不能完成的。

第三节　积极适应社会

一、提高沟通能力

1. 沟通能力的含义

沟通能力是将自己的观点或意图用适当的方式传递给对方，并使对方能够正确理解的能力，也包括正确理解对方的语言、表情、动作、行为等。有的求职者认为，只要我好好学习专业知识，掌握一技之长，将来就能拥有一份好工作，沟通能力并不重要。实践证明，这样的观点是不正确的。专业知识只是进入企业和行业的入门证，以后的工作表现更多地取决于软性技能，其中就包括沟通能力。

2. 提高沟通能力的方法

（1）提高自己的行业知识和产品知识。常言道：干一行就要爱一行，做一行就要专一行。在与客户沟通时有一定的行业知识和产品知识，才能使沟通言之有物，言之有理，说服力强，才能赢得客户的信任。

（2）宽容友善。宽容是与人沟通过程中最好的“润滑剂”，它能消除分歧和隔阂，使彼此能互敬互重、互相包容、和谐相处，从而安心工作，体会合作的快乐。宽容，并不代表软弱，在团队合作中它体现出的是一种坚强的精神。首先，团队成员要有较强的相容度，即能够宽厚容忍、心胸宽广、忍耐力强。其次，要注意换位思考，即应尽量站在对方的立场上，衡量对方的意见、建议和感受，反思自己的态度和方法。原则问题必须坚持，非原则问题可以让步。友善，就是对他人的尊重和关爱。这是道德社会能够形成一种强大的文化凝聚力的重要因素。在现代社会，待人友善越来越成为所有人的共识。待人友善，就应该使传统道德的仁爱精神、社会主义道德的奉献精神、人类共同追求的人道主义精神，在新时代融会贯通、焕发光彩。友善的最高境界就是爱。提倡关爱，能够营造出和谐温暖的社会氛围。爱人者，人恒爱之；敬人者，人恒敬之。在如今经济快速发展的时代，我们更要学会关心他人，消除“冷漠”，从而赢得他人对自己的关爱。

（3）保持距离。把握好最佳的距离是团队合作、与人交往过程中特别需要重视的问题。距离过大，关系过疏，是沟通不畅的表现，不利于团队交流和协同作业；距离过小，关系过密，彼此交流过多的隐私，则易在一些与工作无关的事非上起争执，不利于营造正常和谐的工作氛围，久而久之，甚至会影响正常的人际交往。工作中，应该做到不议论、不打探他人的隐私，保持距离，互相尊重。

（4）微笑待人、耐心倾听。有人将微笑比喻为“世界语”。微笑可以给自己带来自信，从而赢得他人的喜爱；微笑也可以带给他人愉快的心情，从而化解一切矛盾。人际交往需要倾听。倾听是对他人的一种尊重。在他人讲话的时候，做到面带微笑，认真倾听，一定会给讲话的人留下好的印象。倾听还是一种理解。默默地倾听他人的诉说，时而给予适当的回应，使讲话的人感受到心灵沟通，会拉近彼此的心距。虚心倾听别人的意见是一门必修课。当别人提出相反的意见，特别是一些逆耳的良言时，一定要控制自己的表现欲望，做一个专注的听众，然后对其言谈加以客观分析，取其精，去其粕，这样对自己帮助会很大。

（5）真诚赞美、学会表达。赞美是对他人的肯定。一句真诚的赞美可以让彼此都很开心，从而拉近彼此的距离。赞美讲求的是真诚。赞美他人是要发自内心的，不失实际的。虚情假意的赞美常常会令他人感到不自在，只有质朴、自然的赞美才能让人感到真诚和友善。说话的内容、声音和语调也是表达和交流的关键。与人交谈要言简意赅，简明扼要。谈话前要整理好思路，用对方能够接受并理解的语言清楚表述。另外，要敢于在他人和众多人面前表述自己真实的想法，使更多的人理解和接受自己。

二、树立团队意识

1. 团队意识的内涵

团队是两个或两个以上的个体互相依赖、互相作用，为达到共同目的而形成的集体。在团队中，每个人都应该明确自己所扮演的角色，发挥最大的作用。世界上没有完美的个体，却有完美的团队。团队意识是一个人具有集体意识和协调合作能力的一种综合表现。团队意识包含两个方面的含义。一是集体意识。自己和同事共同组成了为集体利益而共同努力的团体，有共同的奋斗目标和一致的根本利益。集体意识反映一个人的素质、一个人的能力，以及与别人合作的精神和能力。二是合作能力。团队是一个有机的整体，作为个人，只有完全融入这个有机整体之中，才能最大限度地体现自己的价值。团队成员只有对团队抱有强烈的归属感，强烈地感觉到自己是团队中的一员，才会真正快乐地投身于团队的合作之中，体会到团队合作对于实现人生价值的重要性。

2. 怎样树立团队意识

树立团队意识，应该从以下几方面做起：

（1）善于挖掘，优势互补。在一个团队中，每个成员的身上都会有闪光点，都值得他人去挖掘和学习。要善于发现每个工作伙伴的优点，不求全责备并以团队的共同利益为重，努力施展自己的才能，形成优势互补，有利于团队的发展。团队意识强调的不仅仅是一般意义上的合作，而是表现为团队成员在自己的岗位上尽心尽力，主动为了实现整体的和谐而甘当配角，自愿为团队的利益放弃自己的私利。团队的效率在于成员间相互配合的默契程度，而这种默契来自团队成员的互相欣赏和熟悉——欣赏长处，熟悉短处，扬长避短，优势互补。如果达不到这种默契，团队合作就不可能真正成功，团队成员的个人前途更是无从谈起。

（2）听取意见，承担责任。责任，不仅意味着对错误负责任，对自己负责任，更意味着对团队负责任、对团队成员负责任。任何有利于团队荣誉、有损于团队利益的事情，与每一个团队成员都是息息相关的，所有的人都拥有不可推卸的责任。刚刚踏入职场的年轻人更应正视自身，善于取长补短，变被动为主动，积累团队素质，满足现代企业发展的要求。

（3）互相帮助，团结协作。每个人在工作中都需要他人的帮助和支持，同样也应给予他人支持和帮助。为了更好地实现团队目标，团队成员应该互相帮助、团结协作，切不可各为己利，吝于支持别人、帮助别人，那样的话，团队就是一盘散沙。

（4）理解体谅，提供帮助。在工作中，一个人不可能独立完成所有的程序，因此，大家要相互配合，信任他人，这样大家在一起工作才能更愉快，工作效率才会更高。如果出现问题和错误，要给别人改正的机会，不可埋怨，更不可打击。在团队合作中要学会换位思考，相互理解和信任，为别人提供帮助，这是一个优秀团队应具有的基本素质。

三、实现角色转变

每年都有很多求职者在接受了一定的培训后走向社会。此时，每个求职者都会面对一个难题——如何迈好人生的重要一步。著名作家柳青有一句名言："人生的道路虽然漫长，但紧要处常常只有几步，特别是当人年轻的时候。"从求职者到从业者，这一角色的重要转变，就是人生"紧要处"之一，对今后个人发展的影响是十分重要的。如果未能做好充分的思想准备而进入某一个社会角色，就会很容易发生角色冲突（这里的角色是指社会角色）。

当一个人进入新环境时，其一言一行、一举一动，及其自我形象将随着生活环境和工作环境的变化而变化，这种变化通常被称为角色转变。适应新的环境，是检验一个人的交往能力、沟通能力，以及心理适应能力的重要尺度。顺利完成角色的转变，会给人的生活、工作带来新的活力，使其体验到生活的新鲜感，否则将会处处碰壁，甚至将会陷入孤独和烦恼的境地。角色转变常常伴有急于求成、缺少自信、过于浮躁、好高骛远四种不良心态。消除角色转变中不良心态的方法有以下几种：

（1）要考虑个人的兴趣和爱好。每个人都有自己的兴趣和爱好，它会给人们带来巨大的动力。一个人如果从事不喜欢的工作，不但情绪受到压抑，工作效率也会大大降低。有些人性格比较内向，那就要选择安静的、独立性强的工作；有些人比较外向，那就要选择一些接触面广、群体性的工作。但有很多时候，兴趣和爱好也是可以在从事了某种工作之后培养起来的。

（2）要考虑个人的能力和潜力。清代诗人顾嗣协在《杂兴》中写道："骏马能历险，耕田不如牛；坚车能载重，渡河不如舟；舍长以就短，智者难为谋。生才贵适用，慎勿多苛求。"讲的正是量才而用的道理。每个人的能力各有差异，每个工作岗位所要求的能力也不尽相同。如果个人能力与岗位要求相适应，干起来就会得心应手，游刃有余；如果个人能力超过了岗位要求，那就有发展的空间；如果个人能力无法满足岗位要求，必然无法完成好岗位工作。因此，在确立就业目标时，一定要对自己的能力进行分析，做到量力而行。

（3）要考虑个人的身心素质。个人身心素质主要指个人的体能，包括体质、耐力、力量、爆发力、灵活性、速度等。在这方面应该做到心中有数，量力而行，做到能健康地工作。以上这些都是择业时应考虑的自身因素。

（4）要不断学习进取，提高自身素质。现在，各个用人单位都很看重员工的综合素质，因此，每个从业者都要抓住来之不易的学习机会，为自己“充电”，提高自身素质以及综合竞争能力。在学习中，一是要树立正确的学习意识，从思想上认识学习的重要性，克服急功近利的思想，不为外界环境所干扰；二是学习要持之以恒，学习贵在坚持，要不断汲取新知识，不断更新和充实自己，使自己跟上时代的步伐。在职业活动中，要正确处理好个人利益和集体利益的关系，树立为人民服务的人生价值观，学会忍让，学会宽容，使自己成为一个高素质的人才。

（5）要虚心听取意见，广泛联系群众。年轻人“争强好胜”“好面子”是共性，但这样并不利于工作的顺利开展。虚心使人进步，骄傲使人落后。谦虚的人易于与人相处，也能得到众人的帮助。因此，作为职场新人，更应虚心向同事请教，向老同志学习经验，向成功者学习方法，这样才能很快地融入集体。在现在的社会中，每个人都需要他人的帮助。要广泛地联系群众，包括亲戚、朋友、老师、同学、熟人等，他们会给你提供不同的信息。建立广泛的人际关系，是获得成功的基石。

第四节 构筑创业基础

一、培养创新能力

创新推动着人类社会的发展。自古以来，一代又一代的仁人志士，历尽千辛万苦，把一个个创新成果奉献给社会，留给后代，推动着社会的进步。没有创新，社会将停滞不前。创新是人类最复杂、最活跃、最有意义的实践活动。那么，什么是创新呢？

1. 创新的含义

创新的本质就是突破。创新，即突破旧的思维定式、旧的常规戒律。它追求的是新异、独特、最佳、强势，并必须有益于人类的幸福和社会的进步。

创新，简单说就是创造新事物。它由两部分组成：第一部分是想，想前人所未想，想别人不敢想的事情，即创造性思维；第二部分是干，干前人所未干，干别人不敢干的事情。成功的创造者应两者兼而有之。

从认识的角度来说，创新就是更有广度、更有深度地观察和思考这个世界；从实践的角度说，就是能将这种认识作为一种日常习惯贯穿于生活、工作与学习的每一个细节中，所以创新是无限的。

2. 创新的特点

（1）超前性。创新应该超前于社会认识，因此，创新的成果面世后，要经过一段时间才能被大众所认同。创新是创造第一，而不是争第一。

（2）普遍性。创新存在于人类活动的每一个领域。人类要生存、要发展，必须不断地改造主观和客观世界，改造的过程就是创新的过程。著名教育家陶行知先生说："人类社会处处是创造之地，天天是创造之时，人人是创造之人。"从各个角度说明了创新具有普遍性的特征。

（3）新颖性。新颖性就是创造出新、奇、特的事物，这是创新最主要的特点。新颖性包括 3 个层次：一是世界新颖性或绝对新颖性；二是局部新颖性；三是主观新颖性，即只是对创造者个人来说是前所未有的。

（4）社会性。创新离不开社会，它的起点离不开社会发展的需要，它的归宿是为社会发展服务，推动社会进步。脱离社会实际而去谈创新，只能是"纸上谈兵"。

（5）艰巨性。创新是一种复杂的劳动，需要付出代价。由于具有社会性及社会认识的滞后性，创新还需要敢为人先的勇气，所谓"第一个吃螃蟹的人是勇士"就表明了创新的艰巨性。

（6）实践性。实践是检验真理的唯一标准，创新的结果最终要通过实践来检验。人们在实践活动中不断发现问题，不断萌发创新意识，不断进行创新活动。因此，创新是从实践中来的，并要接受实践的检验。

3. 创新的范围

创新的范围极广，生活中充满了创新。在自然科学领域，所有的发现（即认识自然）、所有的发明（即改造自然）都是创新。因为发现和发明都是与众不同、前所未有的。在社会科学领域（包括知识的创新、学习方法的创新等），既有企业单位的创新，又有政府部门的创新；既有群体的创新，又有个体的创新。创新存在于人类社会的各个领域。

4. 创新意识的心理结构

（1）好奇与求知心理。好奇与求知心理属于人的理智情感范畴，它能推动人们主动积极地观察事物，产生创新冲动。当人们接触到未知事物时，可能产生两种心态：一种是事不关己，高高挂起；另一种是感到新奇，要进一步观察、分析，弄个水落石出，无论结果怎样，都要去尝试、面对。后者便是好奇心和求知欲的反应。年轻人应该保持强烈的好奇心和求知欲。

（2）竞争与冒险心理。竞争心理是人类普遍的一种心理现象，是推动人类社会前进的一种心理动力。要想在竞争中获胜，必须精力集中、情绪饱满、意志坚定。竞争能促进人的智力效应，也能激发人的创新意识。冒险本身就含有创新的意味。冒险有一定的危险性，值得冒险的领域一般是前人或他人未涉及的领域。冒险者需要有开拓的勇气、坚强的意志、创新意识和创业精神。冒险也需要有科学依据，要考虑冒险的价值，要经过周密的策划，不可盲目地冒险。

（3）灵感。灵感是人脑对客观现实的瞬间反应，是突然出现的心理现象。人们在参与创造性活动中，当有些问题长期得不到解决的时候，可能会突然有转机，恰似“山重水复疑无路，柳暗花明又一村”。这种心理现象便是灵感。在创新思路阻塞时，如果创新者能够抓住灵感，就可能打开思路，使创新活动顺利进行，或获得新的线索，进入新的境界。

（4）个人求发展的心理。人为了维持生命，就产生了求生存、求安全的客观要求。为了正常地生活、学习和劳动，人们必须满足外界环境提出的各种要求，当这些要求为人所接受时，就转化为个人的需要。为了满足个人需要，人们自然而然地会想尽一切办法，创造条件发展自己。人们在寻求个人发展时，便产生了创新意识。

（5）创造性思维。人类在已有经验的基础上，从某些事实中进一步找出新关系、寻求新答案的活动属于人类思维的高级阶段，一般称为创造性思维。创造性思维具有想象力丰富、洞察力敏锐、灵感活跃以及求异性和潜在性的特点。

5. 创新能力的形成

创新能力是一种综合能力，与人的知识、技能、经验、心态等有密切关系。创新能力就是指一个人所具有的创造新思想、新事物的能力。它由创新意识、创新个性、创新思维和创新实践能力4个要素综合构成。如何才能培养创新能力呢？

（1）要有强烈的创新意识。创新意识是创新活动的心理起点，是创新过程的基础，没有创新意识不可能产生创新行为。要成为一个创新者，必须具备强烈的创新意识。首先，要树立责任感，以激发创新意识。现在，创新已经是一个热门话题。一个人创新意识强、创新能力高，将会对社会作出重大贡献，并获得相应的社会地位和财富。年轻人是祖国社会主义现代化建设的栋梁，更应该思想活跃，不能因循守旧。其次，要富有创造性和批判性，具有敢于标新立异、独树一帜的精神。只有具备强烈的创新意识，才能敢想前人没想到的事，敢做前人没做过的事。另外，社会竞争如此激烈，必须树立起强烈的创新意识，不断创造新事物，不断开创新局面，才能在竞争中立于不败之地。

（2）努力开发人的潜能。开发人的潜能从某种意义上讲，就是培养人的创造性思维和创造性想象，它与创新能力的形成有着直接的联系。创造性思维主要有扩散思维、立体思维、逆向思维、联想思维、转换思维、换位思维等。掌握这些方法，对于培养创新能力极为有利。人类潜能的开发具有广阔的空间。人的智力是多元的，能力也是多元的，综合开发人的智能，在当今时代意义重大。

二、分析创业条件

个人创业的成败取决于创业者自己。在决定创业之前，首先要分析一下自己是否具备创业的条件。成功的创业者之所以成功，不是因为他们走运，而是因为他们工作努力，并有经营企业的能力和素质。

（1）承担风险。世上没有绝对保险的生意，失败的风险伴随创业的始终。创业者必须具有冒险精神，甘愿承担风险，但又不能盲目地去冒险。

（2）果断决策。在创业的过程中，创业者必须做出许多决定。当需要做出对企业有重大影响的决定而又难以抉择时，创业者必须果断决策。

（3）家庭状况。创业需要大量的时间投入，因此，得到家人的支持是很重要的。要征求家庭成员的意见，如果他们同意你的创业想法，支持你的创业计划，就会成为你强有力的后盾。

（4）技术能力。技术能力是企业生产产品、提供服务所要具备的实际能力。

（5）管理能力。管理能力是指经营企业所需要的技能。市场营销技能固然很重要，但掌握其他经营企业的技能也很必要。

三、创办自己的企业

创办自己的企业是创业者寻求自我生存与发展的过程，是创业者改变现状和开拓未来的过程。同时，它也是一个艰辛的过程，需要创业者有百折不挠的意志、奋发进取的精神、吃苦耐劳的作风和敢于创新的勇气。良好的职业素质是创业的基础。海阔凭鱼跃，天高任鸟飞。每位渴求成功的人，只要在实践中不断学习，不断提高自己各方面的素质，就可以成为一名优秀的从业者，一名成功的创业者。

1. 创业意识的培养

（1）树立创业意识。在创业意识的养成过程中，必要的外部条件和影响是必不可少的。但是，最终还要取决于个人有没有高度的自觉性，即对创业意识的自我认识、自我解剖、自我教育、自我斗争、自我改造和自我提高。虽然大家可能不能迅速创造十几亿资产，但可以做自己的主人，做自己的老板，创办自己的企业。建议有志向的年轻人从现在起，树立创业的意识，做好创业的准备，或许有一天你也能成为一个创业者，进而成为一个成功的创业者。

（2）培养创业兴趣。从职业发展的角度出发，应该“爱一行，干一行”。因为对特定的职业具有浓厚的兴趣，更容易激发人的工作激情，更容易将工作、生活、事业统一为有机整体，有利于个人才能的发挥，有利于职业的创新。但是，现实生活中大部分人都是“干一行，爱一行”。环境可以改变人，兴趣可以逐渐培养。兴趣虽然比梦想更现实些，但真正了解自己的兴趣所在并不是一件很容易的事。要端正自己的思想，明确自己所学专业的重要性及发展方向。在市场竞争日趋激烈的今天，迫切需要一支懂技术、有水平的技术队伍。只有这样，才能由被动变为主动，由漠视变为重视，由“干一行”到“爱一行”，使兴趣直接转化为创业动机。

（3）改变错误的创业观念。一是创业必须占有技术和资金，否则别想创业。技术和资金当然是重要的，但我们可以从创办小企业做起，一点一滴地积累，逐渐把自己的企业做大做强。二是利用权力，甚至走私、贪污受贿。利用不正当的手段，甚至违法乱纪，即使创办了自己的企业，也不会有好的结果，终归会走上绝路。三是没有遗产继承，任何人是发不了家的。其实，白手起家、贷款起家的成功案例比比皆是。俗话说“富不过三代”。靠自己的努力才能创造出真正的财富。四是只有高学历、高智商才能创业、致富。高学历、高智商不等于具有适应环境的通行证，就业对每一个求职者都是公平的，只要把握机会，树立信心，公平竞争，相信每个人都能通过创业创造出属于自己的财富。

以上这些错误观念都是创业之路上的“陷阱”。有错误观念的人，要么安于贫穷，不去创业；要么走上邪路，不可能真正创业。

创业成功取决于确立正确的目标和对目标的追求，克服自卑、树立自信，以及不断地积累、不懈地努力。这就是说，成功创业，更重要的是依靠理想、信念和毅力等人格要素，也就是我们所说的真正的创业意识和创业精神。

2. 创业之路的选择

（1）干小事、立小业，走创业之路。刚进入社会的劳动者，无论从资金、管理经验、人际关系、营销策略等各方面都无法与积累多年经验与财富的成功企业家相比，所以必须从干小事、求小利做起。开办企业最终想要达到的目的是营利，要对自己的资金启动有一个周密的预测。小企业的投资也许只需要投入几万元、几千元，甚至更少。所谓“麻雀虽小，五脏俱全”，企业再小，也有需要投资的地方，因此，创业者对资金安排同样要有计划，不打无准备之仗。经营任何企业都是有风险的，如果风险与收益成正比，为了赚得较多利润，有时冒点风险是必要的，是可以接受的。但是，对于小企业来说，应尽量避免做风险过大的事情，而把为数不多的资金投入风险小、规模小的事业中去，先赚小钱，再赚大钱，“集腋成裘”，等到资金雄厚了，再干大事业。总之，一定要立足现实，从自身条件出发，从小事、小经营、小企业做起，一步一个脚印，务实求稳，切不要贪大求全，贪多求胜，急于求成，在条件、实力不具备的情况下，要有长远谋略，打好基础，逐步积累，发展壮大。

（2）利用政策机遇创业。政策条件主要是指国家为创业者提供的政策环境，使创业者在合法的范围内顺利完成创业活动。它对创业者来说是一把有效的“政策保护伞”，它可以使创业者全身心地从事创业活动。对于国家政策的机遇条件，一定要善于分析、捕捉、利用，要及时抓住创业机遇，错过最佳时机，会严重影响创业业绩，甚至因错过时机而无法创业。

（3）利用信息机遇创业。信息就是资源，就是机遇。学会获得信息，准确判断信息，运用信息，机遇就会到来。人们的信息越是灵通，发展的机会就越多，选择的余地也就越大。相反，一个闭目塞听、对外界信息一无所知的人，是不可能抓住机遇的，更谈不上成功创业。能否有效地捕捉信息、发现机遇，关键在于是否有信息意识和机遇意识。有了这些意识，才会对信息有敏感性，自己的感知系统才会有选择性、方向性，才会在众多信息当中敏锐地发现对自己有益的信息，发现他人看不见的机遇。这点对于创业者十分重要。只要我们成为勤于捕捉信息的人，就会有创业机遇出现。

（4）珍惜机遇抓住不放。得到机遇并非易事，人生在世，能有多少良机呢？可以说，每个人能遇到的机会是不太多的。在这些不太多的机会中，又有很多是我们发现不了的。所以说，我们所能发现的良机是很少的。既然发现了机会，我们就应该珍惜它，一定要抓住机遇，全力以赴，努力奋斗，勇于拼搏，用好机遇，直到成功，让自己的青春在创业奋斗之中闪耀光芒。

3. 创办企业面临的挑战

创办企业意味着你要去从事企业的经营活动，这与受雇于别人是完全不同的。可以说，创办企业是你人生的一个重大转变，它会改变你的生活。要创办企业，就要全力以赴，要做好做大量辛苦工作的心理准备，只有这样，你的企业才能获得成功。当然，获得成功之后，你才会获得经济收效并感到满足。不同的人办企业有各自不同的动力和原因，有些人是为了实现自身价值而创办企业；有些人是为了改变生存方式而创办企业；还有些人是因为下岗或失业等原因而决定创业。但不管是因为哪种原因创业，都必须明白，创业既有好处又有烦恼和困难。

（1）自己当老板的好处。更好地掌握自己的命运；不听命于他人；按自己的节奏工作；因出色的工作而赢得尊重、声望和利润；感受创造和成功的乐趣。

（2）自己当老板的烦恼和困难。拿自己的积蓄去冒险；不分昼夜地工作；没有固定假期；失去稳定的工资收入；有时不得不做自己不喜欢的事；无暇与家人和朋友在一起。

4. 选择适合自己企业的法律形态

在初步具备了创业条件，面对困难和烦恼的挑战，决定开办企业时，创业者就要决定自己的企业以什么形式开业。这就需要创业者选择一个适合于自己企业的法律形态。在我国，民营企业的主要法律形态有：股份有限公司、有限责任公司、外资企业、中外合资企业、中外合作企业、乡镇企业、股份合作制企业、合伙企业、个人独资企业、个体工商户等。微小企业最常见的法律形态有：个体工商户、个人独资企业、合伙企业和有限责任公司。不同法律形态的企业，承担不同的法律责任，也受成立条件的限制，从而会对企业产生诸多影响。这些影响包括开办和注册企业所需的成本不同；开办企业手续办理的难易程度不同；业主需承担的风险责任不同；寻求贷款的难易程度不同；企业的决策程序不同；企业利润所得不同。

不同的企业法律形态都有各自的特点，了解它们有助于创业者为自己的企业选择适当的法律形态。

第九章

素质测评

第一节　素质测评的内涵、内容和作用

一、素质测评的内涵

1. 素质测评的概念

人员素质测评是指测评者采用科学的方法，收集被测评者在主要活动领域中的表征信息，针对人员素质测评标准体系作出量值或价值判断的过程，或者从表征信息中引发与推断某些素质特征的过程。也就是先测量后评定的工作。实际上我们可以从广义与狭义两方面来理解人员素质测评。狭义的人员素质测评是指通过量表对人员品德、智力、技能、知识、经验进行评价的一种活动。如智力测验、气质测定、品德测验等都是通过问卷选择题等量表形式来测评被测者的有关素质。广义的人员素质测评，则是通过量表、面试、评价中心技术、观察评定、业绩考核等多种手段综合测评人员素质的一种活动。在人力资源开发与管理中，人员素质测评是基础工程。人员预测与规划、培养与使用、配置与管理三大环节，都离不开人员测评，它是员工与职位达到最佳匹配的桥梁，也是企业人力资源科学配置、优化组合的有效工具，还是开创企业人力资源管理新局面的有效手段。

2. 素质测评的对象

素质测评的具体对象不是抽象的人，而是作为个体存在的人其内在素质及其表现出的绩效。美国哈佛大学的麦克利教授在 20 世纪 70 年代提出来并已被很多企业广泛采用的概念——胜任特征值得我们借鉴，所谓胜任特征指的是能将某一职位上表现优秀的员工与表现一般的员工区分开来的个体特征，它可以是动机、特质、自我概念、知识、技能，以及任何可以测量的个性特征。胜任特征主要分为 5 个层面，自上而下为：

（1）知识，对某一职位有用的信息（如高科技企业中人员的计算机知识）。

（2）技能，即将事情做好的能力（如领导、谈判等）。

（3）自我概念，对自己身份、个性和价值的看法（如将自己视为权威或

教练）。

（4）特质，个体典型的行为方式（如善于倾听他人、谨慎、做事持之以恒等）。

（5）动机，决定个体行为的想法（如是想把自己的事情做好，还是想控制影响别人，或是想让别人接纳喜欢自己）。

各种胜任特征可以被描述为在水中漂浮的一座冰山。水上部分代表表层的特征（如知识、技能等），深层的胜任特征（如自我概念、特质和动机）是决定人们的行为和表现的比较稳定的关键因素。所以，这时素质测评的对象应是各种职位所要求的胜任特征。

二、素质测评的内容

素质测评的内容应是直接影响工作绩效的个体因素。许多研究表明，直接影响工作绩效的个体因素主要包括：概念认知智慧、情感智慧与社会行为智慧、行为风格等。

（1）概念认知智慧。概念认知智慧即一般认知能力，指接受、处理和发出概念信息的能力，主要包括推理判断、言语理解、数量关系、空间能力、知觉速度等。一般认知能力反映了人的基本认知操作过程中的智慧功能水平。基本认知操作是通过基本认知加工过程（分析、综合、识别、判断、推理等）操作概念的基本表现形式（语词、数字和图形）的过程。智慧功能水平是指个体在单位时间内所能加工的信息的质量和数量。因为基本认知操作贯穿于几乎所有的工作之中，因此，一般认知能力测验对几乎所有工作都有很高的预测力。

（2）情感智慧与社会行为智慧。情感智慧是指在接受、处理和发出概念信息、自我信息和人际信息时的惯常体验，主要包括情绪稳定性、进取心、自信与自尊等。情感智慧对个体的工作绩效影响很大。情感智慧的预测力来自它们的激活作用和自我约束机制。社会行为智慧是指表现在接受、处理和发出人际信息方面的稳定的个性特征，主要包括友善和合群、自控意识、人际交往技能等。社会行为智慧是影响人际交往成败的经常性因素，也是影响社会性工作（管理、秘书、业务员等）的成败的经常性因素。我们把情感智慧和社会行为智慧合称社会成熟程度。与社会成熟程度有关的因素是对个体的事业成就有着重要影响的动力源泉或调节动力取向的杠杆。

（3）行为风格。行为风格是个体在解决问题的过程中所表现出来的人格特点，主要包括务实与创意、重逻辑与重情感、内倾与外倾、A 型人格与 B 型人格，以及兴趣和价值取向等。一方面，一种行为风格更适合于某一类工作；另一方面，行为风格不一样的个体在做同一种工作时会表现出不同的行为特点。但行为风格不能决定工作的成败，决定工作成败的因素是一般认知能力、社会成熟程度及专业知识和技能。

三、素质测评的功能

（1）鉴定功能。鉴定功能是素质测评最直接的功能。鉴定是指对人的身心素质、能力水平、道德品质和工作绩效等作出鉴别和评定。由于现代人才素质测评综合采用了多种方法和技术，与传统的测评相比，它能够依据测评的目的和要求对被测评者进行更为客观和准确的鉴定，并将鉴定的结果以定量或定性的方式表示出来。

（2）预测功能。所谓预测是指通过对事物当前状态和发展趋向的把握而对事物未来发展的情况所进行的推测。素质测评主要是为预测提供丰富而客观准确的有关个体（或群体）当前发展水平的信息，测评的预测功能主要用于人才选拔，如人员招聘、考核等方面。

（3）诊断功能。测评诊断功能是指采用一定的测评方法和技术对被测评者相应要素进行客观的测评，发现测评对象在哪些方面（测评要素）为优，哪些方面为良，哪些方面还存在着不足与缺点。

（4）导向功能。测评结果总是与人们的某种利益相连或与个人的成长发展相关，因此，好的测评结果总是人们所期望的，为了获得优良的测评结果，被测者往往要针对测评的内容、标准进行各种学习、训练，吸收新的知识、提高能力和技能、增强自身的素质和修养。

（5）激励功能。激励功能是指测评能够激发人们进取向上的愿望和动机，使人们自觉自愿地努力学习和工作，从而不断提高每一个人的素质和工作能力。每个人都有自尊和进取的需要，希望自己在测评中取得好成绩、好结果，这就迫使人们发奋努力，不断进取。

四、素质测评的作用

（1）对用人单位的作用。首先，为企事业单位、国家机关等用人单位在人员招聘、选拔、培训、岗位安置、组织诊断等多方面提供科学而可靠的依据，有效地降低了用人单位的风险。其次，在整合工作团队，提高工作效率等管理活动中起到举足轻重的作用。最后，使用人单位获取到人才的深度信息，充分地发掘人才的潜力，做到人尽其才、人尽其用。

（2）对个人的作用。一是帮助被测评人获得有关自己能力倾向的客观信息，帮助其正确地理解和认识自身能力特征以及自己适合的工作领域。二是提示出被测评人所具有潜在能力的倾向，帮助其个人正确地选择职业，并激发其自我开发的积极性。

第二节　素质测评原理

一、素质测评的理论基础

1. 素质及其构成

素质是指人在先天禀赋的基础上，通过环境和教育的影响而形成和发展起来的相对稳定的内在基本品质。所谓先天禀赋，是指人的生理遗传因素，它是后天基本品质形成的物质前提。教育是指家庭教育、学校教育和社会教育，是一个系统地传授知识技能及社会文化传统的过程。环境主要是指人生活的社会环境和自然环境。素质既包括人的身心潜能，又包括社会创造的物质文明和精神文明成果在人身心中的积淀和内化。它是一个系统的、有序的整体。依据由低级到高级的发展层次，可以把素质划分为生理素质、心理素质和社会文化素质三个方面。

生理素质主要表现为生理机能特征。生理素质处于人整体素质发展的基础层次，它规定着个体素质发展的潜在可能性和自然限度。人的素质的形成是以生理素质作为基础的，离开了这个基础，人的其他方面的素质也就失去了物质载体。

心理素质在人的素质结构中占有十分独特的地位，它是人与外部世界相互联系、相互作用的中介，是一个人的遗传素质和人类在历史发展过程所创造的文明成果相互作用、不断内化的结果。它既是在生理素质的基础上发展起来的，也影响着社会文化素质的内化，是连接两者的桥梁。

社会文化素质包含一个人的政治、科学、文化、艺术、法律、道德以及宗教等知识与能力诸多方面的素质。它在生理素质中占主导地位，决定着素质的性质、方向和水平。

综上所述，生理素质、心理素质和社会文化素质在人的整体素质中分别处于不同的发展层次，它们相互联系、相互作用，缺一不可，共同构成了人的整体素质。整体素质中的各种素质相互渗透，每一层次的素质都包含有其他层次素质的成分或因素，对素质不可孤立地理解。

2. 职业素质及其特征

职业素质是指劳动者在生理、心理条件的基础上，通过培训、劳动实践和自我修养等途径形成的内在的职业品质，专业知识和专业技能是职业素质中最具特色的内容。从事不同职业的劳动者，具有不同的职业素质。职业素质是生理素质、心理素质、社会文化素质等根据不同职业要求有机组合而成的。职业素质有以下特征：

（1）职业素质的专业性，指劳动者具有专门的业务能力。当今社会要从事某种职业必须经过专门的职业训练，这个训练过程也是职业素质的形成过程。但凡在职业领域有所建树的人，都具有很强的专业知识技能。

（2）职业素质的稳定性。职业素质一经形成，便会在劳动者的个性品质中稳定地表现出来，如军人气质、学者风度等。一个具有良好职业素质的教师，不论他在哪个学校工作，其精深业务水平、诲人不倦的敬业精神都会稳定地表现出来。

（3）职业素质的内在性，指一个人对所从事的职业要求和专业知识的内化，它一经形成就以潜能的形式存在，只有在职业活动中才能充分地展现出来。职业活动是劳动者职业素质形成的中介，也是职业素质外化的桥梁。

（4）职业素质的整体性，指劳动者的知识、能力和其他个性品质在职业活动中的综合表现。一个劳动者在职业中要有所成就，不仅要具备一定的知识、技能，还要具有一定信念、社会责任感以及良好的自我控制能力、人际沟通能力和耐挫折能力等。

（5）职业素质的发展性，指随着社会发展和科技进步，不同的社会历史发展时期，对劳动者的职业素质提出不同的要求。如果一个劳动者不具备符合时代要求的职业素质，就可能失业。为此，劳动者必须从时代发展的需要出发，不断地提高和完善自身的职业素质。

3. 心理素质的主要特征

人的心理素质特征表现为差异性、相对稳定性和可测性。

（1）差异性。每个人的能力、个性行为风格素质都具有独立性。有差异才有必要进行测评，人的差异性与独特性为测评提供了必要的前提条件。

（2）相对稳定性。人的心理素质具有跨时间和跨情景的稳定性。可帮助人员测评人的素质，预测将来的表现是符合规律的。

（3）可测性。尽管人的心理特征具有内隐性，但必然要通过言行在一定环境中和在一定时间内表现出来。人的内隐性和外显性行为，属于人的心理特征的外在表现，为人们在测评打分时提供了可能性。

人的素质测评是客观、间接、相对的测量。了解人的心理特征最直接简单的方法就是借助于观察者的主观经验与直觉，但这种凭主观直觉获得的概率往往如同早上的太阳看上去比中午的太阳更大一样，是不可靠的。科学发展到今天，还无法直接测量人的心理，只能测量人的外显行为，进而推论人的内在心理素质。这就像不能直接测量温度而是通过水银汞柱的体积变化来测量一样，是一种间接的测量。

人员素质测验的相对性体现在，它对一个人的某种素质高低、强弱进行评价并没有绝对尺度，而是通过个体在群体中的相对位置来判定的。一个人能力的高低、兴趣的强弱，都是与所在团体的大多数人的行为或某种人为确定的标准相比较而言的，因此是一种相对的测量。

二、素质测评的基本原理

人才素质测评源远流长，是企事业人力资源管理实践中必不可少而且又十分重要的一项活动。其实践性是不容置疑的，但其理论性却仍然是不充分的。而这种不充分的理论性直接妨碍了人才素质测评的方案设计和测评效果，许多测评结果优秀的人员在实际工作中的表现并不尽如人意。人才素质测评需要满足以下前提：

（1）人的行为是可以观测的。

（2）人的行为与其内在素质存在相关性。

（3）人的行为存在差异性。

（4）人的内在素质存在差异性。

在上述前提下，人才素质测评的基本原理是通过概率分析取得一个人基本素质和发展潜力的有关数据。我们可以运用现代统计学的技术，通过跟踪观察，来测算在某种人才素质测评结果的情况下，该人才在实际工作中的绩效表现能够达到雇主期望水平的条件概率。根据这些条件概率，我们可以计算需要经过多少次的测评，才能对该人才的素质情况作出有较大置信水平的推断。也就是说，通过一定量的测评，我们就可以对一个人的基本素质有了较大把握的了解。

第三节　素质测评的方法

一、测验法

测验是人才选拔中的重要工具，它的主要特点就是标准化程度高。测验的种类很多，但大致可分为心理测验和成就测验两大类。

1. 心理测验

心理测验是现代人员测评过程中的一种非常重要的技术。它实质上是行为样本组的客观化和标准化的测量。通过观察人的少数有代表性的行为，依据确定的原则，对贯穿于人的行为活动中的心理特征，进行推论和数量化的一种科学手段。心理测验可以反映被测者的能力特征，预测其发展潜能，也可以测定求职者的人格品质及职业兴趣等。

心理测验按测量的内容，可以分为能力测验（智力测验；特殊能力测验，如机械能力测验等）、人格测验（个性测验，其中也包括一些职业价值观测验、诚信度测验等）、性向测验（如能力倾向测验、个性倾向测验、职业倾向测验等）三大类。

在人格测验中，按测量的方式，又可以分为自陈量表和投射测验。自陈量表主要是通过自我的实际情况进行分析回答的测验方法，它操作较为简单，易标准化，但受文化程度、文化背景等的影响；投射测验是要求被测者对一些模棱两可或模糊不清、结构不明确的刺激作出描述或反应，通过对这些反应的分析来推断被测者内在心理特点的一种方法，这种方法解释和评价较为复杂。

心理测验是一种标准化、客观化程度较高的测验，但其中有一些心理测验的信效度仍并不理想。心理测验的优点在于：一是简单易用，一般仅用一两个小时就可完成对一批人的测量；二是其计分和解释比较客观；三是比较经济，很多心理测验都可以团体施测，可以节约大量的实践和精力。不足之处是开发周期长，投入大；由于受测验形式的局限，有些综合能力无法准确测量，如言语表达能力、组织管理能力等。

2. 成就测验

成就测验就是我们通常所说的考试。成就测验主要是针对特定领域为检测应试者对有关知识和技能的掌握程度而设计的。考试应用的领域非常广泛，并且现在考试已逐步向标准化、客观化发展；但考试更偏重于知识和技能的考查，所以以它考查人的素质的全面性程度常常受到质疑。

二、面试法

面试是人事测评与选拔中最常用的方法。面试是指在特定时间、地点所进行的，在主考官面前被测者用口述方式回答问题，通过主考官和被测者双方面对面的观察、交谈等双向沟通形式，来了解被测者的素质特征、能力状况以及求职动机等方面情况的一种人员甄选与测评技术。主考官根据被测者在面试过程中的行为表现，观察分析被测评人回答问题的正确程度来予以评定成绩。它是人事管理领域应用最普遍的一种测量形式。一般来说，面试可以分为非结构化面试、结构化面试和半结构化面试。

（1）非结构化面试。就是没有既定的模式、框架和程序，主考官可以“随意”向被测者提出问题，而对被测者来说也无固定答题标准的面试形式。主考官提问的内容和顺序都取决于其本身的兴趣和现场应试者的回答。这种方法给谈话双方以充分的自由，主考官可以针对被测者的特点进行有区别的提问。虽然非结构化面试形式给面试考官以自由发挥的空间，但这种形式也有一些问题，它易受主考官主观因素的影响，面试结果无法量化以及无法同其他被测者的评价结果进行横向比较等。

（2）结构化面试。结构化面试是近些年来逐步发展、成熟并被广泛采用的一种面试形式，它首先要对职位进行分析，确定面试的测评要素，在每一个测评维度上预先编制好面试题目并制订出相应的评分标准，面试过程要遵循一种客观的评价程序等；在结构化面试中，往往有事先确定的提问提纲，里面列出了需要了解的各方面问题，而且这些问题通常还可能有一定的内在逻辑关系。面试时，主考官按照固定的程序向被测者提问，所有被测者都回答同样结构的问题。结构化面试往往有标准化的评分表和详细的评分标准，它类似于一种标准化的面试。

（3）半结构化面试。这是介于非结构化面试和结构化面试之间的一种形式。它结合两者的优点，有效避免了单一方法上的不足。

总地说来，面试的方法有很多优势，面试过程中的主动权主要控制在评价者（主考官）手中，具有双向沟通性，可以获得较为丰富、完整和深入的信息，并且面试可以做到内容的结构性和灵活性的结合。但面试与心理测验相比，容易受评价者的主观影响，信效度偏低，多人面试时耗时较长；所以，心理测评的优势在于汰劣，面试的优势在于选优。

三、评价中心法

评价中心被认为是现代人员素质测评的一种新方法，它的最突出特点就是情景模拟性，所以它的核心部分就是情景模拟测评。情景模拟就是根据在职务分析的基础上，编制一套与该职务实际情况相似的测试题，将测试者安排在模拟的、仿真的工作环境中，要求测试者处理各种可能出现的问题，对其各种能力作现场考核，用以确定测试者的素质特征及其适宜的工作岗位等。情景模拟主要针对被测者外显的行为及实际操作进行考察，也考察被测者在他人影响下的表现。情景模拟测评主要有以下几种形式：小组讨论（包括无领导小组讨论和有领导小组讨论）、“文件筐”测验、案例分析、即席发言、角色扮演、管理游戏、事实判断、模拟面谈、与人谈话等。举例详述如下：

（1）无领导小组讨论。无领导小组讨论是评价中心经常采用的一种测评方法。其操作方式就是让一定数量的一组被测评者（一般为 5~7 人）在既定的背景之下或围绕给定的问题展开讨论，这个讨论一般要持续 1 小时左右。所谓“无领导”就是说参加讨论的这一组被测评者，他们在讨论的问题情景中的地位是平等的，其中并没有哪一个人充当小组的领导者。而测评者并不参与讨论的过程，他们只是在讨论之前向被测评者介绍一下讨论的问题，给他们规定所要得到的目标以及时间限制等。无领导小组讨论的目的主要是考察被测评者组织协调能力、领导能力、人际交往的意识与技巧、想象能力、对资料的利用能力、辩论说服能力以及非言语的沟通能力（如面部表情、语调、语速、手势、身体姿势）等。同时也可以考察被测评者的自信心、进取心、责任感、灵活性以及团队精神等个性方面的特点及风格。

（2）“文件筐”测验。“文件筐”测验也称为公文处理测验，这是评论中心中最重要的活动之一。它是对管理人员潜在能力进行测定的有效方法。在这项测验中，被测评者将扮演某一领导者的角色，他将面对一堆信件或文稿，包括通知、报告、客户的来信、下级反映情况的信件、电话记录、关于人事或财务等方面的信息以及办公室的备忘录等。这些信件有来自上级和下级的，有组织内部各种典型问题的指示，有日常琐事，也有重要大事。所有的这一切都要求被测评者采取措施或作出决定。他要在规定的时间内将这些公文处理完毕，在处理的过程中一般没有其他人的协助。但在人员允许的条件下，也可以派一个秘书或助手供被测评者吩咐调遣。在对被测评者进行评价的时候，也将他如何使用这个助手的情况作为评价的指标。这个测验可以较好地反映被测评者在管理方面的组织、计划、协调能力和分析综合、判断、决策的能力以及分派任务的能力等。此外还反映出被测评者对事物的主动性程度、对信息的收集和利用的能力、处理问题的条理性程度和对外界环境的敏感程度。

（3）模拟面谈。模拟面谈也是评价中心中较常见的一种测评方法。一般是由测评者的一名助手扮演与测评者谈话的人，这个人是经过培训了的，他的行为将遵循一种标准化的模式。这个与被测评者谈话的人可以充当各种与被测评者有关的角色，如被测评者拟任职位的下属、客户或其他可能与被测评者在工作当中发生关系的角色，甚至可以充当对被测评者进行采访的电视台的记者。按照具体情景的要求，这个人可以向被测评者提出问题、建议或反驳被测评者的意见，拒绝被测评者的要求等。被测评者必须与这个人进行交谈以解决他所要解决的问题，由测评者对面谈过程进行观察和评价，这种测评方法主要考察被测评者的说服力、表达能力和处理冲突的能力以及其思维灵活性和敏捷性等。

（4）案例分析。在案例分析的测验中，通常是让一个被测评者阅读一些关于组织中问题的材料，然后让他提出一系列的建议，以提交给更高级的管理部门。这种测评方法可以考察被测评者的综合分析能力和作出判断决策的能力，既可以考察一些一般性的技能，也可以考察一些特殊性的技能。

在人才素质测评中，以上所介绍的心理测验、面试和评价中心是最科学、最核心的技术，也是被关注最多的。除此以外，胜任特质评价、360度考核、背景调查、履历分析、情境访谈、成就记录等也是测评人才素质较为有效的方法。

第四节　测评结果解释与应用

一、测评结果解释的原则

（1）科学性原则。对测评结果的解释要以科学的理论为指导。如任何一个人格测验都是以一定的人格理论为基础的，测验的编制者依据特定的理论为测验中的测评维度赋予了特定的含义时，一定要从特定的测评维度的含义出发，而不是按照日常的含义去理解。在不同的测评方法中，同一名称的测评维度的操作定义可能是不同的，用一种方法中的维度含义去理解另一种方法中的维度含义，也是不科学的。

（2）客观性原则。任何科学的解释首先应当是客观的，所谓客观性就是指对结果的解释要严格遵循预先设定的客观标准，而且对待不同的被测评者所做的每一条解释都来自其实际表现。如不能从一个人做决定很快、反应速度快，就推论他做事比较马虎、不够细心。也不能从一个人外向、语言表达能力强，就推论出他具有领导才能，而是应该看其具体表现如何。

（3）定量与定性相结合原则。在解释测评的结果时，应该将定量的解释与定性的解释结合起来。不定量的解释缺乏精确性，难以进行人与人之间的比较。如果没有定性的解释，则很难理解测评分数的含义。

（4）系统性原则。人是一个有机的整体，人的心理特征的各个方面是紧密联系的。因此，对人进行测评和解释时，也应将人作为一个整体看待而不是将其机械地划分为互不相干的各个维度。要解释一个人在每一个方面的高低强弱，应从各方面的相互关系上进行解释，得出更全面的结论。

（5）发展性原则。人的心理特征具有相对稳定性，但同时也会在一定范围内发展变化，尤其是对尚未完全成熟的少年儿童的测评结果进行解释时，更应该注意这一点。还应该注意其未来发展的潜力。

二、测评结果的交流及应注意的问题

在测评后，测评单位或用人单位一般会将测评结果报告给被测评者本人或与其有关的人员，在与被测评人员交流测评结果时应注意以下问题：

（1）使用当事人能够理解的语言。测评是一种专业性较强的活动，在测评的结果中会涉及许多特定的专业词汇。另外，测评中所使用的测评的含义与人们日常的理解可能也有所不同。当事人解释和报告测评结果时，一定要注意深入浅出，将专业化的词汇转化为通俗易懂的、当事人容易理解的语言。

（2）让当事人知道测评方法的适用范围和局限。应让当事人简单地理解该测评方法测评内容。如要让其知道职业兴趣测量的是对几种不同类型的职业的倾向程度，也就是更喜欢从事哪种类型的职业。

（3）让当事人懂得测评不是万能的。一种测评方法可以测出某些东西，但也可能很难测出另外一些东西。要让当事人认识到测评结果的准确性不是百分之百的，而是会存在一定误差的，测评结果只是一个相对“最好”的估计。

（4）要使当事人知道如何运用测评结果。由于测评的目的是职业指导，因此有必要让当事人知道测评的结果与职业的关系。其中包括被测评者的特征与职业所要求的特征是如何匹配的；被测评者职业优势体现在哪些方面，弱点体现在哪些方面；对被测评者的某些不足之处，能否有其他的一些方面给予补偿等。

（5）让当事人积极参与测评结果的解释过程。测评结果是对被测评的当事人做出的，根据这个结果做出的决定会较严重地影响被测评者的生活。因此，用人单位、家长、教师等都有必要较多地了解测评结果的解释过程。还可以提供一些补充性的信息，为测评结果提供有力的验证或支持。

（6）多给当事人鼓励或发展性建议。应用测评结果之前，要充分考虑到测评结果可能给当事人带来的影响。由于测评的结果可能会影响被测评者的自我认识、自我评价，从而会影响其行为，所以在解释测评结果时一定要慎重。要保证解释的客观性和科学性，同时帮助被测评者正确认识自己的测评结果，正视自己的优势或不足。在利用测评结果对当事人进行职业指导时，要多给当事人一些鼓励，帮助他们树立起信心，要使他们能够看到并发挥自己的长处。对于他们的不足，应为他们提供一定的弥补和发展建议。

三、影响测评准确性的因素

1. 测评方法内部因素

测评是否能够得到准确可靠的结果，依赖于测评所使用的工具本身。如果测评工具本身存在问题，测评结果的准确性和可靠性也会受影响。如果测评的难度和区分度不合适，这个测评工具就不是很好的测评工具，所得到的结果也就不能够准确可靠。当测验的题目过少或题目缺乏代表性时，也会给测评带来误差。

2. 测评实施过程中的因素

在测评实施过程中，也存在各种各样的影响测评准确性的因素。

（1）测评的环境因素。包括光线、声音、温度、湿度、颜色、桌椅和空间大小等。

（2）意外干扰。在测评实施过程中，发生意外干扰会打断被测评者的思路，导致测评的准确性受到影响。

（3）施测者的身份、行为方式、观察与评分计分过程也会影响测评的准确性。

3. 被评分者本身因素

测评误差还来自被测评者本身的各种行为，如应试动机、测验焦虑、测评经验、反应倾向、生理因素等。

参考文献

[1] 李均培 . 基于 PDCA 循环理论的大学生职业生涯教育研究 [D]. 石家庄：河北科技大学，2022.

[2] 姚俊辉 . 新时代大学生敬业观培育研究 [D]. 贵阳：贵州财经大学，2022.

[3] 曲蒙 . 地方高校大学生就业力及提升研究 [D]. 聊城：聊城大学，2022.

[4] 吴雄鹰，靳代平，包惠珍 . 大学生就业与创业指导 [M]. 上海：复旦大学出版社，2011.

[5] 吴国新，刘极霞 . 大学生就业与创业指导 [M]. 成都：电子科技大学出版社，2013.

[6] 杨兰生 . 大学生就业实训指导 [M]. 哈尔滨：哈尔滨工程大学出版社，2010.

[7] 黄晓梅，崔楠 . 大学生就业能力培养研究 [M]. 沈阳：辽宁教育出版社，2010.

[8] 吕建勋 . 大学生就业价值取向引导研究 [D]. 长春：东北师范大学，2022.

[9] 陈丽莉，刘若冰 . 大学生创业概论 [M]. 成都：四川大学出版社，2015.

[10] 李福明 . 大学生就业与创业指导 [M]. 重庆：西南师范大学出版社，2013.

[11] 邱吉，王佳菲 . 大学生就业痛与搏 [M]. 昆明：云南教育出版社，2013.

[12] 陈杰 . 家庭社会经济地位对大学生就业期望的影响研究 [D]. 贵阳：贵州师范大学，2022.

[13] 刘诗宇 . 新时代大学生就业观培育研究 [D]. 郑州：河南中医药大学，2022.

[14] 张春雨 . 新时代高职院校大学生职业道德教育研究 [D]. 长春：吉林农业大学，2022.

[15] 李咏琪 . 大学生内隐性别职业刻板印象的存在性及可变性：行为与 ERP 证据 [D]. 重庆：西南大学，2022.

[16] 金甜 . 大学生职业生涯探索的提升路径研究 [D]. 杭州：浙江理工大学，2022.

[17] 聂强，陈兴国，疏勤 . 大学生就业与创业教育 [M]. 北京：北京理工大学

出版社，2014.
[18] 张宁 . 大学生未来取向、自我控制与职业决策的关系研究 [D]. 南京：南京邮电大学，2022.
[19] 吴汉德 . 大学生就业指导 [M]. 南京：东南大学出版社，2010.
[20] 尹训红 . 人力资源管理视角下的大学生就业竞争力研究 [M]. 成都：西南交通大学出版社，2015.
[21] 宋冰聪 . 大学生个人职业生涯管理与求职行为的关系研究 [D]. 昆明：云南师范大学，2022.
[22] 张彦军，杜峰 . 大学生就业指导与实践 [M]. 北京：北京工业大学出版社，2011.
[23] 谭一平，王正一 . 大学生就业与创业训练 [M]. 上海：上海财经大学出版社，2013.
[24] 赵北平，魏超，刘喆 . 大学生就业指导 [M]. 武汉：武汉理工大学出版社，2011.
[25] 杜学森 . 大学生就业指导 [M]. 北京：北京理工大学出版社，2015.
[26] 李肖鸣，朱建新 . 大学生创业基础 [M].2 版 . 北京：清华大学出版社，2013.
[27] 李雁冰 . 新时代大学生职业价值观教育优化研究 [D]. 长春：东北师范大学，2022.
[28] 郑瑞伦 . 大学生创业与社会适应 [M]. 重庆：西南师范大学出版社，2012.
[29] 程元鹏 . 家庭经济困难大学生就业指导中存在的问题分析 [J]. 就业与保障，2020(15)：39–40.
[30] 王琳娜，黄昭彦 . 大学生就业指导 [M]. 北京：北京理工大学出版社，2010.
[31] 陈士玉，马晓明，周佳峰 . 大学生就业指导 [M]. 上海：上海交通大学出版社，2010.
[32] 李莉 . 大学生就业指导实训教程 [M]. 北京：北京理工大学出版社，2015.
[33] 张溪，楼世礼 . 大学生就业指导与创业指导 [M]. 武汉：武汉大学出版社，2010.
[34] 张晓根 . 大学生就业指导与职业发展 [M]. 郑州：河南科学技术出版社，2012.
[35] 赵英杰 . 当代大学生就业现状及就业指导对策探讨 [J]. 创新创业理论研究与实践，2020，3(12)：186–187.

[36] 韩丽东 . 大学生职业规划学习资源推荐平台设计与应用研究 [D]. 昆明：云南师范大学，2022.
[37] 吴雄鹰，姚智军，包惠珍 . 大学生就业与创业理论指导 [M]. 上海：复旦大学出版社，2014.
[38] 李肖鸣 . 大学生就业与创业指导教程 [M]. 保定：河北大学出版社，2011.
[39] 徐国光 . 以社会主义核心价值观引领的大学生就业指导工作创新——以青海大学土木工程学院土木工程专业毕业生为例 [J]. 创新创业理论研究与实践，2020，3(11)：197–198.
[40] 许燕平 . 大学生创业指导 [M]. 上海：上海交通大学出版社，2013.
[41] 董青春，孙亚卿 . 大学生创业基础 [M]. 北京：经济管理出版社，2012.
[42] 李家华，郑旭红，张志宏 . 创业有道大学生创业指导 [M]. 北京：高等教育出版社，2011.
[43] 罗莹 . 地方本科院校大学生职业成熟度研究 [D]. 南昌：南昌大学，2022.
[44] 赵尤楠 . 大学生就业指导中的思想政治教育工作优化路径探析 [J]. 文化创新比较研究，2020，4(14)：155–156.
[45] 周雨菡 . 基于课程思政理念的大学生就业指导课程教案设计研究 [D]. 武汉：华中师范大学，2022.
[46] 李肖鸣 . 大学生创业精神导论 [M]. 北京：清华大学出版社，2012.
[47] 钟晓红 . 大学生创业教育训练教程 [M]. 长沙：中南大学出版社，2014.
[48] 孙凡 . 新媒体时代下碎片化信息对大学生就业指导的影响及对策探究 [J]. 传播力研究，2020，4(9)：173–174.
[49] 张浣婷 . 专科大学生职业兴趣一致性与意图自我控制的关系：社会认知的视角 [D]. 上海：华东师范大学，2022.
[50] 刘海燕 . 新时代高职学生职业价值观发展特征及教育对策研究 [D]. 大连：大连理工大学，2021.
[51] 李闻一，胡永政 . 大学生创业教育与实践 [M]. 南京：南京大学出版社，2011.
[52] 谢志远，吕一军，邹良影 . 大学生创业教育转型发展研究 [M]. 杭州：浙江大学出版社，2012.
[53] 丁继安，翁士增，李晓英 . 大学生创业实践 [M]. 杭州：浙江大学出版社，2011.
[54] 杨向荣，沈文青 . 大学生创业教育 [M]. 北京：冶金工业出版社，2011.
[55] 王利峰 . 降低大学生就业焦虑的生涯规划团体干预研究 [D]. 西宁：青海

师范大学，2022.
[56] 晏玲玲 . 郑州市高校构建大学生就业指导管理体系研究 [J]. 佳木斯职业学院学报，2020，36(1)：219–220.
[57] 王桂波 . 大学生就业指导教育现状分析与创新实践 [J]. 文教资料，2020(2)：180–181.
[58] 王君 . 大学生职业生涯隐喻、职业决策自我效能与生涯适应力的关系研究 [D]. 天津：天津职业技术师范大学，2022.
[59] 毕于建 . 大学生创业教育与管理 [M]. 郑州：郑州大学出版社，2013.
[60] 万哨凯，肖芳 . 大学生创业教育 [M]. 武汉：武汉大学出版社，2015.
[61] 苗森，杨惠琳 . 高校辅导员对大学生就业指导的探究 [J]. 中外企业家，2019(34)：140–141.
[62] 魏榛，王晓朴 . 大学生就业指导工作的现状与对策 [J]. 教育现代化，2019，6(A2)：29–30.
[63] 叶艺 . 大学生老年服务生涯适应力变化轨迹及预测因素的纵向研究 [D]. 济南：山东大学，2022.
[64] 陈泉键，周郡娇 . 高校大学生思想政治教育与就业指导工作探微 [J]. 就业与保障，2020(14)：144–145.
[65] 马冬梅 . 新媒体背景下大学生就业指导工作信息化的创新路径 [J]. 劳动保障世界，2020(21)：9–10.
[66] 赵雪滢 . 大学生自我效能感、职业成熟度与创业倾向关系研究 [D]. 哈尔滨：黑龙江大学，2022.
[67] 赵志强 . 人力资本、心理资本对大学生择业意向的影响研究 [D]. 石河子：石河子大学，2022.
[68] 卢柒 . 经济资助对家庭经济困难大学生职业发展的影响研究 [D]. 南昌：华东交通大学，2022.
[69]李燕，邵林，王志军.大学生就业指导创新研究[M].杭州:浙江大学出版社，2013.
[70] 孙晓园 . 校企合作模式下大学生就业指导工作策略探讨 [J]. 才智，2020(7)：12.
[71] 王晓锋 . 新形势下加强大学生就业指导工作的若干思考 [J]. 科普童话，2020(12)：127.
[72] 胡进，王磊，何琴 . 大学生参与就业指导影响因素及对策 [J]. 合作经济与科技，2020(16)：118–121.

[73] 黄竹青 . 新形势下辅导员在大学生就业指导中的作用探究 [J]. 科教导刊(上旬刊)，2020(22)：175–176.
[74] 马云超 . “互联网 +” 时代下大学生就业指导问题研究 [J]. 大众标准化，2020(14)：99–100.
[75] 岳晓燕 . 浅析朋辈教育在大学生就业指导工作中的运用 [J]. 才智，2020(17)：165.
[76] 江丹，高超颖 . 大学生就业指导服务体系构建与完善 [J]. 西部学刊，2020(11)：67–69.
[77] 王群 . 独立学院大学生就业指导工作探究 [J]. 农家参谋，2020(10)：269.
[78] 谢映菁 . 基于 SMART 原则的大学生就业指导路径研究 [J]. 湖北开放职业学院学报，2020，33(8)：62–63，68.
[79] 刘媛 . 大学生就业指导工作现状、问题与对策研究 [J]. 福建茶叶，2020，42(4)：361–362.
[80] 李永鹏 . 对新形势下大学生就业指导课程建设的探讨 [J]. 国际公关，2020(4)：86–87.
[81] 吴志渊 . 民办高校大学生就业指导工作的探索与思考 [J]. 智库时代，2020(11)：71–72.
[82] 孔黎 . 大学生就业心态解析与就业指导全程化思考 [J]. 农家参谋，2020(6)：293.
[83] 许泽民，施建华 . 微媒体背景下大学生就业指导工作研究 [J]. 就业与保障，2020(11)：55–56.
[84] 王樱岚 . 大学生精准就业指导模型的研究与实践 [D]. 大庆：东北石油大学，2020.
[85] 赵尤楠 . 大学生就业指导工作优化策略探析 [J]. 知识文库，2020(11)：130–131.
[86] 王萍 . “互联网 +” 时代创新大学生就业指导工作对策研究 [J]. 传播力研究，2020，4(16)：184–185.
[87] 杨亚丽，马蓓，余思璇 . 关于高校辅导员做好大学生就业指导工作的思考 [J]. 职业，2019(29)：46–47.
[88] 徐智敏 . 浅析大学生就业形势及高校辅导员的就业指导策略 [J]. 新西部，2019(27)：124，121.
[89] 陈铭言 . 新媒体环境下大学生就业指导工作的创新途径 [J]. 智库时代，2019(39)：228，230.

[90] 王薇 . 大学生职业发展与就业指导服务体系的实践困境及途径探索 [J]. 智库时代，2019(51)：59–60.

[91] 高晓松 . 创新创业能力培养视角下的大学生就业指导模式构建 [J]. 智库时代，2019(47)：110–111.

[92] 方逸梅 . 微信公众平台在大学生就业指导工作中的应用研究 [J]. 才智，2019(33)：16.

[93] 张宇，郭志超，邢传波 . 大学生就业指导问题调查与研究 [J]. 中外企业家，2018(21)：182.

[94] 张喜盈 . 大学生职业生涯规划教育与就业指导的对策研究 [J]. 中国集体经济，2019(27)：165–166.

[95] 吴明轩，杨婉婷，王伟伟，贺海浪，黄旭 . 大学生就业指导课新型教学模式探究 [J]. 教育现代化，2019，6(93)：132–133.

[96] 罗筑华 . 贫困大学生就业指导研究的现状、重点与难点 [J]. 新西部，2019(30)：128–129.

[97] 李伟东 . 基于大学生就业素养提升的高校就业指导分析 [J]. 低碳世界，2019，9(10)：276–277.

[98] 焦俊榕 . 高校辅导员在大学生职业规划与就业指导上的重要作用 [J]. 科教导刊，2019(2)：177–178.

[99] 范露 . 浅谈高校专业教师在大学生就业指导中的优势 [J]. 轻工科技，2019，35(1)：136–137.

[100] 吴渝婷，叶鑫鹏 . 大学生职业生涯规划与就业指导课程建设研究 [J]. 湖北函授大学学报，2018，31(12)：63–65.

[101] 吴秋容 . 高校辅导员在大学生就业指导工作中的能力与素质培养研究 [J]. 才智，2018(36)：154.

[102] 张秀杰 . 论思想政治教育在大学生就业指导中的引导作用 [J]. 教书育人，2018(36)：54–55.

[103] 陈笑夜 . 高校共青团组织服务大学生就业指导工作探索 [J]. 教育教学论坛，2020(5)：34–35.

[104] 鲍春晓 . 论高校思政教育在大学生就业指导中的作用 [J]. 就业与保障，2020(2)：161–162.

[105] 李恒 . 基于人力资源开发的大学生就业指导 [J]. 现代营销，2020(1)：195.

[106] 杨瑞泽 . 高校辅导员与大学生就业指导工作论析探述 [J]. 散文百家，

2018(7)：149.
[107] 李希 . 职业生涯规划在大学生就业指导工作中的作用 [J]. 经贸实践，2018(13)：309.
[108] 王琳琳 . 职业生涯规划理念下的大学生个性化就业指导探析 [J]. 当代旅游，2018(7)：136–137.
[109] 胡瑞挺 . 从中国青年就业创业网看媒体的责任与担当 [J]. 新闻战线，2017(24)：133–134.
[110] 吴丽，叶占春 . 提升高职教育教学质量的关键问题研究 [J]. 现代交际，2016(21)：166.
[111] 樊曦阳 . 吉林市高校毕业生就业形式分析 [J]. 现代交际，2016(17)：223.
[112] 吴天娇，李岩 . 师范类大学生创新创业意识培养的重要性 [J]. 现代交际，2016(17)：125，126.
[113] 王建慧 . 学生及家长满意度调查报告——以北京信息职业技术学院东校区为例 [J]. 才智，2017(15)：156–157.
[114] 张雷，王志学 . 高校大学生就业心理问题干预机制的构建 [J]. 现代交际，2016(17)：22.
[115] 周佩，姚世斌，章道云，等 . 大学生微创业模式的探索与实践 [J]. 黑龙江畜牧兽医，2017(8)：269–270，273.
[116] 陈建国，张婉秋 . 基于校企合作视角的高职院校高技能人才培养模式研究 [J]. 科学大众 (科学教育)，2017(2)：144.
[117] 张鑫，郭梦娇 . 农林类高校大类招生模式下大学生的学业发展及管理——以北京林业大学为例 [J]. 河南农业，2016(30)：6–9.
[118] 孙琦 . 高校信息管理专业建设现状及对策 [J]. 中国教育学刊，2015(S2)：115–116.
[119] 刘名菊 . 大学生就业指导中融入思想政治教育方法及效用 [J]. 中国教育学刊，2015(S2)：144.
[120] 陈勇 . 经济背景下就业指导在高职院校教学体系中的应用体现 [J]. 中国教育学刊，2015(S1)：279–280.
[121] 王永灿 . 浅谈高职思想政治教育与职业素养教育的有效融合 [J]. 中国教育学刊，2015(S1)：373–374.
[122] 秦蔚蔚 . 高职院校大学生就业思想动态调查研究 [J]. 中国教育学刊，2015(S1)：112–113.
[123] 李奇功 . 高职院校艺术类教育培训研究 [J]. 中国教育学刊，2015(S1)：

315–317.

[124] 徐晓莉 . 高职院校新专业课程体系下专业课程的设置与建设 [J]. 贵州广播电视大学学报，2014，22(4)：21–24.

[125] 谭永凤 . 高职院校素质教育实践的思考 [J]. 贵州广播电视大学学报，2011，19(4)：30–33.

[126] 王道乾 . 高职教育的误区分析 [J]. 贵州广播电视大学学报，2011，19(4)：12–16.

[127] 雷清 . 愉快教学在职业道德与职业指导教学中的应用 [J]. 广东职业技术教育与研究，2011(5)：44–45.

[128] 陶赛 . 新时期贫困大学生就业指导实践研究 [J]. 中国多媒体与网络教学学报，2019(2)：45–46.

[129] 王艳艳 . 对全程化大学生就业指导模式的相关分析 [J]. 才智，2018(17)：28.

[130] 关红阳 . 当前大学生就业指导课的问题及对策 [J]. 智库时代，2019(5)：55，61.

[131] 王曼林 . 高校辅导员开展大学生就业指导工作过程中存在的问题及对策 [J]. 现代交际，2019(1)：156，157.

[132] 张艳华，朱成峰 . 基于“木桶原理”和“反木桶原理”的大学生就业指导思考与实践 [J]. 遵义师范学院学报，2020，22(1)：133–135，171.

[133] 赵桂琴 . 应用型高校大学生就业指导现状及对策的分析 [J]. 山西广播电视大学学报，2018，23(2)：99–102.